做精期货一本通

李志尚　著

SPM
南方出版传媒
广东经济出版社
·广州·

图书在版编目（CIP）数据

做精期货一本通 / 李志尚著 . -- 广州 : 广东经济出版社，2023.2（2025.6 重印）
ISBN 978-7-5454-8533-2

Ⅰ . ①做…　Ⅱ . ①李…　Ⅲ . ①期货交易－基本知识　Ⅳ . ① F830.93

中国版本图书馆 CIP 数据核字（2022）第 193152 号

责任编辑：周伊凌
责任技编：陆俊帆
封面设计：柏拉图

做精期货一本通
ZUOJING QIHUO YIBENTONG
出 版 人：刘卫平
出版发行：广东经济出版社（广州市环市东路水荫路 11 号 11~12 楼）
经　　销：全国新华书店
印　　刷：珠海市国彩印刷有限公司
（珠海市金湾区红旗镇虹晖三路北侧，永安一路西侧）
开　　本：787mm×1092mm 1/16　　印　　张：16.5
版　　次：2023 年 2 月第 1 版　　印　　次：2025 年 6 月第 3 次
书　　号：ISBN 978-7-5454-8533-2　　字　　数：280 千字
定　　价：88.00 元

发行电话：（020）87393830　　编辑邮箱：gdjjtzlc@sina.com
广东经济出版社常年法律顾问：胡志海律师　　法务电话：（020）37603025
如发现印装质量问题，请与本社联系，本社负责调换。

前　　言

我国经济已由高速增长阶段转向高质量发展阶段，正处在转变发展方式、优化经济结构、转换增长动力的关键期，深化金融体制改革，完善金融市场体系建设是跨越这一关键期的重要方式之一。

期货市场是市场经济体系的重要组成部分，大力发展期货市场是建设社会主义市场经济的需要，也是贯彻执行“使市场在资源配置中起决定性作用”的重要手段之一。

从宏观角度来看，期货市场有助于稳定经济，有助于金融市场体系的建立健全。从微观角度来看，期货市场的价格发现与套期保值功能可以帮助实体企业合理安排生产经营，规避价格风险，促进我国实体经济的持续健康发展。

2020年，我国期货市场累计成交量达61.53亿手（单边），成交额为437.53万亿元，同比分别增长55.29%和50.56%，均创历史新高。国内期货市场成交量占全球期货市场总成交量的13.2%。2001—2020年中国期货市场成交量和成交额如图所示。

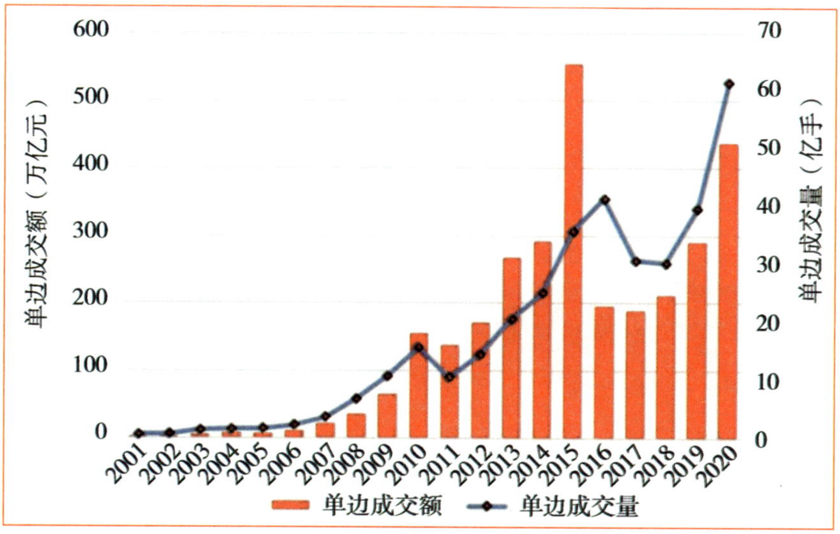

2001—2020年中国期货市场成交量和成交额

中国期货业协会2021年6月2日公布的数据显示，截至2021年4月末，我国期货市场的资金总量已经突破万亿元。仅在2021年前4个月，市场保证金规模就增加了近2000亿元。另据中国期货业协会数据，2021年前5个月，我国期货市场累计成交量约31.25亿手，累计成交额约239.34万亿元，同比分别增长51.49%和77.8%，大幅超出2020年同期水平。

在期货品种方面，截至2021年12月底，我国共上市期货、期权品种94个，基本覆盖了农产品、金属、能源化工、金融等国民经济主要领域。我国商品期货交易量连续多年位居世界第一。2021年6月，棕榈油期权和原油期权推出，氧化铝、钨、镁、铝合金、稀土、咖啡、马铃薯、废钢、鸡肉、木材等品种的研发上市工作也在有序推进中。

经过30多年的探索与发展，中国期货市场已经从无序走向成熟，市场交易量迅速增长，市场规模日益扩大。随着期货市场监管体系不断夯实，市场开放与创新步伐不断加速，市场参与者结构不断优化，期货市场服务实体企业的效果不断改善。中国期货市场将在中国经济结构转型过程中，取得更多的创新成果并获得更大的发展。

中国期货市场无论是期货投资者开户数、期货交易量，还是期货交易品种数量，都在迅速增长。笔者顺应市场需求与发展撰写此书，希望能普及更多金融专业知识给各位投资者。

◆凡是购书者，可联系我们，免费领取与此书相关的16节视频课程（目前仍在不断更新），另赠送百元课程券。

李志尚

2022年5月

目录

第一章 期货交易基础

导读

只有对期货市场的特征、本质、属性等了解得越透彻，认识得越到位，才能越理性、正确地看待期货市场，避免在交易中步入误区。简单地说，入市前必须读懂期货市场的规则。

第一节　认识期货市场

一、认识期货

1. 期货的定义

期货一般是指期货合约，是由期货交易所统一制定的，规定在将来某一特定的时间和地点交割一定数量和质量标的物的标准化合约。这个标的物又被称为基础资产，可以是某种商品，如铜或原油；也可以是某种金融资产，如外汇、债券；还可以是某个金融指标，如三个月同业拆借利率或股票指数。

每个期货品种的交易合约资料都略有不同，可在行情软件中按快捷键F10查阅，或在K线图中点击右键—更多—查看基本面来查询，如图1-1所示。

铁矿石 期货合约

交易品种	铁矿石
交易单位	100吨/手
报价单位	元（人民币）/吨
最小变动价位	0.5元/吨
涨跌停板幅度	上一交易日结算价的±10%
合约交割月份	1、2、3、4、5、6、7、8、9、10、11、12月
交易时间	每周一至周五 9:00—10:15,10:30—11:30，13:30—15:00 连续交易时间：前一自然日21：00—23：00 （周一夜盘交易时段为上周五的21：00—23：00）
最后交易日	合约月份第10个交易日
最后交割日	最后交易日后第3个交易日
交割品级	大连商品交易所铁矿石交割质量标准（F/DCE I001-2017）
交割地点	大连商品交易所铁矿石指定交割仓库及指定交割地点
最低交易保证金	合约价值的11%
交割方式	实物交割
交易代码	I
上市交易所	大连商品交易所
上市日期	2013年10月18日

图1-1　期货品种的交易合约资料（铁矿2101-F10）

2. 期货交易与远期交易的区别

远期交易是指买卖双方先谈好标的物、交易数量和价格，未来的某个时间再按照这个价格进行交易。例如农民与粮食加工商谈好，3个月后以3元/千克的价格把50吨大米卖给粮食加工商，这就是一笔远期交易。

期货交易也是在未来进行的买卖活动，但其和远期交易有很大区别。首先，期货交易是在期货交易所发生的、公开进行的标准化合约交易。每个期货合约的条款都是标准化的，例如到期日规定为每月15日是最后一个交易日，标的资产是某种规格的电解铜或者是五年期国债，一张合约的交割数量为五吨铜或是十万元面额的国债等，而远期交易并没有这样的规定。

其次，期货交易的对象是期货合约，而不是实物商品。因此，期货投资者可以在合约到期时进行实物交割或者现金交割。就实物交割来说，一方交纳现金，另一方交出合约中约定的规定规格的商品，这和远期交易是相同的；期货交易与远期交易不同的地方在于，期货交易可以在合约到期前采用平仓的方式对冲原来的交易。因此，期货交易的流动性更强。

另外，期货交易实行保证金制度和当日无负债结算制度，因而其违约风险远远低于远期交易。

二、期货市场的发展历程

19世纪初期，芝加哥是美国最大的谷物集散中心。当时农业生产面临的主要问题是交通不便、信息传递落后、仓库稀缺、价格频繁波动而且剧烈，从而导致农产品供求失衡。

为了解决这些问题，1848年，一群商人成立了芝加哥期货交易所（CBOT），该组织创造了“将运到”合约，这种合约允许农民在谷物交割前先卖出。换句话说，农民可以在种植庄稼的同时签订合约，然后在收割后按签约时商量好的价格卖出谷物。这种交易可以让农民在芝加哥以外的地方存储粮食，合约的另一方则是成立芝加哥期货交易所的商人。

1865年，芝加哥期货交易所制定了期货合约的标准化协议《共同法则》，并推出第一个标准化的期货合约，事先对商品数量、质量、交货地点和时间等方面做出统一规定。很快人们就发现在合约标准化之后，交易这些“将运到”合约比交易谷物本身更为有用。于是，这些合约出现了二级市场，可以从某个价格把合约转让给其他交易者。

20世纪20年代，出现了期货交易所结算公司，提供对履约的担保，现代期货市场终于成形。

芝加哥期货交易所成立后，美国和欧洲又陆续出现了一些期货交易所，如芝加哥商业交易所（CME）、纽约商业交易所（NYMEX）、伦敦金属交易所（LME）等，进行农产品、金属、能源等商品期货交易。

进入20世纪70年代，世界金融体制发生了重大变化。布雷顿森林体系的解体、浮动汇率制的形成、利率市场化的推行，对商品市场乃至全球金融领域均产生了极大冲击，企业面临了更多的金融风险。

1972年5月，芝加哥商业交易所推出了历史上第一个外汇期货，标志着金融期货的诞生。此后，利率类期货和股票类期货的陆续出现，使金融期货产品逐步得以完善，市场规模不断扩大。

20世纪90年代开始，金融期货就已经成为全球期货市场中成交量最大的品种类别。近几年来，金融期货占据了全球期货交易量的90%以上。

三、中国期货市场发展史

1. 萌芽阶段

近代中国，经过数次与列强的战争和一系列不平等条约的签订，晚清政府逐渐承认和接受落后于世界的事实，并希望通过“洋务运动”和体制改革实现国家的现代化转型。转型是通过引进和学习资本主义国家一系列制度的方式进行的，中国的期货市场正是在这样的背景下开始萌芽。

西方列强通过侵略、渗透等方式操纵上海金融市场，陆续开办了数家证券交易所。清光绪十七年（1891年），上海外商经纪人成立的上海股份公所已经具备交易所雏形；至清光绪三十一年（1905年），依据香港政府股份有限公司条例登记的上海众业公所已是正式的证券交易所；至1929年，两者合并，之后采用上海众业公所的名称。在上海众业公所可交易的品种主要是洋商的股票，交易方式有现货和期货两种形式。其中，现货每逢星期一交割，期货交割则以当月为限；实际交易中，现货交易占大多数。可以看出，虽然交易品种不是实物商品，但是交易方式已具备期货交易的雏形。

就在中国的期货市场刚刚企稳之际，抗日战争爆发了，中国期货市场几乎夭折。1945年，抗日战争结束后，中国的期货交易所曾一度在上海恢复。但是，由于实体经济受到极大破坏，以及实物经济的政策倾斜，虽然存在零散的证券类的递延交割业务，但是无法被认定为典型意义上的期货交易。因此，可以说，抗战结束后，中国的期货市场仅剩下类期货交易。

1949年中华人民共和国成立后，我国实行的是计划经济，在缺乏稳定市场基础的条件下，期货市场的投机性容易造成市场的不稳定，这与当时国家稳定物价和经济的目标相左。因此，我国期货业发展进程暂时中断。

回顾这一段历史，可以说中国的期货交易肇始于证券市场。民国时期的公债期货和标金期货是世界上最早的金融期货[①]，我国金融期货的出现比美国至少早50年。但是，当时商品经济不发达，自然经济占据主导地位，期货的套期保值和价格发现等功能未能完全体现，导致以投机倒把为特征的短期投机行为大行其道，因此总体上是不成功的。

2. 重新起步探索阶段

早在1973年，陈云同志就亲自指挥部署过我国的境外期货交易。当时，我国需从境外购入大量白糖，为了防范白糖涨价，香港华润公司在陈云同志的指挥下，通过美国、英国和巴西的期货交易所进行原糖期货交易，即在购买现货之前，分散在三个期货市场逐步建仓，防范价格波动风险。这次期货交易不仅抵消了境外糖价上涨的成本，还赚了240万英镑。此后，我国进口的一些大宗商品在境外期货交易所开始了套期保值交易。

20世纪80年代我国进入改革开放新时期，新的经济体制要求国家更多地依靠市场这只“无形的手”来调节经济。1988年3月第七届全国人大第一次会议上的《政府工作报告》指出：“加快商业体制改革，积极发展各类批发市场贸易，探索期货交易。”从而确定了在中国开展期货市场研究的目标。1988年初，国务院发展研究中心、国家经济体制改革委员会、商业部等部门根据中央领导的指示，组织力量开始进行期货市场的研究，并成立了期货市场研究小组，系统地研究国外期货市场的历史与现状，组织人员对国外期货市场进行考察，开始有关期货市场的设计与研究工作。

1990年10月12日，经国务院批准，郑州粮食批发市场以现货交易为基础，引入

① 《民国时期的公债期货和标金期货是世界上最早的金融期货》，https://www.guayunfan.com/lilun/368446.html.

期货交易机制，中国第一个商品期货市场自此起步。1991年6月10日，深圳有色金属交易所宣布成立，并于1992年1月18日正式开业。1992年5月28日，上海金属交易所开业。1992年9月，中国第一家期货经纪公司——广东万通期货经纪有限公司成立，随后，中国国际期货有限公司成立。

期货试点开始后，农产品期货市场、金属期货市场、金融期货市场先后发展起来，粮食、金属、能源等商品期货品种不断推出，金融期货也开始上市。在试办期间，各交易所基本上采用了国际通行的运作机制和管理模式，建立起一系列较为规范的交易规则和交割制度。然而，由于缺乏集中统一的监管，各主管部门各行其是，市场很不规范，存在诸多问题。

到1993年，由于人们在认识上存在偏差，尤其是受部门和地方利益驱使，在缺乏统一管理的情况下，各地各部门纷纷创办各种各样的期货交易所。到1993年下半年，全国各类期货交易所50多家，期货经纪机构数百家。由于对期货市场的功能、风险认识不足，法规监管严重滞后，期货市场一度陷入一种无序的状态，造成了多次期货市场风险事件，直接影响期货市场的功能发挥。

3. 治理整顿阶段

针对国内期货市场一哄而起、盲目发展、运行不良、事故频发的状况，1993年11月4日，国务院发布《关于坚决制止期货市场盲目发展的通知》，制定了“规范起步，加强立法，一切经过试验和严格控制”的原则，标志着期货市场第一轮清理整顿的开始。1993年底，国务院授权中国证券监督管理委员会对期货市场进行大规模清理整顿。然而由于试点时期存留问题过多，清理整顿前后进行了两次，历时七年。整顿时间之长、幅度之大不同寻常，这对中国期货市场的发展产生了深远影响。

第一次清理整顿工作始于1993年11月，主要围绕建设期货市场的监管架构以及清理整顿期货市场两方面展开。经过首次整顿，期货市场无序发展的状况得到一定程度的改善，然而存在的一些问题并未得到根治：期货交易所、交易品种和期货公司仍然过多，期货立法没有跟上，期货市场监管体制不健全。而且，首轮清理整顿之后市场交易量逐年萎缩，部分期货交易所和期货公司面临难以为继的生存压力。为争夺客户资源，各期货公司之间打起了手续费之战，一些兼营机构则违规操作，有些期货交易所甚至有意重复开设期货品种。鉴于此情况，监管层决心再次整顿。

1997年亚洲金融危机爆发，进一步凸显了我国规范期货市场的迫切性。1997年12月，中共中央、国务院在发出的《关于深化金融改革，整顿金融秩序，防范金融风险的通知》中明确指出，继续整顿、撤并现有期货交易所和期货经纪机构，规范和统一期货市场的交易、结算、交割制度。

1998年8月1日国务院下发了《关于进一步整顿和规范期货市场的通知》，明确了期货市场“继续试点，加强监管，依法规范，防范风险”的十六字原则，要求中国证监会对期货市场实施第二次治理整顿。为此，管理层对期货交易所、期货公司、交易品种等进行了再次调整：通过撤销及合并，将期货交易所精简为3家；对期货公司进行清理整顿；继续压缩交易品种；加强了立法工作；健全了监管体制。

在此阶段，政府还出台规定禁止国内机构和个人进行境外期货和衍生品交易；严禁金融机构参与期货交易，严禁国有企业违规从事期货交易，严禁信贷资金、财政资金以任何形式流入期货市场，金融机构不得为期货交易提供融资或担保；合并和取缔了大量的中介机构，期货经纪公司从300多家减少到200家左右，关闭了2000多家期货兼营机构。

2000年12月，中国期货业协会正式成立，标志着中国期货行业自律组织的诞生，将新的自律机制引入了中国期货行业的监管体系。至此，规范发展成为中国期货市场的主题。

4. 规范发展阶段

进入21世纪以后，稳步发展成为中国期货市场的主题。在这一阶段，中国期货市场走向法制化和规范化，监管体制和法律体系不断完善，新的期货品种不断推出，期货交易量实现恢复性增长后连创新高，积累了服务产业及国民经济发展的初步经验，具备了在更高层次服务国民经济发展的能力。

2003年10月，党的十六届三中全会审议通过的《中共中央关于完善社会主义市场经济体制若干问题的决定》明确提出，要稳步发展期货市场。从2004年开始，几乎每年的中央一号文件都提到要发展期货市场。

中国期货保证金监控中心于2006年5月成立。作为期货保证金安全存管机构，中国期货保证金监控中心在有效降低保证金被挪用风险、保证期货交易资金安全、维护投资者利益等方面发挥了重要作用。

中国金融期货交易所于2006年9月在上海挂牌成立，并于2010年4月推出了沪深300股票指数期货，对丰富金融产品、为投资者开辟更多投资渠道、完善资本市场体系、发挥资本市场功能以及深化金融体制改革具有重要意义；同时，也标志着中国期货市场进入了商品期货与金融期货共同发展的新阶段。

在1999年《期货交易管理暂行条例》的基础上，国家分别于2007年、2012年两次对该条例进行了修改，对期货市场的改革发展起到了巨大的推动作用。在2007年的修改中，"暂行"两字被拿掉，《期货交易管理条例》（以下简称《期货条例》）正式颁布，金融期货、场内期权被正式写入，为期货市场的发展打开了空间，为金融期货、期权在期货交易所上市交易提供了法律依据。2010年，沪深300股指期货成为我国期货市场上第一个金融期货品种。

2012年，第四次全国金融工作会议明确提出，要稳妥推出原油等大宗商品期货品种。为了给境外投资者参与中国期货市场创造条件，同年国务院法制办会同中国证监会修改《期货条例》，删除了限制外国人参与境内期货交易的规定，允许外国人参与境内特定期货品种交易，为国际化的原油期货上市、铁矿石等大宗商品期货的国际化打开了大门。这次修改主要考虑到，原油期货设计中面临的最大问题是国内原油现货市场高度集中，"三桶油"（中石油、中石化、中海油这三家企业的简称）占据着主导地位，而在高度集中的现货市场上是无法开展期货交易的。因此，上海原油期货市场建设从一开始就定位为国际化市场，并用人民币计价交易结算，向全球投资者开放，让全球众多的原油生产商、贸易商、金融机构参与交易，这样市场参与者之间才能形成一种平衡，市场才不易被操纵，运行才能健康稳定。

5. 创新发展阶段

党的十八大以来，我国期货市场进入创新发展阶段。2013年8月，习近平总书记视察大连商品交易所，寄语其"要脚踏实地，大胆探索，努力走出一条成功之路"。习近平总书记的重要讲话，对期货市场的建设者、参与者和监管者都是巨大的鼓舞和鞭策，期货市场改革开放迈开了大步。

在党中央、国务院的领导下，期货市场加快创新。铁矿石期货、原油期货相继上市并允许国际投资者参与交易，实现了境外投资者直接参与境内期货市场的重大突破，我国期货市场正式走向国际；金融期货发展步伐加快，股指期货品种体系进一步完善，增加了上证50、中证500股指期货两个品种；国债期货市场起步，推出了5年期、10年期国债期货两个品种。场内期权也取得可喜进步，2015年，上海证券交易所上市了首个金融期权——上证50ETF（交易型开放式指数基金）期权；2017年，商品期权——豆粕、白糖期货期权先后上市。2018年3月26日，原油期货上市交易，其意义重大，影响深远，可谓是期货市场改革的又一个里程碑。

2020年，我国期货市场累计成交量达61.53亿手（单边），成交额为437.53万亿元，同比分别增长55.29%和50.56%，均创历史新高。国内期货市场成交量占全球期货市场总成交量的13.2%。

中国期货业协会于2021年6月2日公布的数据显示，截至2021年4月末，我国期货市场的资金总量已经突破万亿元。2021年前4个月，市场保证金规模就增加了近2000亿元。另据中国期货业协会数据显示，2021年前5个月，我国期货市场累计成交量约31.25亿手，累计成交额约239.34万亿元，同比分别增长51.49%和77.8%，大幅超出2020年同期水平。

在期货品种方面，截至2021年12月底，我国共上市期货、期权品种94个，基本覆盖了农产品、金属、能源化工、金融等国民经济主要领域。我国商品期货交易量连续多年位居世界第一。2021年6月棕榈油期权和原油期权推出，氧化铝、钨、镁、铝合金、稀土、咖啡、马铃薯、废钢、鸡肉、木材等品种的研发上市工作也在有序推进中。

经过30多年的探索与发展，中国期货市场已经从无序走向成熟，市场交易量迅速增长，市场规模日益扩大。期货市场监管体系不断夯实，市场开放与创新步伐不断加速，市场参与者结构不断优化，期货市场服务实体企业的效果不断改善。中国期货市场将在中国经济结构转型过程中，取得更多的创新成果和更大的发展。

四、全球重要的期货交易所

1. 美国期货市场

以芝加哥和纽约为主。芝加哥期货交易所（CBOT：以交易农产品和国债期货为主）、芝加哥商业交易所（CME：以交易畜产品、短期利率欧洲美元产品以及股指期货为主）、芝加哥期权交易所（CBOE：以交易指数期权和个股期权为主）；纽约商业交易所（NYMEX：以交易石油和贵金属为主）、国际证券交易所（ISE：新兴的股票期权交易所）。2007年6月，CME和CBOT合并后，CME成为全球最大的期货交易所。

2. 欧洲期货市场

主要为欧洲期货交易所（EUREX：主要交易德国国债和欧元区股指期货）、泛欧交易所（Euronext：主要交易欧元区短期利率期货和股指期货等），另外还有两家商品交易所：伦敦金属交易所（LME：主要交易基础金属）、洲际交易所（IPE：主要交易布伦特原油等能源产品）。

3. 亚太期货市场

以日本、韩国、新加坡、印度、澳大利亚、中国为主。

日本期货市场主要包括以东京工业品交易所（TOCOM：主要交易能源和贵金属期货）、东京谷物交易所（TGM：主要交易农产品期货）等为主的商品交易所，以东京证券交易所（TSE：主要交易国债期货和股指期货）、大阪证券交易所（OSE：主要交易日经225股指期货）、东京国际金融期货交易所（TIFFE：主要交易短期利率期货）为主的期货交易所。

韩国期货市场近年来发展迅速，最著名的是韩国交易所集团下的KOSPI 200指数期货与期权。

新加坡交易所集团下的期货市场主要交易离岸的股指期货，如摩根台指期货、日经225股指期货等。

印度期货市场主要期货品种包括证券交易所上市的股指期货和个股期货以及商品交易所上市的商品期货。

澳大利亚期货市场主要交易当地的股指期货和利率期货。

4. 中南美洲及非洲期货市场

中南美洲期货市场主要有墨西哥衍生品交易所（主要交易利率期货、汇率期货）和巴西期货交易所（交易各类金融和商品期货）。非洲期货市场主要有南非的证券交易所下属的期货市场，上市当地金融期货品种。

5. 中国期货市场

中国期货市场主要有上海期货交易所、大连商品交易所、郑州商品交易所、上海国际能源交易中心以及香港期货市场和台湾期货市场。

上海期货交易所（主要交易金属、能源、橡胶、纸浆等期货）的交易品种如表1–1所示。

表1–1 上海期货交易所交易品种

品种	交易单位	最小变动价位	波动价格
铜/CU	5（吨/手）	10（元/吨）	50（元/点）
铝/AL	5（吨/手）	5（元/吨）	25（元/点）
锌/ZN	5（吨/手）	5（元/吨）	25（元/点）
铅/PB	5（吨/手）	5（元/吨）	25（元/点）
天然橡胶/RU	10（吨/手）	5（元/吨）	50（元/点）
黄金/AU	1000（克/手）	0.02（元/克）	20（元/点）
燃料油/FU	10（吨/手）	1（元/吨）	10（元/点）

（续表）

品种	交易单位	最小变动价位	波动价格
螺纹钢/RB	10（吨/手）	1（元/吨）	10（元/点）
线材/WR	10（吨/手）	1（元/吨）	10（元/点）
白银/AG	15（千克/手）	1（元/千克）	15（元/点）
石油沥青/BU	10（吨/手）	2（元/吨）	20（元/点）
热轧卷板/HC	10（吨/手）	1（元/吨）	10（元/点）
镍/NI	1（吨/手）	10（元/吨）	10（元/点）
锡/SN	1（吨/手）	10（元/吨）	10（元/点）
纸浆/SP	10（吨/手）	2（元/吨）	20（元/点）
不锈钢/SS	5（吨/手）	5（元/吨）	25（元/点）

注：表格数据截止时间为2022年8月25日。

大连商品交易所（交易大豆、玉米淀粉、鸡蛋、煤炭、铁矿石、化工等期货）的交易品种如表1–2所示。

表1–2 大连商品交易所交易品种

品种	交易单位	最小变动价位	波动价格
黄大豆一号/A	10（吨/手）	1（元/吨）	10（元/点）
黄大豆二号/B	10（吨/手）	1（元/吨）	10（元/点）
豆粕/M	10（吨/手）	1（元/吨）	10（元/点）
豆油/Y	10（吨/手）	2（元/吨）	20（元/点）
玉米/C	10（吨/手）	1（元/吨）	10（元/点）
玉米淀粉/CS	10（吨/手）	1（元/吨）	10（元/点）
聚乙烯/L	5（吨/手）	5（元/吨）	25（元/点）
棕榈油/P	10（吨/手）	2（元/吨）	20（元/点）
聚氯乙烯/V	5（吨/手）	5（元/吨）	25（元/点）
冶金焦炭/J	100（吨/手）	0.5（元/吨）	50（元/点）
焦煤/JM	60（吨/手）	0.5（元/吨）	30（元/点）
铁矿石/I	100（吨/手）	0.5（元/吨）	50（元/点）
鸡蛋/JD	5（吨/手）	1（元/500千克）	10（元/点）
中密度纤维板/FB	500（吨/手）	0.05（元/张）	25（元/点）
细木工板/BB	500（吨/手）	0.05（元/张）	25（元/点）

（续表）

品种	交易单位	最小变动价位	波动价格
聚丙烯/PP	5（吨/手）	1（元/吨）	5（元/点）
粳米/RR	10（吨/手）	1（元/吨）	10（元/点）
苯乙烯/EB	5（吨/手）	1（元/吨）	5（元/点）

注：表格数据截止时间为2022年8月25日。

郑州商品交易所（交易小麦、棉花、白糖、菜油、苹果、红枣、玻璃等期货）的交易品种如表1-3所示。

表1-3　郑州商品交易所交易品种

品种	交易单位	最小变动价位	波动价格
优质强筋小麦/WH	20（吨/手）	1（元/吨）	20（元/点）
普通小麦/PM	50（吨/手）	1（元/吨）	50（元/点）
棉花/CF	5（吨/手）	5（元/吨）	25（元/点）
白糖/SR	10（吨/手）	1（元/吨）	10（元/点）
PTA/TA	5（吨/手）	2（元/吨）	10（元/点）
菜籽油/OI	10（吨/手）	2（元/吨）	20（元/点）
油菜籽/RS	10（吨/手）	1（元/吨）	10（元/点）
菜籽粕/RM	10（吨/手）	1（元/吨）	10（元/点）
早籼稻/RI	20（吨/手）	1（元/吨）	20（元/点）
玻璃/FG	20（吨/手）	1（元/吨）	20（元/点）
动力煤/ZC	100（吨/手）	0.2（元/吨）	20（元/点）
粳稻/JR	20（吨/手）	1（元/吨）	20（元/点）
甲醇/MA	10（吨/手）	1（元/吨）	10（元/点）
晚籼稻/LR	20（吨/手）	1（元/吨）	20（元/点）
硅铁/SF	5（吨/手）	2（元/吨）	10（元/点）
锰硅/SM	5（吨/手）	2（元/吨）	10（元/点）
棉纱/CY	5（吨/手）	5（元/吨）	25（元/点）
苹果/AP	10（吨/手）	1（元/吨）	10（元/点）
红枣/CJ	5（吨/手）	5（元/吨）	25（元/点）
尿素/UR	20（吨/手）	1（元/吨）	20（元/点）

注：表格数据截止时间为2022年8月25日。

上海国际能源交易中心（交易原油、燃油、20号胶等）的交易品种、中国金融期货交易所（交易沪深300股指期货、上证50股指期货、中证500股指期货、债券期货等）的交易品种分别如表1-4、表1-5所示。

表1-4　上海国际能源交易中心交易品种

品种	交易单位	最小变动价位	波动价格
原油/SC	1000（桶/手）	0.1（元/桶）	100（元/点）
20号胶/NR	10（吨/手）	5（元/吨）	50（元/点）

注：表格数据截止时间为2022年8月25日。

表1-5　中国金融期货交易所交易品种

品种	交易单位	最小变动价位	波动价格
沪深300/IF	300（元/点）	0.2（点）	60（元/点）
上证50/IH	300（元/点）	0.2（点）	60（元/点）
中证500/IC	200（元/点）	0.2（点）	40（元/点）
2年期国债/TS	20000（元/点）	0.005（点）	100（元/点）
5年期国债/TF	10000（元/点）	0.005（点）	50（元/点）
10年期国俵/T	10000（元/点）	0.005（点）	50（元/点）

注：表格数据截止时间为2022年8月25日。

除此之外，中国期货市场还有香港期货市场和台湾期货市场。

香港地区的期货市场主要是以交易香港交易所集团下的恒生指数期货、H股指数期货为主。

台湾地区的期货市场主要交易台湾期货交易所上市的股指期货与期权。

六、期货市场的功能与作用

1. 期货市场的基本功能

风险规避：规避现货市场价格波动的风险。如果现货市场出现价格下跌或上涨，投资者可做空或做多期货市场。期货市场最基本的功能就是风险管理，具体表现为：利用商品期货管理现货价格风险、利用外汇期货管理货币汇率风险、利用利率期货管理货币利率风险、利用股指期货管理股票市场系统风险。

价格发现：期货反映的是未来价格走势，体现了各方对价格预期的综合观点和信息总和，具有公开性、持续性、预测性、权威性的特点。

资产配置：期货、期权、现货、指数成分股、债券、基金等，都是机构与个人投资优化资产配置的标的，机构与个人可以此加强风险管理。

2. 期货市场的作用

期货市场有助于完善现货市场，形成合理的现货价格。期货市场能够规避现货价格波动的风险。期货市场的标准化合约有利于确立现货市场商品品质标准。期货价格作为信号价格，可以作为生产经营的参考，避免盲目生产。生产企业还可通过套期保值规避现货价格的波动风险。期货市场的发展有利于国民经济的稳定，有助于政府宏观决策，有助于增强在国际价格形成中的主导权。

期货市场对投资者的作用如下：

机构保值：利用期货市场可规避现货市场中的价格风险，特别是机构投资者对于股指期货套期保值功能有更为迫切的需求。

大众投资：期货交易是一种重要的杠杆性投资工具，投资者支付一定比例（10%）的保证金即可获得全额（100%）现货价值涨跌所带来的收益，极大地降低了持仓成本，提高了收益率；当然，如果判断失误，风险也是同等大的。

双边套利：分为期货与现货之间套利（期现套利），利用期货不同合约之间的价差关系套利（跨期套利），跨市套利和跨品种套利。

股票市场的功能

股票市场对推动国民经济迅速增长和世界经济一体化的影响巨大。股票市场是股票发行和股票交易的场所，具体有以下四大功能：

筹集资金：股票市场的首要功能。企业通过在股票市场上发行股票，把分散在社会上的闲置资金集中起来，形成巨额的、可供长期使用的资本，用于支持社会化大生产和大规模经营。

转换机制：企业要成为上市公司，就必须先改制为股份有限公司，适当分离企业的所有权和经营权，使公司的体制得到规范。

优化资源配置：通过一级市场筹资、二级市场股票的流动，股票市场可实现优化资源配置。

分散风险：股票市场在给投资者和融资者提供了投融资渠道的同时，也提供了分散风险的途径。从资金需求者来看，通过发行股票筹集了资金，同时将经营风险部分分散和转移给投资者，实现风险的社会化。

七、期货保证金调整制度

按照《期货经纪合同书》约定，期货公司调整保证金标准可以分为普遍调整和单独调整两类。

普遍调整是指期货公司面向全体投资者统一调整保证金收取标准。

单独调整是指期货公司面向某一具体的投资者进行调整。

一般来说，期货交易所调整保证金标准时，往往是指期货市场情况发生变化或者期货公司认为必要时，此时期货公司会普遍调整保证金收取标准，并以公告或通知方式向全体投资者通告。

当期货公司认为某一投资者持有的未平仓合约风险较大时，会针对该投资者单独调整保证金标准，并向其单独发出通知。在实际交易中，期货交易所调整保证金标准是期货公司调整保证金标准最常见、最主要的原因。

调整保证金标准直接关系到投资者交易的可用资金、账户风险率、交易结算结果等重要事项。虽然期货公司调整保证金不需要征得投资者同意，但是按照《最高人民法院关于审理期货纠纷案件若干问题的规定》和《期货经纪合同书》约定，期货公司应当通知投资者。

对于期货公司调整保证金的具体标准，法律法规没有明确规定。期货公司往往在期货交易所保证金标准的基础上，根据市场情况、自身风险控制需要、投资者风险状况等综合确定保证金收取标准。

投资者应当及时了解期货公司保证金标准调整情况，关注自己的持仓、保证金和权益变化情况，妥善处理自己的交易持仓，避免因为保证金标准调整导致保证金不足，以及追加保证金不及时而被强行平仓。

八、追加保证金制度

追加保证金是期货交易所每日交易结束后，期货公司对客户当日进行的期货交易进行结算，核算客户交易的盈亏情况，并调整保证金账户，和结算所相互配合把“无负债结算制度”落实到每一个交易者身上，使客户也做到无负债交易，实现“逐日盯市”。

期货公司根据客户的盈亏情况，在调整了客户的保证金账户之后，若投资者出现亏损，保证金账户低于原保证金金额50%时，就会向客户发出追加保证金的通知。否则，期货公司就要代客户向交易所交纳这一笔由亏损引起的费用，同时还要代客户担保合约的履行，应付可能出现的价格风险。这实际上就等于期货公司借钱给客户做期货交易，在市场不利的情况下还会累及期货公司。

所以，为了确保期货公司的安全经营，保障期货公司的利益，在客户委托交易时，期货公司一般都要与客户签订“立户协议书”，在“立户协议书”中规定当期货公司向客户发出追加保证金而客户未有反应时，期货公司就有权对客户所持的期货合约进行对冲平仓，平仓之后，扣除客户应向期货公司交纳的佣金，余额应存入客户的保证金账户。如果平仓后客户的保证金账户仍然亏损，客户还应负责偿还全部债务。

一般投资者收到期货公司追加保证金通知后，需在当天收盘前补齐保证金，若是夜盘则需在第二天9：00前补齐；若未在规定时间补足保证金，期货公司会对投资者仓位进行强行平仓处理。

当投资者以转账、电汇等方式向期货公司专用资金账户（期货保证金账户）划转资金时，因中间环节操作的耗时，期货公司不能实时收到并确认款项，会造成因资金“在途”不能有效入金。

按照中国证监会《关于规范期货保证金存取业务有关问题的通知》和《期货公司监督管理办法》规定，投资者只能通过已在期货公司登记的银行账户向期货公司专用资金账户（期货保证金账户）划转资金。如果投资者的银行账户未在期货公司登记，投资者向期货公司划转资金后也未能在规定时间内进行登记，那么所划转资金将无法进入期货公司专用资金账户（期货保证金账户），不能实现有效入金。

投资者在通过非“银期转账”方式划转资金后，应当及时确认期货公司是否收到，切莫以为资金划转完毕就完成了而不管不顾。保证金“在途”期间，投资者需要密切关注自己的持仓、保证金和权益变化情况，及时妥善处理自己的交易持仓，尽量避免因保证金不足而被期货公司强行平仓。

建议投资者在交易过程中加强资金管理，防止满仓操作，在账户中留有一定数量的可用资金，以免行情波动剧烈时，面临因为追加保证金不及时而被强行平仓的风险。

九、股指期货合约要素

股指期货合约是期货交易所统一制定的标准化协议，是股指期货交易的对象。

一般而言，股指期货合约中主要包括下列要素：

（1）合约标的：股指期货合约的基础资产，比如沪深300指数期货的合约标的为沪深300股票价格综合指数。

（2）合约价值：合约价值等于股指期货合约市场价格的指数点与合约乘数的乘积。

（3）报价单位及最小变动价位：股指期货合约的报价单位为指数点，最小变动价位为该指数点的最小变化刻度。

（4）合约月份：股指期货合约到期交割所在的月份。

（5）交易时间：期货交易所规定的可以进行股指期货交易的时间。投资者应注意最后交易日的交易时间可能有特别规定，当月合约一般是当月第三个周五为最后交易日，下一个交易日切换为下月合约。

（6）价格限制：期货合约在一个交易日或某一时段中交易价格的波动不得高于或者低于规定的涨跌幅度。

（7）合约交易保证金：按合约总价值的一定比例冻结的资金。

（8）交割方式：股指期货采用现金交割方式。

（9）最后交易日和最后结算日：股指期货的最后交易日和最后结算日是同一天，一般是合约到期月份的第三个周五。股指期货合约在最后结算日进行现金交割结算，最后交易日与最后结算日的具体安排根据交易所的规定执行。

十、股指期货的涨跌停板制度

为了维护市场正常交易秩序，股指期货设置了价格每日涨跌幅限制，内容主要包括以下三点（以沪深300指数期货为例）：

（1）股指期货合约的涨跌停板幅度为上一交易日结算价的±10%。

（2）季月合约上市首日涨跌停板幅度为挂盘基准价的±20%。上市首日成交的，于下一交易日恢复到合约规定的涨跌停板幅度；上市首日无成交的，下一交易日继续执行前一交易日的涨跌停板幅度。

（3）股指期货合约最后交易日涨跌停板幅度为上一交易日结算价的±20%。

一般情况下，股指期货市场的日涨跌幅限制是±10%，这与股票市场一致。但是，股指期货市场有其特殊之处，表现在季月合约上市首日以及各合约最后交易日这两个特殊情况，涨跌停板幅度为±20%。

这种做法借鉴了国内外其他期货交易所的有关规定，考虑到了季月合约的波动性可能较近月合约大的情况，并有助于更好地促进期货价格在到期日向现货收敛，更有利于满足市场交易需求、保障市场平稳运行。同时，值得注意的是，股指期货涨跌停价格的基础，是前一交易日的结算价或上市当日的基准价，而不是昨日的收盘价，这与股票市场略有不同。

十一、股指期货的特点

1. 跨期性

股指期货是交易双方通过对股票指数变动趋势的预测，约定在未来某一时间按照一定条件进行交易的标准化期货合约。因此，股指期货的交易建立在对未来预期的基础上，预期的准确与否直接决定了投资者的盈亏。

2. 杠杆性

股指期货交易不需要全额支付合约价值的资金，只需支付一定比例的保证金就可以签订较大价值的合约。例如，假设股指期货交易的保证金金额为合约价值的10%，投资者只需支付合约价值10%的资金就可以进行交易。这样，投资者就可以控制10倍于所投资金额的合约资产。不过在收益可能成倍放大的同时，投资者可能承担的损失也是成倍放大的。

3. 联动性

股指期货的价格与其标的资产——股票指数的变动联系极为紧密。股票指数是股指期货的基础资产，对股指期货价格的变动具有很大影响。与此同时，股指期货反映了投资者对未来价格的预期，因此对股票指数也有一定的引导作用。

4. 高风险性和风险的多样性

股指期货的杠杆性决定了它具有比股票市场更高的风险。此外，股指期货还存在着特定的市场风险、操作风险、现金流风险等。

笔者认为，股指期货在实操中要比商品期货优越，原因如下：

（1）股指期货是以A股综合指数（也可理解为大盘指数）为标的，不易受人操控，走势与波动较为平稳和持续。而商品期货易受个别主力操控，有时会出现K线技术失真或行情不持续的情况，特别是对于一些小品种期货而言更为明显。

（2）股指期货只需投资者紧盯并做精一个盘面，不用分心，只会越做越熟悉、越来越能掌握行情。而商品期货有近60个品种，在选择开仓品种或固定跟踪几个品种时，需要盯着多个行情盘面，容易分散注意力。

（3）尽量长期只做一个盘面的品种，才有可能保持盈亏平衡。而不同商品期货品种的涨跌幅、活跃度、每点盈亏比都不一样，广撒网难免会影响整体盈亏平衡。

（4）按照笔者的情绪指标来看股指期货的量化定式交易模型，股指期货并非超短线，不需要时刻紧盯着盘面，情绪不会那么紧张、精神也不会那么疲劳，还能实现连盈少亏、盈亏平衡的效果。实操证明，股指期货年收益均在1.5倍左右，全年交易笔数为40~60笔，操作方法在本书后面的章节中会有详细图解。

十二、什么是期权？

期权源于18世纪后期的美国和欧洲市场，是一种合约，该合约赋予持有人在某一特定日期或该日之前的任何时间以固定价格购进或售出一种资产的权利。

期权定义的要点如下：

（1）期权是一种权利。期权合约涉及买方和卖方两方，持有人享有权利但不承担相应的义务。

（2）期权的标的物是指选择购买或出售的资产。它包括股票、政府债券、货币、股票指数、商品期货等。期权是这些标的物的衍生品，因此也被称为衍生金融工具。值得注意的是，期权出售人不一定拥有标的资产，期权购买人也不一定真的想购买资产标的物。因此，期权到期时双方不一定进行标的物的实物交割，而只需按价差补足价款即可。另外，期权可以买多与卖空，即买入看涨期权和卖出看跌期权。

（3）到期日。双方约定的期权到期的那一天为到期日。如果该期权只能在到期日执行，则称为欧式期权；如果该期权可以在到期日及之前的任何时间执行，则称为美式期权。国内多以欧式期权为主。

（4）期权的执行。依据期权合约购进或售出标的资产的行为为期权的执行。在期权合约中约定的、期权持有人根据购进或售出标的资产的固定价格，称为执行价格。

十三、期权与期货的区别

买卖双方的权利与义务不同。股指期权买方支付权利金后获得相应的权利，不承担义务；卖方卖出权利收取权利金，须承担履约的义务。而股指期货不牵涉权利金交易的概念，买卖双方在到期日必须按照交割结算价进行交割。

期权与期货的风险收益特征不同。期权的损益与标的资产的涨跌是非线性关系，两者不存在确定的比例关系，期权买方所承担的最大风险为其亏损所有权利金，而期权卖方所承担的风险较大；期货的损益与标的资产涨跌之间存在一定的比例关系，买卖双方均承担较大风险。

期权与期货的保证金制度不同。期权买方无须缴纳保证金，卖方需要缴纳保证金；期货的买卖双方均需缴纳保证金。

期权与期货的上市合约数量不同。期权每个合约月份都有多个不同行权价格的看涨期权和看跌期权合约，上市合约的数量较多。期货每个合约月份只有一个合约，上市合约的数量较少。

十四、外盘期货概述

外盘期货是指交易所建立在中国大陆以外的国际期货，在交易机制上与内盘期货相差无几，比如都能做空做多、T+0交易；不同之处在于外盘期货的品种齐全、交易时间连续、规律性优于内盘期货、杠杆比例高（保证金低一些）等。

投资者可以通过香港正规持牌的期货经纪公司或已在香港设立分公司的期货公司进行外盘国际期货开户，不过由于外盘期货结算货币为美元，投资者入金前需要去银行兑换货币，或者去香港办理外币卡等，通过期货公司提供的对公监管账户汇款完成入金。

做外盘国际期货与期货场外配资需注意，有各种伪装成代理的黑平台，投资者的资金或许未能进入期货市场，因此投资者要提高防范意识，以免被骗。

十五、期货投资注意事项

谨慎选择开户机构，远离非法期货。期货属特许金融业，投资者需警惕各类非法机构的高杠杆高收益诱惑，远离以外盘期货、地下炒金、现货为名义的变相期货等非法期货。

为保护自身权益，期货投资应注意以下事项：

（1）投资者应充分知晓期货交易风险。

（2）期货公司及期货从业人员必须按照投资者委托内容进行期货交易，未经投资者委托，不得擅自交易。

（3）期货公司不得做获利保证，不得在经纪业务中与投资者约定分享利益或者共担风险。

（4）期货公司不得隐瞒重要事项或者使用其他不正当手段诱骗投资者发出交易指令。

（5）期货公司及期货从业人员、居间人不得违规代客理财。

（6）严禁期货公司非法挪用客户保证金。

（7）应及时登录中国期货市场监控中心网站（www.cfmmc.com）查询每日交易结算单。

（8）投资者在入金前应及时修改初始密码并妥善保管。

（9）期货投资者应当遵守期货法律法规和期货交易所的交易规则。

期货投资者权益保护途径有如下几种：

（1）与期货经营机构协商解决。

（2）向期货公司总部投诉。

（3）拨打中国证监会投资者保护热线：010-12386。

（4）向期货业协会申请调解。

（5）向当地证监会举报。

（6）向法院提交诉讼。

本节综述

常有人说，带杠杆的期货市场比股票市场风险更大。说这种话的人实在是不了解期货市场，当然这也与个人投资风格有关。如果投资者爱好价值投资、中长线投资，选择股票的一、二级市场是很好的。但对技术爱好者或短线交易者而言，股票市场为单边做涨的T+1市场，易受外盘、大盘、板块联动、主力操控等干扰因素影响，从而导致看好的标的被动亏损，甚至出现慢性自杀式的崩盘现象；而期货市场作为双边多空T+0交易市场，可以随时买卖、设置止损位和止盈位，能自主掌握与控制风险变数，并且期货市场的特征之一就是化解现货价格的市场风险。

再论杠杆问题，表面上看股票市场没有杠杆，但很少有股票投资者只用一两成仓位交易，基本上都是重仓交易，该存在的风险依然存在。而期货市场虽然具有10倍杠杆，但具备小成本撬动大收益的效应，只有在满仓或重仓的情况下才会体现出杠杆的风险性。如果只用1成仓交易，也相当于1倍杠杆，几乎不存在高风险。即使用日常两三成仓位交易，也没有那么容易被爆仓。

再者，期货市场是一个能靠纯技术赚钱的场所，投资能有效地将一种技术持续反复执行从而做精。所以，对于有一定技术功底的投资者，笔者建议其以期货为主战场，仅在牛市时才参与股市，从而避开股票市场中的多种被动亏损现象。同时，笔者也希望这本书能引导读者在期货市场投资中获得持续正向的收益。除此之外，笔者推荐两本书籍《T+0分时图交易技巧大全（修订版）》和《一张K线图赢遍全球市场》，相信这两本书能让你锦上添花、更胜一筹。

第二节 期货常用名词

本节是关于期货术语与专业名词的解读，交易过程中不一定会全用上，但理解这些名词对日后的投资将大有帮助。

期货合约：由期货交易所统一制定的、规定在将来某一特定的时间和地点交割一定数量和质量标的物的标准化合约。通常交易双方买卖的是主力合约，每个交易品种的主力合约月份都有所不同，例如螺纹2110（代表是2021年10月的合约）。

期货手续费：相当于股票中的佣金。炒股的费用包括印花税、佣金、过户费及其他费用，从事期货交易的费用就只有手续费。期货手续费是指期货交易者买卖期货成交后按成交合约总价值的一定比例所支付的费用。期货手续费分为两部分：一部分是由期货交易所收取；另一部分是由期货公司在期货交易所收取的标准上再加收，这部分作为期货公司的营收。因此各期货公司之间和各投资者的收取比例都有所不一样。

保证金：期货交易者按照规定标准交纳的资金，用于结算和保证履约。市场上普遍按合约总价值的10%左右交纳保证金，由此杠杆也就平均在10倍左右。例如，某商品价格是1000元/吨，每手为10吨，保证金等于1000×10×10%=1000元/手。

按照性质不同，保证金分为交易保证金、结算保证金和追加保证金三种。交易保证金是指投资者在交易所专用结算账户中确保履约的资金，是已被合约占用的保证金。结算保证金是指投资者在交易所专用结算账户中除去已在交易所占用的交易保证金后剩余部分。追加保证金是指如果投资者账户当日权益小于持仓保证金，就意味着投资账户资金余额是负数，同时也意味着保证金不足，此时投资者就需要增加资金转入。按照规定，期货经纪公司会通知账户所有人在下一交易日开市之前将保证金补足。

结算：根据期货交易所公布的结算价格对交易双方的交易盈亏状况进行的资金清算。

交割：期货合约到期时，根据期货交易所的规则和程序，交易双方通过该期货合约所载商品所有权的转移，了结到期末平仓合约的过程。每个交易品种的合约到期日并不一样，可以在行情软件中按F10查看该合约资料。

仓单：交割仓库开出并经期货交易所认定的标准化提货凭证。

撮合交易：指期货交易所的计算机交易系统对交易双方的交易指令进行配对的过程，包括做市商方式和竞价方式。国内期货主要以竞价方式为主（以价格优先和时间优先为原则），而期权主要以做市商交易为主。直观的区别在于，竞价交易常会出现成交不了的现象，而做市商交易几乎均能实时成交。

涨跌停板制度：期货合约在一个交易日中的交易价格波动不得高于或者低于规定的涨跌幅度，超出该涨跌幅度的报价将被视为无效，不能成交。具体是以上一个交易日的结算价计算，而不是以上一个交易日的收盘价来计算。每个交易品种的涨跌幅限制均有所不同，可在行情软件中按F10查看基本面信息中的明细表。

强行平仓制度：与持仓限制制度和涨跌停板制度等相互配合的风险管理制度。当客户的交易保证金不足且未在规定时间内补足、客户持仓超出规定的持仓限额、客户因违规受到处罚、根据交易所的紧急措施应予强行平仓以及其他应予强行平仓的情况发生时，期货经纪公司为了防止风险进一步扩大，实行强行平仓制度。

开仓/持仓/平仓：期货交易中的买、卖行为，只要是新建头寸都叫开仓。交易者建仓之后手中持有的头寸，称为持仓。平仓是指交易者了结持仓的交易行为，了结的方式是针对持仓方向做相反的对冲买卖。由于开仓和平仓的含义不同，因此交易者在买卖期货合约时必须指明是开仓还是平仓。

斩仓：在交易中，所持头寸与价格走势相反，为防止亏损过多而采取的平盘止损措施。

爆仓：投资者账户权益为负数，这表明投资者不仅赔光了全部保证金而且倒欠期货经纪公司债务。期货交易实行逐日清算制度和强行平仓制度，一般情况下爆仓是不会发生的。但在一些特殊情况下，如在行情发生开盘跳空变化时，持仓较重且方向相反的账户就有可能发生爆仓。当发生爆仓时，投资者必须及时将亏空补足，否则会面临法律追索。为避免这种情况的发生，需要特别控制好仓位，切忌像股票交易那样满仓操作，并且对行情进行及时跟踪。

多头和空头：期货交易实行双向交易机制，既有买方又有卖方。在期货交易中，买方称为多头，卖方称为空头。

结算价格：某一期货合约当日成交价格按成交量的加权平均价来计算。当日无成交的，以上一交易日的结算价作为当日结算价。结算价是进行当日未平仓合约盈亏结算和制订下一交易日涨跌停板额的依据。

成交量：某一期货合约在当日交易期间所有成交合约的双边数量之和。在笔者的量化交易系统中的程序编写采用的是平均成交量（MV）。

总持仓量：市场上所有投资者在该期货合约上总的未平仓合约数量，反映在交易所发布的行情信息中，就是报价栏的“总持仓”一栏。总持仓量的变化，反映投资者对该合约的交易兴趣，是投资者参与该合约交易的一个重要指标。如果总持仓量在持续增长，就表明交易双方都在开仓，投资者对该合约的兴趣在增加，场外资金在不断涌入该合约交易中；相反，当总持仓量不断减少，表明交易双方都在平仓出局，投资者对该合约的兴趣在减少。还有一种情况是当交易量增长时，总持仓量却变化不大，这表明市场以换手交易为主。

换手交易：换手交易有“多头换手”和“空头换手”两种。当原来持有多头的交易者卖出平仓，但新的多头又开仓买进时称为“多头换手”；而“空头换手”是指原来持有空头的交易者在买进平仓，但新的空头在卖出开仓。

交易指令：常用的期货交易指令有市价指令、限价指令和取消指令三种。

市价指令，指不限定价格的买卖申报，尽可能以市场最好价格成交的指令。

限价指令，指执行时必须按限定价格或更好价格成交的指令。它的特点是如果成交，一定是客户预期或更好的价格。

取消指令，指客户将之前下达的某一指令取消的指令。如果在取消指令生效之前，前一指令已经成交，则称为取消不及，客户必须接受成交结果。如果部分成交，则可将剩余部分还未成交的撤销。

强制平仓：如果账户所有人在下一交易日开市之前没有将保证金补足，按照规定，期货经纪公司可以对该账户所有人的持仓实施部分或全部强制平仓，直至留存的保证金符合规定的要求。

头寸：一种市场约定，即未进行对冲处理的买或卖的期货合约数量。对买进者，称处于多头头寸；对卖出者，称处于空头头寸。

头寸限制：指交易所对投资者规定的所能持有某一期货合约数量的最大限度（即交易部位限制）。头寸限制可从市场份额分配方面对市场风险进行管理。

竞价方式：包括公开喊价方式和计算机撮合成交方式。公开喊价是一种原始的交易方式，具有方便、透明的特点。计算机撮合成交是根据公开喊价的原理设计的一种自动化交易方式，具有准确、连续、速度快、容量大等优点。

内盘、外盘：等同于股票软件中的内盘、外盘。委托以卖方成交的纳入“外盘”，委托以买方成交的纳入“内盘”。外盘和内盘相加为成交量。

总手：截止到现在的时间，此合约总共成交的手数。国内是以双方各成交1手计算为成交2手，所以大家可以看到手数的尾数都是双数。

委比：用以衡量一段时间内买卖盘相对强度的指标。其计算公式为：委比=［（委买手数–委卖手数）÷（委买手数+委卖手数）］×100%。

仓差：持仓差的简称，指目前持仓量与昨日收盘价对应的持仓量的差。仓差为正则表示今天的持仓量增加，仓差为负则表示持仓量减少。持仓差就是持仓的增减情况。

多开：多头开仓的简称，指持仓量增加，但持仓量的增加值小于现量，且为主动买盘。

空开：空头开仓的简称，指持仓量增加，但持仓量的增加值小于现量，且为主动卖盘。

双开：某笔成交中，开仓量等于现量，平仓量为零，持仓量增加，差值等于现量，表明多空双方均增仓。

双平：某笔成交中，开仓量等于零，平仓量为现量，持仓量减少，差值等于现量，表明多空双方均减仓。原有多头卖出平仓，原有空头买入平仓，持仓量减少。

多换、空换：多头换手、空头换手的简称。若在某笔成交中，开仓量和平仓量均等于现成交量的一半，持仓量不变，则表明多头仓位和空头仓位都未发生变化，只是部分仓位在多头之间或空头之间发生了转移，结合内、外盘的状态，我们定义外盘时该笔成交的状态为多换，内盘时为空换。

多平、空平：多头平仓、空头平仓的简称。多头平仓指持仓量减少，但持仓量的减少绝对值小于现量，且为主动卖盘；空头平仓指持仓量减少，但持仓量的减少绝对值小于现量，且为主动买盘。

期货升水与期货贴水：在某一特定地点和特定时间内，某一特定商品的期货价格高于现货价格称为期货升水；期货价格低于现货价格称为期货贴水。

正向市场：在正常情况下，期货价格高于现货价格或者近月合约价格低于远期月份合约价格，称为正向市场。

反向市场：在特殊情况下，期货价格低于现货价格或者近月合约价格高于远期月份合约价格，称为反向市场。

基差：某一特定商品在某一特定的时间和地点的现货价格与期货价格之差。它的计算方法是现货价格减去期货价格。若现货价格低于期货价格，基差为负值；若现货价格高于期货价格，基差为正值。基差的内涵是由现货市场和期货市场间的运输成本和持有成本所构成的价格差异所决定的。也就是说，基差的核心包含时间和空间两个成分，运输成本反映着现货市场与期货市场间的时间因素，即两个不同交割月份间的持有成本，它反映着持有成本或从某一时间至另一时间储蓄某一商品的成本，包括储藏费用、利息与保险费用。储藏费用是储存商品所支付的实际支出，它一般因时间与地区而异；利息是储存商品所需的资金成本，利息将随利率的上涨而变动；保险费用是为保险储存商品的费用。反映持有成本的那部分基差随时间而变动，时间越长持有成本越大。由于期货契约只有交割性，到期后卖方应将商品提供给买方。在实际运用中，基差变大称为趋势走强，基差变小称为趋势走弱。

点价交易：买卖双方约定，在未来某个时间，双方以某期货市场相关品种的收盘价加上约定的基差值，作为履约价格完成现货转让的交易。在基差点价交易中，为防止价格波动风险，买卖双方通常会进入期货市场各自建立一个多头和空头部位，临近履约日时，由卖方点价通过期转现双方对冲期货多头和空头部位，结束各自的套期保值交易，继而根据先前达成的基差交易协议进行现货转让。

基差交易：指进口商用期货市场价格来固定现货交易价格，从而将转售价格波动风险转移出去的一种套期保值策略。基差交易是进口商经常采取的定价和套期保值策略。用这种方法，进口商在与出口商谈判时，可以暂时不确定固定价格，而是按交易所的期货价格固定基差，由进口商在装运前选择期货价格来定价。一旦进口商选择了某日的期货价格，其同时会在期货交易所建立空头交易部位。等到转售货物时，进口商再以等于或大于买入现货的基差价格出售货物，并在期货交易所以多头平仓。这样，无论期货价格如何变化，进口商都不会在现货交易中受到任何损失，而且如果卖出现货的基差大于买入现货的基差，进口商还会取得基差交易的盈利。

期货转现货：指持有同一交割月份合约的多空双方之间达成现货买卖协议后，变期货部位为现货部位的交易（简称期转现）。期转现的方法是：达成协议的双方共同向交易所提出申请，获得交易所批准后，分别将各自持仓按双方商定的平仓价格由交易所代为平仓（现货的买方在期货市场须持有多头部位，现货的卖方在期货市场须持有空头部位）。同时，双方按达成的现货买卖协议进行与期货合约标的物种类相同、数量相当的现货交换。

期货价差：期货市场上两个不同月份或不同品种的期货合约之间的价格差。

移仓：中长线交易者存在移仓（迁仓）的情况，对于商品期货，一般投资者持仓不能进入交割月，如果要中长线持有该品种，就要移仓到下一个主力合约；股指期货到交割日，也要移仓到下一个主力合约。因期货合约是有期限的，到期不移仓，交易所就会强行平仓。移仓期间，老主力合约成交量逐渐减少，同时持仓量也逐渐减少；新主力合约成交量逐渐增大，持仓量也逐渐增大。到移仓时间，顺持仓方向转弱就可开始移仓。对于鲜活商品期货，由于不同时期价格完全没有连续性，一般不移仓（也不建议中长线交易），如美国的生猪期货，我国的鸡蛋期货。移仓方式为先平仓（卖出）持仓合约、再重新开仓（买入）同样数量的下个主力合约。

本节综述

笔者在本节中只列出了常用的部分期货交易名词。其中需特别说明的是：

（1）交易对象一般为主力合约，因为主力合约的成交量最为活跃，行情走势更为顺畅。

（2）交易时在选中某品种的主力合约时，交易软件上面会显示该品种对应的保证金金额。

（3）期货市场均在每天15：00收日线，短线不建议持仓到夜盘，大部分品种23时收盘，也不建议持仓到次日。因为间隔时间太长，相关外盘品种价格在这段时间内可能会有所变动，会直接导致下一个时段出现开盘跳空现象，并且在每个时段的收盘前10分钟内，极有可能会发生突变或宽幅波动的行情。

（4）在设置画线成交或手动设置止损、止盈时，一定要留意有没有及时成交。如果不方便实时看盘，建议在交易软件的右上角齿轮“设置”中，将这种成交价模式设为“对价成交”“排队追”或“连续追”。

（5）在下单时一定要检查交易软件左上角的品种、合约与手数是否正确，以防下错单。

（6）成交列表中的盈亏主要以“平仓盈亏（逐笔）”这一栏为准。

（7）交易软件左上角的“资金使用率”建议不要超过50%，也就是仓位不建议超过5成。如果是短线量化自动交易，可以超过5成仓，因为量化程序里面自带止损、止盈的条件。

（8）建议一直都保持同样的仓位交易，能起到盈亏均衡的量化作用。

第三节　属性关联与分类

本节介绍每个交易品种的类型属性与品种相关联的期货交易常识，虽然是基础常识，但也非常重要。

一、商品期货

主要大类为农产品、金属、能源化工。

行业分类为贵金属、有色金属、煤炭、轻工、原油、化工、油脂油料、软商品和农副产品。

相关指数：每个行业与每个品种都有相关的指数。如期货文华大盘指数（代码7186）、农产品指数（代码7192）、工业品指数（代码7193）。

二、金融期货

主要大类为股指期货、利率期货、货币期货。

股指期货主要有沪深300（代号IF）、上证50（代号IH）、中证500（代号IC）。

利率期货主要有短期利率期货和长期利率期货。短期利率期货是指期货合约标的的期限在一年以内的各种利率期货，包括各种期限的商业票据期货、国库券期货及欧洲美元定期存款期货等。长期利率期货则是指期货合约标的的期限在一年以上的各种利率期货，包括各种期限的中长期国库券期货和市政公债指数期货等。

货币期货是指以汇率为标的物的期货合约，又称外汇期货。

三、农副谷物类

【相关产品】

优质强筋小麦、玉米、淀粉（为一组），大豆、豆粕、菜粕、豆油、棕油、郑州菜籽油（为一组）。

【特征】

这两组产品各自有较强的联动性，具有齐涨齐跌的特征。

【经验】

美玉米和大连玉米，其关联度不足5%；豆类期货里品种相互之间联系得比较紧密。美豆是芝加哥商品交易所的品种，在全球大豆贸易中掌握着定价权，美国是全球最大的大豆生产国，而中国是最大的大豆进口国，约85%的大豆依赖进口。但做豆粕期货参考美豆粕意义不大，而应该看美豆。常说的“双粕”中的豆粕主要用于养猪、牛、鸡等，菜粕主要用于养鱼，二者在本质上会有所区别，所以有时它们的走势并不一致。论涨跌，豆粕的波动幅度在80%的时间里都比黄大豆一号要大，另外豆油波幅大于棕油，郑州菜籽油比豆油更为活跃。

四、有色金属

【相关产品】

铜、铅、锌、铝、镍、锡（都属于有色类）。

【特征】

联动性较强，特别是铜、锌、铝关联性最大。

【经验】

在有色金属中，沪铜波动的幅度通常最大，其次是沪锌，波动幅度最小的是沪铝。所以，最好把关注点放在沪铜上，特别是在形成重要的顶和底时，沪铜涨跌幅度最大的特点就更加明显。同时，金属与国民经济周期有关，属于周期性行业品种，例如经济复苏时铜会成为领涨者。此外，高新科技方面需使用到的某类新材料的原材料，对金属类相关品种的价格也有较大影响。

五、黑色系品种

【相关产品】

动力煤、焦煤、焦炭（为一组），铁矿石、螺纹钢、热轧卷板（为一组），硅铁、锰硅（为一组）。

【特征】

联动性较强，特别是铁矿石、螺纹钢、热轧卷板关联最大。

【经验】

黑色系品种可构成完整的上下游产业链。像螺纹钢、热轧卷板、线材都是上海期货交易所的钢材成品。大连商品交易所的焦煤是用来炼焦炭的，而焦炭则是用来炼钢的，铁矿石是炼钢用的原材料。郑州商品交易所的动力煤则用于发电、机车推进、锅炉燃烧等。在分类上，焦煤属于烟煤，动力煤属于无烟煤。黑色系品种的更多基本面需关注国家出台的政策，例如国家去产能查环保等政策会造成一定影响，黑色系品种的价格波动与我国的货币政策和房地产政策也有关联。

六、能源化工类

【相关产品】

原油、PP、PTA、LPG、甲醇、沥青、玻璃、塑料、橡胶、PVC、EG。

【特征】

具有一定的联动性，特别是能源类关联性最大。

【经验】

简单来说，大部分能源化工类品种是原油的衍生品，其中，沥青的关联度与原油是最大的，而塑料与原油的关联度则不足10%，按照美原油的行情操作，原油只会影响塑料的开盘走势，暂时的影响不会改变塑料的原有走势。PVC虽然与原油、塑料等相关，但其作用多为建筑材料，且市场比较小，极容易被庄家控盘。PTA和PP与原油的关联性不大，它们虽与其他化工类品种相互影响，但力度不是太大。原油产量位居前列的国家有美国、沙特阿拉伯、俄罗斯、中国，消费量位居前列的国家有美国、中国、日本。影响原油价格的主要因素有供求关系、政治因素、汇率因素、投机因素等。橡胶的主要用途是轮胎制造，每年的5—8月是橡胶的供应旺季，12月至次年3月是供应淡季。

七、农副软商品类

【相关产品】

白糖、棉花、鸡蛋。

【特征】

联动性较差，走势独立。

【经验】

每年白糖的季节性规律可分为4波：1—4月主要影响因素为对种植面积的炒作；5—6月随机波动；7—9月出现消费行情，也就是翘尾行情，糖厂需要腾空库存，回笼资金；10—12月炒作主题围绕产量预期。影响棉花价格的主要因素有供求关系、经济波动周期、金融货币因素、政治因素、自然因素、投机和心理因素等，且美棉与郑棉的关联度很小。对于鸡蛋，短期看节假日需求，中期看蛋鸡存栏量，长期看养殖利润、禽流感疫情大小。鸡蛋每年至少会存在一波小牛市和一波小熊市的行情，基本特征是中秋之前上涨，中秋之后下降；春节之前上涨，春节之后下降。

八、金银类

【相关产品】

黄金、白银。

【特征】

二者的联动性很强。

【经验】

主要受伦敦现货黄金、现货白银价格的影响，沪金和沪银经常出现跳空缺口，通常要先分析现货黄金白银的大趋势。一旦黄金大趋势形成，白银随后的波幅会大于黄金，大步紧跟而至。有时白银的趋势行情也会领先于黄金。

更细致的分析步骤：美国10年国债利率（会影响美元指数的涨跌）—美元的涨跌（会与伦敦黄金白银呈反向关联）—伦敦现货黄金白银（会影响国内沪金沪银期货的走势与跳空开盘）。

九、期货与股票的关联性

期货与股票的关联性：商品期货价格下跌—现货价格下跌—企业利润减少—股价下跌（但对部分企业而言，则是原材料成本降低—利润增加—股价看涨，相反也如此）。

大宗商品相关概念股上涨/下跌与期货有同步的关联性，但期货杠杆效应大于股票。例如，某股票看跌—做空该商品/某商品看涨—做多概念股。若某商品价格持续上涨，而股票滞涨，说明股票被低估，待股票业绩扭亏后，再现期股正向传导。又如，牛市初期铜类股上涨代表经济复苏，会带动整个有色板块，但稀土/永磁材料弹性最大。

期货注重交易过程，股票注重业绩盈亏。股票需要关注收筹、建仓、出货，期货只需开仓与平仓，但期货易引起多空大战导致短期风险。

举例涨跌关联如下：

伦敦金—沪金—山东黄金（600547）；

精铜—沪铜—云南铜业（000878）、江西铜业（600362）；

螺纹钢—宝钢股份（600019）；

豆粕—新五丰（600975）；

橡胶—海南橡胶（601118）；

PVC—氯碱化工（600618）、三友化工（600409）；

…………

十、整个金融市场的关联性

传统的四大类资产——债券、股票、商品、外汇之间也有一定的关联性。例如：债券收益率和股票价格呈相反关系，债券收益率上升，说明避险情绪高涨，一般股票价格会下跌；同样，债券收益率和商品价格也呈负相关。从外汇角度来说，本币价格与商品价格之间是负相关的，所以本币贬值一般利于商品价格上涨，本币升值一般不利于商品价格上涨。当美元走强时，以美元报价的大宗商品价格会下跌，反之上涨，尤其是黄金，与美元之间的反向关系最为明显。当原油减产时，油价会持续上涨，同时也会带动商品期货价格上涨，相反原油增产会使油价持续下跌，同时也会带动商品期货价格下跌，因为原油是全球大宗商品的龙头风向标，特别是能源类产品走势几乎与原油走势实时同步。除此之外，商品期货价格趋向与全球经济周期也有相关性。

十一、期货价格联动率

在相关期货品种当中，价格联动率有大有小，例如10%~95%之间不等的价格联动性。同类别品种的具体差异与替代品和互补品有关，不同类别品种的具体差异与产业链有关，还与季节性和节假日、概念股票和经营财报有关。具体需要以实时行情价格变化为准，从盘中长期观察后得出新的经验并总结，上述内容仅作为一定的参考。

本节综述

只有弄明白期货市场中的每个行业与品种的属性和关联性，才不会糊里糊涂地交易，更不会踏空行情或踏错大趋势方向，违背市场的自然规律。

第四节　基本面分析法

基本面决定期货价格长期趋势的变化与持续性，同时也决定了牛市与熊市的趋向。

基本面分析认为市场价格是由供给和需求共同决定的，供给和需求的变化将引起价格的变动。因此只有客观分析影响供需的各种因素，才能对期货价格趋势作出判断。

一、基本面分析的相关概念

1. 供给和需求

通常，当供给量大于需求量时，价格会下跌；当需求量大于供给量时，价格会上涨。简单来说，供给增加，价格下降；供给减少，价格上升。在季节性方面，产量旺季导致价格下跌，产量淡季导致价格上涨。工业品主要看需求，而农产品主要看供给。

2. 需求弹性和供给弹性

需求弹性是指一定时期内商品需求量的变动对于该商品价格变动的反应程度。供给弹性是指价格的变化带来的供应量的变化。

3. 替代品与互补品

在其他条件不变的情况下，如果说一种商品价格的上涨导致了另一种商品需求量的上涨，那么这两种商品就是替代品。例如豆油和棕榈油就是一对替代品，当豆油价格不断上涨时，消费者会减少对豆油的需求，增加对棕榈油的需求，从而导致棕榈油的需求量增加。淀粉糖与白糖也互相替代。相反，如果一种商品价格的上涨导致了另一种商品需求量的下跌，那么这两种商品就是互补品。例如焦炭和铁矿石就属于互补品，因为焦炭、铁矿石都是高炉炼铁的炉料，当焦炭价格大幅上升的时候，市场上对焦炭的需求量就会下降，而炼钢的时候焦炭和铁矿石是按照一定的配比作为炉料的，焦炭的需求量下降了，那么铁矿石的需求量也会下降。

二、需求分析

1. 需求的构成

（1）当期国内消费量。

（2）当期出口量。

（3）期末结存量。

2. 影响需求的要素

（1）价格。

（2）收入水平。

（3）偏好。

（4）相关产品价格。

（5）消费者的预期。

三、影响供给的要素

（1）价格。

（2）生产成本。

（3）技术和管理水平。

（4）相关产品价格。

（5）厂商预期。

四、其他因素

（1）经济波动和周期因素。

（2）货币因素。

（3）政治因素。

（4）自然因素。

（5）心理因素。

（6）投机因素。

五、如何判断商品当下的需求是否旺盛?

1. 高开工率+低库存

如果生产企业自身开工率非常高，说明产品供应非常旺盛；如果在这个时候企业的库存依然非常少，那说明需求旺盛，生产出来的商品都被下游接收了。如果下游出货不畅的话，是不会不断接货的，此时，“低库存+升贴水+技术信号=择机做多”依然有效。

2. 高开工率+高库存

如果生产企业自身开工率很高，这个时候商品的供应量会增加，在需求量不变或者略增、下游接货能力相对不变的情况下，企业的库存会不断累积，形成高库存。在这种情况下，不一定是需求走弱，有可能是供需双旺。这个时候从供需角度不太好判断投资方向，我们应从成本和利润角度去寻找驱动因素。如果产业利润过高或价格在高位，可以考虑择机做空；如果产业利润在低位，可以考虑反套。

3. 低开工率+低库存

如果生产企业自身的开工率很低，这个时候商品的供应会减少，在需求不变或萎缩的情况下，企业的库存也可能会不断减少，形成低库存。这种情况并不一定是需求旺盛，有可能是供需双弱。这个时候从供需角度找不出驱动因素，我们可以考虑从盈亏角度去寻找驱动因素，即从成本和利润角度去考虑。如果这个时候产业利润亏损，那可以择机做多；如果产业利润较高，那这个时候适合正套。

4. 低开工率+高库存

如果生产企业自身的开工率很低，这个时候商品的供应会减少，在需求不变或者萎缩的情况下，如果企业的库存开始累积，说明需求低迷，这个时候供给的力量远大于需求的力量，供过于求。此时，“高库存+高升水+技术信号=择机做空”依然有效。

六、期货商品供给分析

1. 期初库存量

期初库存量是指上年度或上季度积存下来可供社会继续消费的商品实物量。根据存货所有者身份的不同，其可以分为生产供应者存货、经营商存货和政府储备。前两种存货可根据价格变化随时上市供给，可视为市场商品可供量的实际组成部分。而政府储备是为全社会整体利益而储备，不会因一般的价格变动而轻易投放市场。但当市场供给出现严重短缺、价格猛涨时，政府可能动用政府储备来平抑物价，此时将对市场供给产生重要影响。

2. 本期产量

本期产量是指本年度或本季度的商品生产量。它是市场商品供给量的主体，其影响因素也甚为复杂。从短期看，它主要受生产能力、资源和自然条件、生产成本及政府政策的影响。不同商品生产量的影响因素可能相差很大，必须对具体商品生产量的影响因素进行分析，以便能较为准确地把握其可能的变动。

3. 本期进口量

本期进口量是指本年度或本季度通过进口对国内商品的补充量，通常会随着国内市场供求平衡状况的变化而变化。同时，进口量还会受国际国内市场价格差、汇率、国家进出口政策以及国际政治因素的影响而变化。

七、期货商品需求分析

1. 国内消费量

国内消费量主要受消费者的收入水平或购买能力、消费者数量、消费结构、商品新用途、替代品的价格、获取的方便程度等因素的影响，这些因素的变化对期货商品需求及价格的影响往往大于对现货市场的影响。

2. 国际市场需求分析

稳定的进口量虽然量值大，但对国际市场价格影响甚小；不稳定的进口量虽然量值小，但对国际市场价格影响很大。出口量是本国生产和加工的商品销往国外市场的数量，它是影响国内需求总量的重要因素之一。分析其变化应综合考虑影响出口的各种因素的变化情况，如国际、国内市场供求状况，内销和外销价格比，本国出口政策和进口国进口政策变化，关税和汇率变化等。例如，我国是玉米出口国之一，玉米出口量是影响玉米期货价格的重要因素。

3. 期末结存量

期末结存量具有双重作用：一方面，它是商品需求的组成部分，是正常的社会再生产的必要条件；另一方面，它在一定程度上起着平衡短期供求的作用。当本期商品供不应求时，期末结存量将会减少；反之就会增加。因此，分析本期期末结存量的实际变动情况，即可从商品实物数量变化的角度看出本期商品的供求状况及其对下期商品供求状况和价格的影响。

八、经济周期变化因素分析

商品市场波动通常与经济波动周期紧密相关，期货价格也不例外。由于期货市场是与国际市场紧密相连的开放市场，因此，期货市场价格波动不仅受国内经济波动周期的影响，而且受世界经济状况的影响。

经济周期一般由复苏、繁荣、衰退和萧条四个阶段构成。

（1）复苏阶段。

复苏阶段从前一周期的最低点开始，产出和价格均处于最低水平。随着经济的复苏，生产的恢复和需求的增长，价格也开始逐步回升。

（2）繁荣阶段。

繁荣阶段是经济周期的高峰阶段，由于投资需求和消费需求的不断扩张超过了产出的增长，价格迅速上涨到较高水平。

（3）衰退阶段。

衰退阶段出现在经济周期高峰过去后，经济开始滑坡时，由于需求的萎缩，供给大大超过需求，价格迅速下跌。

（4）萧条阶段。

萧条阶段是经济周期的低谷，供给和需求均处于较低水平，价格停止下跌，处于低水平。

在整个经济周期演化过程中，价格波动略滞后于经济波动。认真观测和分析经济周期的阶段和特点，对正确地把握期货市场价格走势具有重要意义。

判断经济周期处在什么阶段可以看一些主要经济指标值的高低，例如GDP增长率、失业率、物价指数、进出口量、汇率等，这些都是期货交易者应密切关注的。

九、金融货币变动因素分析

1. 利率

利率调整是政府紧缩或扩张经济的宏观调控手段。利率的变化对金融衍生品交易影响较大，而对商品期货的影响较小。如从1994年开始，为了抑制通货膨胀，中国人民银行大幅度提高利率水平，提高中长期存款和国库券的保值贴补率，导致国债期货价格狂飙。1995年5月18日，国债期货被国务院命令暂停交易。

2. 汇率

期货市场是一种开放性市场，期货价格与国际市场商品价格紧密相连。国际市场商品价格必然涉及各国货币的汇率，汇率是本国货币与外国货币交换的比率。当本币贬值时，即使外国商品价格不变，但以本国货币表示的外国商品价格将上升，反之则下降。因此，汇率的变化必然影响相应的期货价格。

据测算，美元对日元贬值10%，日本东京谷物交易所的进口大豆价格会相应下降10%左右。同样，如果人民币对美元贬值，那么国内大豆期货价格也会上涨。主要出口国的货币政策对其出口货物的竞争力影响较大，如1998年，巴西货币雷亚尔大幅贬值，使巴西大豆的出口竞争力大幅增强，相对而言，大豆供应量增加，对芝加哥大豆价格产生负面影响。

十、政治因素分析

期货市场价格对国际国内政治环境、相关政策的变化十分敏感。政治因素主要指国内外政治局势、国际性政治事件的爆发及由此引起的国际关系格局的变化、各种国际性经贸组织的建立及有关商品协议的达成、政府对经济干预所采取的各种政策和措施等，这些因素将会引起期货市场价格的波动。

在国际上，某种上市品种的期货价格往往受到与其相关的国家政策影响，这些政策包括农业政策、贸易政策、食品政策、储备政策等，其中也包括国际经贸组织及其协定。在分析政治因素对期货价格的影响时，应注意不同的商品所受影响程度是不同的。如国际局势紧张时，对战略性物资价格的影响就比对其他商品价格的影响大。

例如，政府对某一品种的税收政策或进出口关税进行调整，将直接打破原有的价格平衡。1996年美国国会批准新的《1996年联邦农业完善与改革法》，使1997年美国农场主播种大豆的面积猛增10%，从而导致大豆的国际市场价格大幅走低。前些年国内出台的有关转基因作物进口的政策，对国内大豆的期货价格也造成了直接影响。

十一、季节性因素分析

许多期货商品，尤其是农产品，有明显的季节性，其产量与价格亦随季节变化而波动。

本节综述

并不是所有的价格波动都是由基本面因素影响造成的，但当价格持续上涨或下跌时，必然是受到基本面因素变化的影响；牛市与熊市的形成，必然是国内经济或全球经济的周期发生了转变。无论是做基本面还是技术面分析，一定要专注，只有做精一个行业、做精一个品种、做精一招技术才能常胜。

笔者在此推荐大家在各大专业网站关注相关资讯（例如“金十期货https://qihuo.jin10.com”），商品期货持仓数据在各大财经门户网站均有（例如“东方财富网”）。

第五节　套期套利方式

本节将介绍企业、主力、大户投资者是如何做套期保值与套利的，这也是期货市场最大的价值与功能的体现。

一、期货套期保值的定义、条件及种类

1. 期货套期保值的定义

期货套期保值即企业通过持有与其现货市场头寸相反的期货合约，或将期货合约作为其现货市场未来要进行交易的替代物，利用期货市场对冲价格风险的方式。

2. 期货套期保值的条件

期货套期保值的核心是风险对冲，要实现风险对冲就必须具备以下条件：

（1）期货品种及数量的确定应保证期货与现货头寸的价值变动大致相当。

（2）期货头寸与现货头寸方向相反。看多现货市场，就要看空期货市场。

（3）期货头寸与现货头寸持有的时间段应大致相同。

3. 期货套期保值的种类

（1）买入套期保值，又称多头套期保值，是指套期保值者通过在期货市场建立多头头寸，预期对冲其现货商品或资产空头，以规避价格上涨的风险。一般适用于下列三种情形：

①预计未来要购买某种商品或资产，购买价格未确定时，担心市场价格上涨。

②目前尚未持有某种商品或资产，但已按固定价格将该商品或资产卖出，担心市场价格上涨。

③按固定价格销售某商品及其副产品，但还没有购买该商品进行生产，担心市场价格上涨。

（2）卖出套期保值，与买入套期保值相反。

买入套期保值案例

某房产公司2月份计划在当年5月使用螺纹钢5000吨，担心到5月份螺纹钢价格上

涨，该公司决定进行套期保值操作。2月份的现货螺纹钢价格为4100元/吨，期货价为4180元/吨。到5月份该公司以现货价4200元/吨买进5000吨螺纹钢，同时以期货价4290元/吨平仓多单，其套期保值结果如下：

期货盈利=5000×（4290–4180）=550000元

现货亏损=5000×（4100–4200）=–500000元

套期保值结果=550000–500000=50000元

卖出套期保值案例

某油脂企业计划12月生产豆油5000吨，担心到了12月油脂价格下跌，于是在油脂现货价格6500元/吨，期货价格6750元/吨的10月份，该企业卖出500手（每手10吨）豆油期货，12月5日以6000元/吨卖出5000吨豆油现货，同时以6200元/吨平仓500手豆油期货。套期保值结果如下：

期货盈利=500×10×（6750–6200）=2750000元

现货亏损=5000×（6000–6500）=–2500000元

套期保值结果=2750000–2500000=250000元

二、基差的概念及其变化

基差是某一特定时间某种商品或资产的现货价格与相同商品或资产的某一特定期货合约价格间的价差。其公式为：基差=现货价格–期货价格。

基差变化与套期保值效果如表1–6所示。

表1–6　基差变化与套期保值效果

	基差变化	套期保值效果
卖出套期保值	基差不变	完全套期保值，两个市场盈亏刚好完全相抵
	基差走强	不完全套期保值，两个市场盈亏相抵后存在净盈利
	基差走弱	不完全套期保值，两个市场盈亏相抵后存在净亏损
买入套期保值	基差不变	完全套期保值，两个市场盈亏刚好完全相抵
	基差走强	不完全套期保值，两个市场盈亏相抵后存在净亏损
	基差走弱	不完全套期保值，两个市场盈亏相抵后存在净盈利

企业可按某期货合约价格加减升贴水确立点价方式的同时，在期货市场进行套期保值操作，从而降低套期保值中的基差风险。

基差交易案例

2018年9月10日，中国某榨油厂与巴西某贸易商签订进口大豆合同2000吨，当时大豆期货价格是3650元/吨，双方约定进口大豆的到岸价为中国期货的1月份大豆期货合约价格+200元/吨，同时约定由该榨油厂在12月10日装船时根据中国期货盘面价格自行点价确定。

在这种操作下，虽然签了合同，但大豆价格并未确定，价格是根据1月份合约期货价格来定的，而这个期货价格是不确定的。不管大豆未来是上涨还是下跌，榨油厂都想把进口价格固定下来，摆脱价格上涨的风险，那么榨油厂就要在期货市场进行套期保值。于是榨油厂买入1月份期货合约200手，进行套期保值。

12月10日点价时，期货价格上涨到4050元/吨。执行基差交易与不执行基差交易对比见表1-7。

表1-7　是否执行基差交易对比

	9月10日大豆期货价格	12月10日大豆期货价格	榨油厂买大豆价格
不执行基差交易	3650元/吨	4050元/吨	4050+200=4250元/吨
执行基差交易	3650元/吨	4050元/吨	3650+200=3850元/吨

三、规避基差风险的套期保值方式

1. 期转现

期转现的方法是，在期货合约到期前，双方向交易所申请期转现交易，按约定价格将各自头寸平仓，结束套期保值。与此同时，交易双方按照协商好的价格、商品品质、交割地点等进行现货商品的交收。

2. 期现套利

期现套利指交易者利用期货市场与现货市场不合理的价差，通过在两个市场上进行反向交易，待价差趋于合理时平仓获利的交易。一般来说，期货价格与现货价格之间的价差，主要反映在持仓费上，当价差远远大于持仓费时，存在期现套利机会。

3. 点价交易

点价交易是以某月份的期货价格为基础，以期货价格加上或减去双方协商同意的升贴水来确定双方买卖现货商品的价格的交易方式。如果确定交易时间的权利属于买方，称买方叫价交易；若确定交易时间的权利属于卖方，称卖方叫价交易。

四、期货套利的分类

1. 跨期套利

（1）牛市套利。

当市场需求旺盛，供给不足，或者远期供给相对旺盛时，较近月份的合约价格上涨幅度会大于较远月份合约价格的上涨幅度，或者较近月份的合约价格下跌幅度会小于较远月份合约价格的下跌幅度。这种情况下，通过买入较近月份的期货合约同时卖出较远月份的期货合约进行套利，盈利的可能性比较大。

牛市套利案例

2018年7月20日，9月份PTA合约价格为6012元/吨，次年1月份合约价格是5878元/吨，交易者预计价差会进一步扩大，进行套利操作，买入9月份合约20手（每手5吨），卖出次年1月份合约20手。到了8月20日，9月份合价格是8450元/吨，次年1月份合约价格是7556元/吨，双方平仓套利结果见表1–8。

表1–8　平仓套利结果（1）

	9月份合约	次年1月份合约	价差
7月20日	买入20手：6012元/吨	卖出20手：5878元/吨	134元/吨
8月20日	卖出20手：8450元/吨	买入20手：7556元/吨	894元/吨
每条腿*盈亏	20 × 5 × (8450–6012)=243800元	20 × 5 × (5878–7556)=–167800元	760元/吨
套利结果	20 × 5 × 760=76000元(243800–167800=76000元)		

*注：期货交易中，“单腿交易”是指买入一个方向或持有一份合约，“双腿交易”是指同时买入多空两个方向或同时持有近月合约和远月合约（同时持有两个合约）。

（2）熊市套利。

当市场需求不足，供给过剩时，较近月份的合约价格下跌幅度会大于较远月份合约价格的下跌幅度，或者较近月份的合约价格上涨幅度会小于较远月份合约价格的上涨幅度。这种情况下，通过卖出较近月份的期货合约同时买入较远月份的期货合约进行套利，盈利的可能性较大。

熊市套利案例

2018年6月1日，9月份白糖合约价格为5482元/吨，次年1月份合约价格是5558元/吨，交易者预计价差会进一步扩大，进行套利操作，卖出9月份合约20手（每手10

吨），买入次年1月份合约20手。到了7月11日，9月份合价格是4793元/吨，次年1月份合约价格是4897元/吨，双方平仓套利结果见表1-9。

表1-9 平仓套利结果（2）

	9月份合约	次年1月份合约	价差
6月1日	卖出20手：5482元/吨	买入20手：5558元/吨	76元/吨
7月11日	买入20手：4793元/吨	卖出20手：4897元/吨	104元/吨
每条腿盈亏	20×10×(5482-4793)=137800元	20×10×(4897-5558)= -132200元	28元/吨
套利结果	20×10×28=5600元(137800-132200=5600元)		

2. 蝶式套利

蝶式套利是由共享居中交割月份的一个牛市套利和一个熊市套利的跨期套利组合而成。居中月份的合约数量等于较近月份和较远月份合约数量之和。

蝶式套利案例

2018年2月1日，3月份、5月份、7月份的大豆期货合约价格分别为4050元/吨、4130元/吨、4175元/吨。某交易者认为3月份和5月份的价差过大而5月份和7月份的价差过小，存在套利机会。于是交易者以该价格同时买入150手（每手10吨）3月份合约、卖出350手5月份合约、买入200手7月份合约。到了2月20日，3月份、5月份和7月份合约价格分别跌至3850元/吨、3910元/吨和3970元/吨，交易者全部平仓。交易结果见表1-10。

表1-10 平仓套利结果（3）

	3月份合约	5月份合约	7月份合约
2月1日	买入150手：4050元/吨	卖出350手：4130元/吨	买入200手：4175元/吨
2月20日	卖出150手：3850元/吨	买入350手：3910元/吨	卖出200手：3970元/吨
各合约盈亏状况	150×10×(3850-4050)=-300000元	350×10×(4130-3910)=770000元	200×10×(3970-4175)=-410000元
净盈亏	770000-300000-410000=60000元		

3. 跨品种套利

受各种因素的影响，相关联的商品之间经常出现偏离合理区间的现象，表现为一个期货品种被高估，另一个期货品种被低估，此时跨品种套利就成为可能。过段时间比值关系恢复正常，就完成套利。跨品种套利一般在以下两种情况下套利效果较好。

（1）相关品种套利。

相关品种套利要求品种间有比较高的关联性，如：铜和铝、豆油和郑州菜籽油等。

（2）原材料与成品之间的套利。

原材料与成品之间的套利是利用原材料商品和它的制成品之间的价格关系进行套利。一边是原材料，另一边是由该原材料生产的产品，如：大豆和豆油、大豆和豆粕等。

4. 跨市场套利

在期货市场上，许多交易所都交易相同或相似的期货商品，如芝加哥商品交易所、大连商品交易所、东京谷物交易所都进行玉米、大豆期货交易；伦敦金属交易所、上海期货交易所、纽约商业交易所都进行铜、铝、锌等交易。一般来说，相同品种在各交易所的价格会有一个稳定的差额，一旦这个差额发生变化，就出现了跨市场套利的机会。

5. 异型套利

异型套利是根据相关品种日间强弱进行套利的一种新的套利方式。

（1）异型套利特点。

①机会多，每天都有机会。

②风险可控、收益较大。

③资金运用比较充分。

④可规避系统风险。

⑤对介入点的把控有较高的技术要求。

（2）异型套利品种及机会选择。

①根据开盘价判断强弱品种。

②根据盘中涨幅判断强弱品种。

③根据盘中调整形态判断强弱品种。

④做多套利，一条腿选较强多头品种开仓，另一条腿选较弱品种开空；做空套利，一条腿选择较弱品种开空，另一条腿选择较强品种开多。

（3）异型套利注意事项。

①品种要有相关性。如黄大豆一号、豆粕、菜粕之间，豆油、郑州菜籽油、棕油之间，铜、锌、铅、铝之间。

②开仓时多空价值相等。

③在强多和强空市场不宜使用。

④在趋势的末尾阶段不宜使用。

异型套利案例

某日，夜盘开盘，郑油低开-0.1%，价格为6720元/吨，棕油低开-0.41%，价格为4875元/吨，通过日K线和3分钟K线分析，可以买入郑油50手（每手10吨）、卖出棕油50手套利。9月14日9:20完成套利，平仓价分别是郑油6770元/吨，棕油4886元/吨。套利结果如下：

买入盈利=50×10×（6770-6720）=25000元

卖出亏损=50×10×（4875-4886）=-5500元

套利结果=25000-5500=19500元

五、股指期货期现套利

股指期货价格与现货指数价格之间的价差，主要是由持仓费决定的，这种考虑资产持有成本的远期合约价格称远期合约的理论价格。持仓费由利息、存储费和股息组成。股指期货的期现套利有如下四种情况：

1. 期价高估与正向套利

期价高估：股指期货合约实际价格高于股指期货理论价格。

正向套利：当存在期价高估时，交易者可以在卖出股指期货的同时买入对应的现货股票进行套利交易。

2. 期价低估与反向套利

期价低估：股指期货合约实际价格低于股指期货理论价格。

反向套利：当存在期价低估时，交易者可以在买入股指期货的同时卖出对应的现货股票进行套利交易。

3. 交易成本与无套利区间

考虑到交易成本后，将期指理论价格分别向上和向下移所形成的一个区间，在这个区间内，套利不仅无法盈利还可能亏损。

4. 股指期货跨期套利

股指期货跨期套利，是指同一会员或投资者在同一期货品种的不同合约月份建立数量相等、方向相反的交易，利用不同月份的股指期货合约的价差关系，买卖某一月份合约的同时对另一月份合约做相反交易，并在未来将两个合约同时平仓。

不同交割月份期货合约间的价格关系：

（1）正向市场：股指期货远期合约价格高于近期合约价格，股指期货合约市场价差主要受持有成本的影响。

（2）反向市场：股指期货近期合约价格高于远期合约价格，股指期货合约市场价差主要取决于近期供给与需求，以及购买者愿意花费多大成本换取近期合约。

不同交割月份期货合约间的价格关系、不同交割月份期货合约间存在理论价差。

总之，股指期货期现套利涉及股票相关系数等一系列比较专业的知识，在此仅作简单概述。

本节综述

通常只有相关企业、机构和大户投资者或具有专业团队及聘请专业人员指导的投资者，才会采取以上各种套利方式，各位读者对以上套利方式略知一二即可。

第二章 期货交易战法

导读

本章将讲述在期货交易实操中各种对应的经验与技巧，并以图文的形式分析描述，以便读者能找到适合自己参考与借鉴的战法。

第一节　趋势分析战法

无论是做中长线还是短线交易，都离不开对大小趋势的分析，所以先讲趋势分析方法。

短期趋势：主要对日K线以内的小周期进行技术分析。

中期趋势：主要对周K线、政策消息面、行业基本面、相关联的因素等进行综合分析，如美元与原油。

长期趋势：主要对经济周期、国际经济、国内经济、政治因素等进行供需关系的分析。

与国际期货相关联的品种，还需查看国际行情实时的变化。盘中品种相互影响，收盘后国际品种的涨跌会直接影响国内相关品种的跳空开盘。

以下直接进入正题，先讲期货指数类的大趋势图解分析，很多期货投资者都不了解这种分析方式。

【图形说明】

图2-1是美原油指数月线与期货文华商品大盘指数月线的对照图，两者均是

（a）美原油指数月线　　（b）期货指数月线

图2-1　美原油指数与期货指数月线对比图（2008—2020年）

2008—2020年的走势。

【图形特征】

我们先粗略来看，图2-1（a）、（b）的曲线走势方向基本一致，可略分为上、下、上、下、上、下、上七个阶段。两图节奏趋向基本一致，只是高低点和中间的波幅大小略有不同。

【经验分享】

我们可以得出一个结论，国际原油（美国纽约交所的原油期货指数）具有先导性的分析条件。为什么这样讲呢？因为原油每年都会有两轮或一轮大趋势性的行情，每年6月和12月欧佩克（石油输出国组织简称“欧佩克”）大会，将对原油的增产与减产或维持进行讨论并给出结果。例如一旦开始减产，将直接影响接下来的几个月的原油价格并使其呈上涨趋势；相反，一旦开始增产，就会影响原油价格并使其呈现持续几个月的下跌趋势。如果没有大幅波动或持续增减产或维持，那么原油的价格将会呈现横向震荡趋势。

所以，分析趋势的逻辑步骤为：产油大国之间的政治关系—欧佩克大会的增减产结果—美原油价格趋势—商品期货趋势。

【图形说明】

图2-2是美原油指数日线与期货指数日线的对照图，两者同为2020年5—12月的走势。

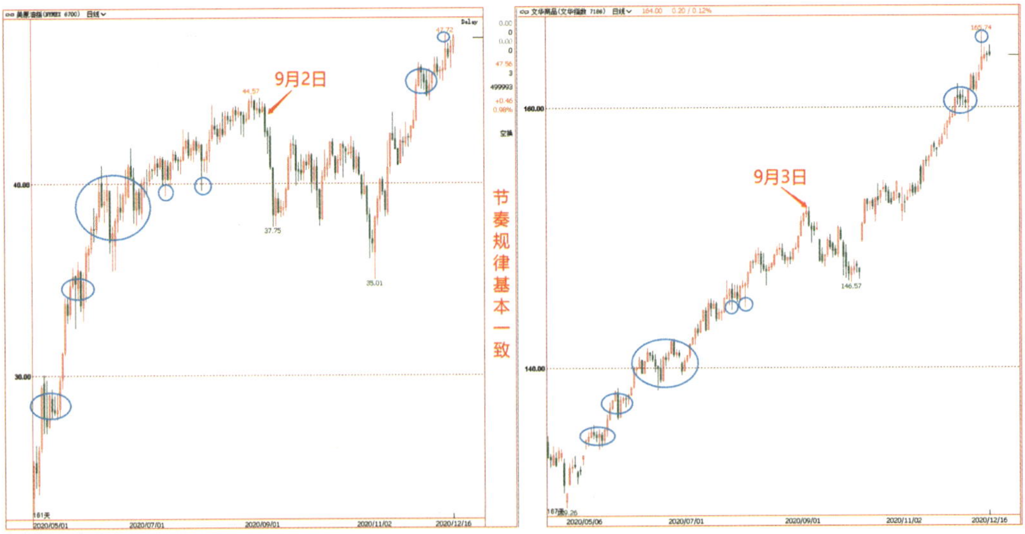

（a）美原油指数日线　　　　（b）期货指数日线

图2-2　美原油指数与期货指数日线对比图（2020年5—12月）

【图形特征】

图2–1对比的是长期月K线，图2–2是放大对比中期的日K线。认真观察图2–2（a）、（b）中大小圆圈标注的位置，可以发现几处横盘震荡的阶段位置一致，甚至单根长下影K线和阶段高点也一样，整体运行节奏规律基本一致。

【经验分享】

讲到日K线的对应分析，有一个重点不得不提，那就是每周三4：30公布API（美国石油协会）数据，22：30公布EIA（美国能源信息署）数据，这里指的是原油库存（单位：万桶）数据，冬令时公布时间将往后推延一个小时。库存增长利空油价、库存下降利多油价，或者数据小于预期等同于利多油价。

实操中可以发现，凌晨公布的API数据对晚上公布的EIA数据有一定的参考意义，但两者不是每次都相关。例如，API数据利多原油，那么当天晚上的EIA数据也很可能会利多原油，由此，当日白天的原油行情极可能是上涨趋势。与此同时，在期货方面，特别是能源化工方面的品种在当天日盘中以做多为宜，但到夜盘22：30前后则要特别注意行情突变的风险。

很多期货投资者都不知道这项指标的重要性，当行情剧烈波动时往往会不知所措，且不知道是由什么因素引起的。

【图形说明】

图2–3是美原油指数5分钟与期货指数5分钟的对照图，日期为2020年12月15日的探顶阶段。

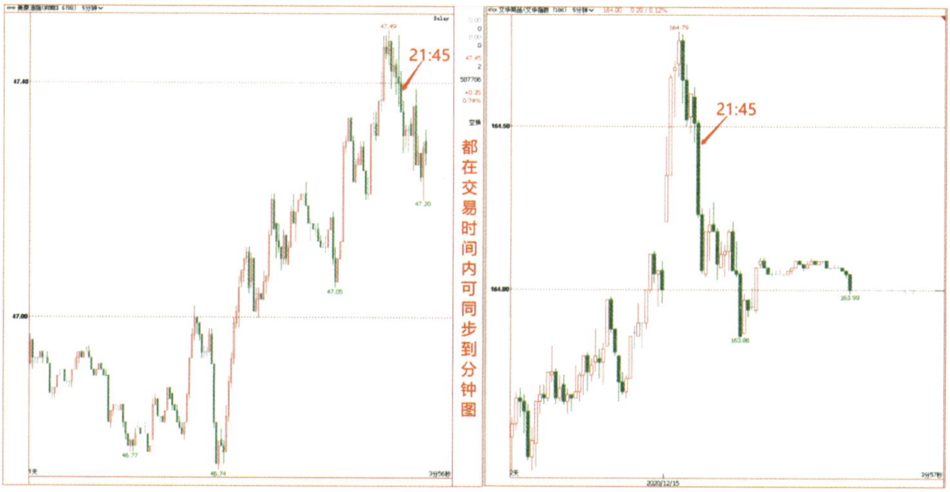

（a）美原油指数5分钟　　（b）期货指数5分钟

图2–3　美原油指数与期货指数5分钟对比图（2020年12月15日）

【图形特征】

前面我们分析了月K线和日K线，现再缩小周期并放大某个时间点来看，对照21：45前后的行情，走势基本一致。

【经验分享】

21：45处于期货夜盘的时间段内，也就是说，在同一交易时段，原油价格的宽幅变化与顶底点，将直接影响期货大盘的变化趋势。

明白这个规律后，甚至还可对原油的分时图进行同步分析。在期货快开盘前，先分析原油的大小周期的趋势，例如原油趋势向上，那么期货开盘后就只做低多单，不做空单。或者在期货快开盘前，分析原油的趋向是否对手中的单有利，适不适合持仓到下个交易时段。同理，在收盘前还需要分析国际相关品种的趋势，例如持有豆油多单，就分析美豆油的趋势是否向上，再决定要不要继续持仓。

【图形说明】

图2-4是美元指数日线与期货指数盘日线的对照图，日期同是2020年7—12月。

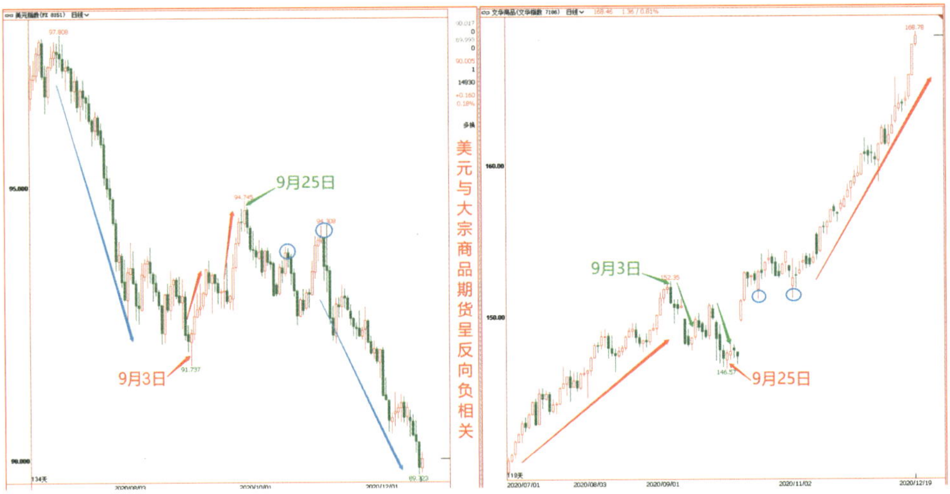

（a）美元指数日线　　（b）期货指数日线

图2-4　美元指数日线与期货指数日线对比图（2020年7—12月）

【图形特征】

图2-4（a）、（b）中的箭头方向恰好相反。美元的最低位与期货大盘的最高位日期一样；美元反弹中的两个高点与期货大盘回调中的两个低点也一致。

【经验分享】

因为国际主流期货品种均以美元计价，所以期货的走向与美元的走向呈反向运行。影响美元价格走势的因素有美国10年债券、美联储对美元的议息会议、美元宽松与紧缩政策等。当然，技术派投资者也能通过美元指数的日、周、月K线去分析趋势，很多期货投资者还不了解这种关联原理。

【图形说明】

图2-5是美元与大宗商品之间的负相关曲线图，日期为2001—2019年。

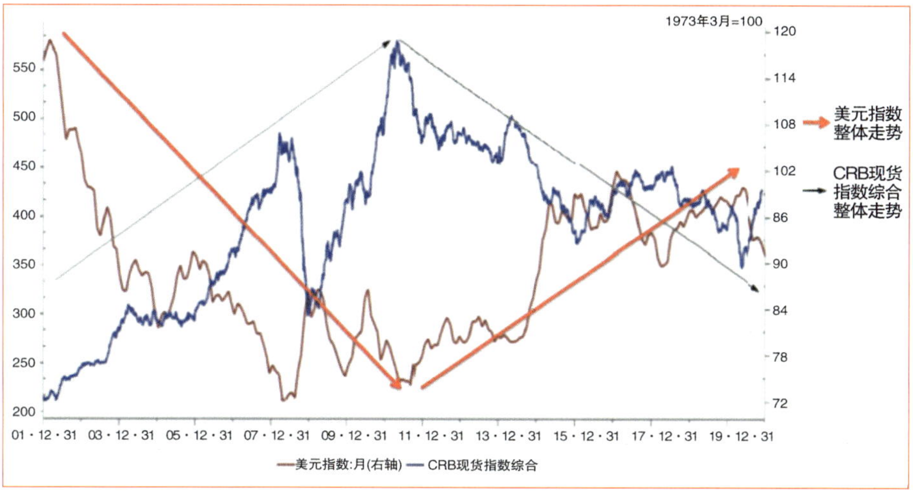

图2-5　美元与大宗商品之间的负相关曲线图（2001—2019年）

资料来源：Wind，招商证券。

【图形特征】

从图2-5我们可以看出曲线走势呈现出一种规律：分久必合、合久必分的剪刀差走势。

【经验分享】

美联储利率决策是在联邦公开市场委员会（FOMC）成员投票期间完成的，利率决策每年发布8次。FOMC根据通货膨胀水平（根据居民消费价格指数和消费支出来衡量）、就业情况（基于失业率）和国内生产总值（GDP）来做出利率决策。当上述指标改善时，美联储可能会提高利率。相反，如果经济增长缓慢，美联储可能降低利率以刺激借贷。

【图形说明】

图2-6为期货指数日线与工业品指数日线的对照图，日期同为2020年7—12月。

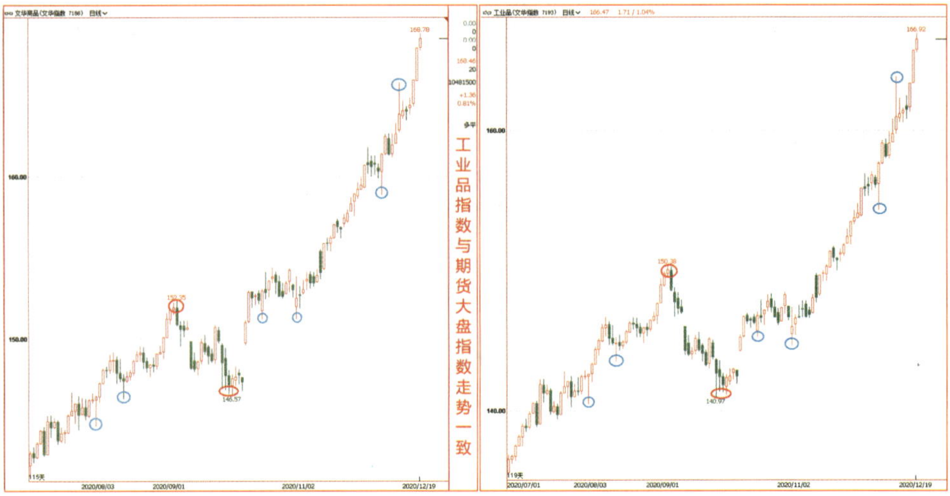

（a）期货指数日线　　（b）工业品指数日线

图2-6　期货指数与工业品指数日线对比图（2020年7—12月）

【图形特征】

图2-6（a）、（b）的走势完全一致，甚至细致到每根K线几乎都一样。

【经验分享】

工业品占整个期货市场的比重较大，就好比股市中的权重股与大盘指数。换句话来讲，工业品的涨跌会直接引起期货大盘指数的变化，所以，分析期货大盘时，需先看工业品指数。

【图形说明】

图2-7是期货指数日线与农产品指数日线的对照图，日期同为2020年7—12月。

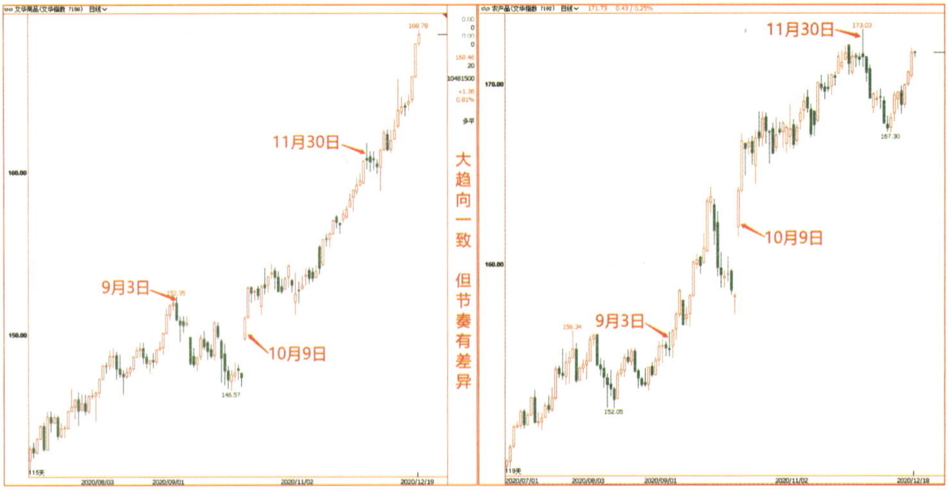

（a）期货指数日线　　（b）农产品指数日线

图2-7　期货指数日线与农产品指数日线对比图（2020年7—12月）

【图形特征】

粗略来看，两者整体大方向一致，但细看后会发现一些节奏其实有差异（可仔细观察图片中的日期标记位置）。

【经验分享】

有差异的原因是工业品主要看市场需求，农产品主要看市场供给。所以，我们在交易农产品的品种时，一定要看农产品指数，而不是大盘指数。除此之外，还需看美豆油走势的大趋向。

【表格说明】

表2-1为国际主流端口期货品种与对应的交易所。

笔者整理列出此表的目的，是提示各位在交易相应品种时，需关注国际上相对应的品种，并让读者知道从哪个国际交易所查看。

表2-1　国际主流商品期货品种

品种	交易所
CMX金	纽约商品交易所
CMX银	纽约商品交易所
CMX铜	纽约商品交易所
Lme铝	伦敦金属交易所
Lme锌	伦敦金属交易所
Lme镍	伦敦金属交易所
Lme锡	伦敦金属交易所
Lme铅	伦敦金属交易所
Lme螺纹钢	伦敦金属交易所
铁矿FE	新加坡商品交易所
美原油	纽约商品交易所
美燃油	纽约商品交易所
天然气	纽约商品交易所
日橡胶	日本大阪交易所
20号胶	新加坡商品交易所
美豆	芝加哥商品交易所

（续表）

品种	交易所
美玉米	芝加哥商品交易所
美豆粕	芝加哥商品交易所
美豆油	芝加哥商品交易所
白砂糖	伦敦国际金融期货交易所
美棉花	欧洲洲际交易所
马棕油	马来西亚衍生品交易所
瘦猪肉	芝加哥商品交易所

【经验分享】

因为国际期货与国内期货交易时间有差异，例如在国内期货休市时，国际期货仍在交易时段。所以，我们在国内期货收市前和开市前，都需先看看国际期货的趋向。例如专做铁矿石，那就可以看看新加坡商品交易所的铁矿石走势。

国内很多行情软件看国际行情时会有15分钟的延迟，如果长期只做一两个品种，做趋势的话就建议购买对应的交易所的行情数据。例如笔者常交易豆油与郑油（菜籽油），就购买了芝加哥商品交易所的行情数据，长期跟踪还能发现在开盘时的做单规律，这方面的技巧在后面农产品战法中会介绍。当然，如果只做日内短线，那么不看国际行情也没关系。

本节综述

有个别期货投资者，还不知道期货有大盘指数可以看，甚至还有很多人不知道期货与原油和美元指数的关系。能影响期货大趋势的除本节上述内容外，还有第一章讲到的基本面影响。

商品期货被炒作的现象很少，即使有也是短期的影响，从中长期来讲，一定是供需在影响价格的大趋势。所以，从期货的日、周、月K线来看，一定是存在趋向性的，不过日K线以内的周期自然是震荡时间居多。

换句话来讲，大宗商品期货的价格趋势具有持续性，一轮行情的运行周期较长，一旦一轮行情的趋势形成，就建议多做顺势单。

第二节　周期共振战法

多周期共振战法的理念来自趋势会沿着原有方向继续运行的规律，这恰恰也遵循了技术分析的三大假设之一。它是一套经过实践论证的、科学的有效战法。

一、周期共振战法的操作技巧

（1）以大周期方向为主，小周期波动为辅。若在大周期中看到了明显的进出场机会，则可在小周期共振时把握最佳买卖点。

（2）在横盘震荡的箱体中，当大周期走势接近箱体的上轨或者下轨时，可在小周期的相同位置把握进场点。例如大周期接近箱体下轨支撑时，关注小周期走势，可在小周期箱体下轨附近选择低点做多。

（3）当大周期在单边趋势中时，只要不出现非常明显的超买和超卖，在市场价格回归到主要趋势线附近的时候，可在小周期选择进场点。例如大周期处于上升趋势中，当市场价格接近主要上升趋势线下轨附近的时候，可在小周期的低点把握做多机会。

（4）不同周期中的指标共振，是在不同的周期下相同指标的共振，当大周期指标出现明显做多的机会的时候，可在小周期的相同指标同时出现做多机会的时候进场。有时候在同一周期下不同指标会发生组合共振。

二、周期共振战法的注意要点

（1）在市场波动活跃的行情中，周期共振才能突出优势；行情窄幅盘整或者波动平静的时候周期共振，成功概率不高，因为波动活跃才有更好的交易空间。

（2）参考的大周期不能太大，例如参考月线周期的话，由于时间跨度太大，不确定因素增加，成功的概率也就降低。所以必须是邻近的两三个周期对应共振才能更好地把握交易时点。

（3）在不同周期参考指标的时候，必须选择同一指标的信号，如果在日线中参考异同移动平均线（MACD），在1小时中参考随机指标（KDJ），这样的组合就没有意义。因为MACD是趋向型指标，而KDJ是短线随机移动型的指标。

（4）发现了两三个周期共振之后，可以再结合分时图或1分钟、5分钟走势图把握最佳进场点。

（5）遇到单边走势的时候，应寻找顺势周期共振。若出现逆势的周期共振，建议放弃操作。

（6）并不完全是大周期影响小周期的走势，有时当大周期处在关键的变盘位置时，小周期随后的变化也会改变大周期的趋向。

（7）建议长期固定两三个周期观察共振条件，这样才能起到量化的作用。千万不要随意在错乱的周期交易，否则会导致盈亏不平衡。

（8）在笔者的“量化自动交易系统”程序中均有编写跨周期策略。例如以30分钟周期为开仓观察周期，为了能在最佳位置平仓，笔者编写了5分钟周期的成交量与指标或K线的平仓条件。再例如以10分钟周期为开仓观察周期，程序中就结合了60分钟周期的共振条件。

（9）只有识别趋势和共振，才不会因小失大。

本节综述

本节只对周期共振战法作一些概述，在后面的内容中，会详细介绍各种利用共振择点的技巧，在此就不再单独列出图解了。

第三节 MA四线战法

“志尚四线理论”采用MA均线系统中的60线、20线、10线和5线，并且适用于各种周期图。每款行情软件上面都有MA均线，每位交易者都不陌生。“志尚投教”一向遵循通俗易懂、精简实用、现学现用、立竿见影的教学宗旨，所以一般会将大家最容易熟悉的工具和技术编入课程，以便大家能快速上手运用。

李小龙讲过：“我不怕会一万种招式的人，却怕一种招式练一万遍的人。”因为千招通不如一招精，一招精了可以应对很多情况，就算你练了一百种功夫，如果不精通也是个门外人。

“志尚右侧顺势四线交易战法”有以下几个目标：

（1）明确“识别趋势”；

（2）明确“买入依据”；

（3）明确“减卖依据”；

（4）明确“止损依据”；

（5）明确“捂单依据”；

（6）明确“空仓依据”。

一、四线战法的理念

大道至简：只要是实用的，越简单越好，将简单的重复做。

去头去尾：大波段，小波段，只做好自己能看懂的那一段。

胜负概率：任何交易的胜负都取决于概率，只在高概率中做单。

顺势而为：做交易本身是做趋势，在趋势中顺势做，无势不做。

摆脱困局：排除存疑消息，排除左侧预期，排除横盘区间。

二、四线的含义及优缺点

四线理论如果运用在日K线中就为60日线、20日线、10日线和5日线；运用在月

K线中就为60月线、20月线、10月线和5月线；运用在1小时图中就为60分钟线、20分钟线、10分钟线和5分钟线……为了通俗易懂，本书将其简称为60线、20线、10线和5线。四线理论在任何有K线图的市场都是适用的，也符合顺势而为的核心交易技术。

1. 四线的含义

（1）60线：一线定趋势。

当把60线作为趋势线时，在此线之上为多头（寻求低多），在此线之下为空头（寻求高空）。它与MACD也有密切关联，例如价格一直在60线之上运行，那么MACD必定是在0轴之上运行，相反就在0轴之下运行。

（2）20线：价格通道下轨线。

当回抽20线再突破5线时可顺势做单，在超出20线一点时止损。

（3）10线：回抽确认线。

当回抽10线再突破5线时可顺势做单，在超出10线一点时止损。

（4）5线：价格轨道线。

当价格一直沿着5线走时为单边直线行情。5线也是“回头信号”线，例如收线刺破5线后需注意行情回头。

简言之：这就好比车在高速路上行驶，如果没有看到出口路标，那就一直顺着车道行驶并适时移步快车道。5线就好比快车道，10线就好比正常行车道，20线就好比慢车道，60线就好比导航方向。

最强势的“单边上涨”行情，一定是价格一直沿着5线上行；“盘升”一般是价格沿着10线上行；“酝酿蓄势待涨”一般是价格沿着20线上行。所以，我们锁定这三条最贴近价格运行的均线，才能跟紧行情的运行轨迹，去识别相关指标作为交易依据。同时我们必须尽量把风险降低到最小，例如，如果用30线作为交易依据的周期线，那么震幅会扩大，风险也随之扩大。

例如很多人股票被套后，心想“20线会有支撑，再等等看”；当跌破20线时，又想“30线该会有支撑了吧”，结果再一次跌破，决定继续等待60线的强烈支撑……如此，风险不断扩大，最终被深深套牢。

运用好5线、10线、20线这三条线可以帮我们做出更明智的决定。例如5线死叉10线和20线为清仓股票信号，此时清仓也许会小亏，但长期严格执行下去，不会吃大亏。再例如某只个股价格沿着30线或60线运行，说明其上涨不顺畅，且震荡频率较多、震幅也较大，这样的个股则不值得入选。

凡事都要讲规章规则，做人要讲原则，做交易也是如此，一定要有自己的交易准则与纪律。其实很多人都明白这一点，但执行起来却没那么简单，难在交易没有明确的执行“依据”。

例如高速公路上如果没有画车道线，结果必定会乱套，交警队也失去了违章界定依据。当有了车道线后，一切就都顺畅了。所以，明确驾驶路线会减少事故的发生。笔者将5线、10线和20线视作车道线，将K线视作车辆，当车辆还没有从快车道变道至慢车道和匝道时，说明车辆还在正常前行；当车辆进入匝道时，说明车辆准备下高速，下高速后很可能向另一个方向行驶。读者朋友们，请认真理解这其中的含义。

2. 四线的优缺点

四线的优点：先一线定势（指60线），再顺势以最贴近价格运行的三条线（指5线、10线和20线）为依据，顺线做单一目了然，线能延伸多长就能做多久。

四线的缺点：由于均线随价格波动而移动，事后虽看到均线回靠贴近K线，但也许当时均线并没有靠拢贴近K线，因此需要实时看盘分析。

三、四线理论趋势分析选择法

1. 一线定势

例如只做5分钟图，那么当5分钟和60分钟都在60线之下时才可以考虑做空，相反做多也如此。同理，做60分钟图就关联日线，做日线图就关联周线，做周线图就关联月线。当关联的大周期有趋势时就做大周期，同时再关联上一个大周期图。例如，当做60分钟图时，发现日线也有信号且周线也能共振时，那就转做日线趋势。

2. 三线交叉

当60分钟图中5线、10线、20线（三线）高位出现且同时在60线之下死叉，特别是在横盘之后出现，说明有“一叶知秋”的长阴拐点信号，这种情况下产生的行情波动幅度很大，也很持久。

3. 二线交叉

在三线死叉并经历一轮下跌后，在下跌中继平台时，一定是5线与10线先金叉再死叉，随后行情下跌得非常急速。

4. 量价关系

此战法通用于所有K线图市场，尤其是A股方面需要重点结合量价关系，例如在60线之上的多头排列中，量能一定要阳“肥”阴“瘦”。

四、四线理论的交易手法

1. 开仓点

例如，在5线、10线、20线在60线之下死叉后数5根K线，如果三线同时死叉或二线死叉处于下跌中继平台，那么可在第二根线的起始点开仓追空。三线死叉要数5根K线后做单的目的是等空头排列的形成，同时还可观察这5根K线的运行规律，以判断是沿着5线走还是沿着10线或20线走。如果这5根K线一直沿10线运行，那么往后只要回抽10线再突破5线时就可下单（不必等收线，刺破5线时即可）。在下跌中继后就更容易把握，因为有前一轮下跌的规律可以参考，可在二线先金叉后死叉且跌破下跌中继平台的低点开空单，多单则相反。

2. 止损点

开仓后须立即设置止损条件，例如价格回抽10线再跌破5线时开空，止损点就设在10线上方一点点，此时也正是阴包阳。如果开仓成功有盈利后，可将止损点顺10线往下移，或移至前一根K线最高价上方一点点的地方。

3. 止盈点

开空单后，当单根K线逐渐拉长导致价格远离5线时减持或全部止盈，若上一个大周期离下方的支撑还有较大空间就减持。当价格出现阳包阴或重返5线之上时，可将其作为最后的平仓依据。

五、周期切换方法

1. 周期切换

例如，在5分钟图做完一笔空单后，5分钟图中的5线可能会与10线形成金叉，会有反弹或反抽甚至横向修整的可能，此时可以停止交易。但也可以切换到上一个大周期例如60分钟图来看，如果60分钟图中的价格正好回抽5线或10线，那么接下来就可以紧盯60分钟图价格，在跌破5线时开仓做空，但要注意日线必须在60线之下共振。

如果是非常活跃的行情就做1分钟图（例如突发行情或时间窗口以及消息行

情），一般活跃的行情就做5分钟图或10分钟图，当日线有多头排列（指在60线之上三线金叉后延伸时）的上升通道或空头排列的下降通道时就做60分钟图。

总之，如果某个周期沿10线运行，就选定这个周期做单，将止损点设在超出20线一点点的位置，盈利后再移损；如果没有前述条件的周期，就找沿着20线运行的周期做单，将超出60线作为止损依据，盈利后再移损。

2. 品种切换

当上述条件不成立时，该品种的中小周期都没有盈利机会，此时就可以选择其他品种。例如可在行情软件界面设置左右两个周期图，左边为5分钟图，右边为60分钟图，查看并对比哪个品种的价格在60线之下运行且有三线死叉，然后去寻找做空机会。

3. 变异中找标准

虽然三线是价格的沿线①，但其走势变化多样，一定要排除繁杂凌乱的图形，只做一目了然的单边顺畅图形，若是没有就静息等待。

六、辅助方法

1. 顶底形态

例如5分钟图出现顶部形态，此时60分钟K线也在60线之下，那么在5分钟图中的顶部形态后下跌的空间较大。

2. MACD背离

当价格运行到较高位置时，或者接近/到达阻力位时，出现MACD红柱堆的第二堆明显比第一堆要短的情况，或者高点在下移，再或者这两种情况同时出现，此情况下，三线（5线、10线、20线）死叉后做空单，成功概率较大，并且下行的空间也较大。

3. 反向标准

相反出现底部形态或底背离后，三线在60线之上金叉，那么做多的成功概率和上行的空间也一样较大。

4. “一叶知秋”

当出现一根长阴K线同时下穿5线、10线、20线或者一根阴K线吞没前三根线以

① 例如，K线一直沿着5线运行，那么这一段行情的沿线是指5线；K线一直沿着10线运行，那么这一段行情的沿线是指10线。也可将沿线理解为K线的运行轨道线。

上的K线时，就是“一叶知秋”的拐点空头信号。

5. 三连线

无论是三连阳还是三连阴，在K线逐根拉长时，小波段振动极可能会暂时告一段落。

6. 波浪理论

如果前面有了两浪，接下来极可能会有第三浪，可以观察第二浪与第一浪是否拉长或缩短甚或一样长，以此判断第三浪的延伸长度。

7. 附加270线与540线

为了能更好地运用周期共振法，建议再加上两条MA均线，例如270线和540线。60线代表当前周期MACD的0轴，270线代表大一个周期（中期）趋势的0轴，540线代表再大一个周期（长期）趋势的0轴，如此在当前周期图中就能一眼看出“中长期”的0轴（强弱分界线）。

例如在分析60分钟周期图时，发现价格一直在60线、270线（代表日K线）、540线（代表周K线）这三条之上运行，这就代表从小时图到周线图，都处于多头趋势。此时，便无须再切换周期图去查看。

同理，60线为短期趋势线，270线为中期趋势线，540线为长期趋势线。那么，当短期趋势线上穿或下穿中期趋势线，或者中期趋势线上穿或下穿长期趋势线时，也就代表中期或长期趋势正在发生转变。这对做波段或做趋势的朋友很有帮助。

一轮单边行情走完后，行情开始回转，当价格运行在60线和270线之间或者270线和540线之间时，往往会走横向震荡行情，这就是所谓的走“夹层”行情。此时趋势不明朗，理应遵循“高空低多”的原则执行箱体震荡策略。

8. 重在执行

再好的技巧与技术，如果不能严格执行也是徒然。学习与运用技术指标只是我们在执行交易中的一种依据或一种信号，它好比公路上的红绿灯或交通指示牌，若知道却不去执行，就会造成严重的后果。

在阐明上述内容后，笔者再以图文形式解析如下。

【图形说明】

图2–8为期货大盘的周K线图，日期为2015—2020年。

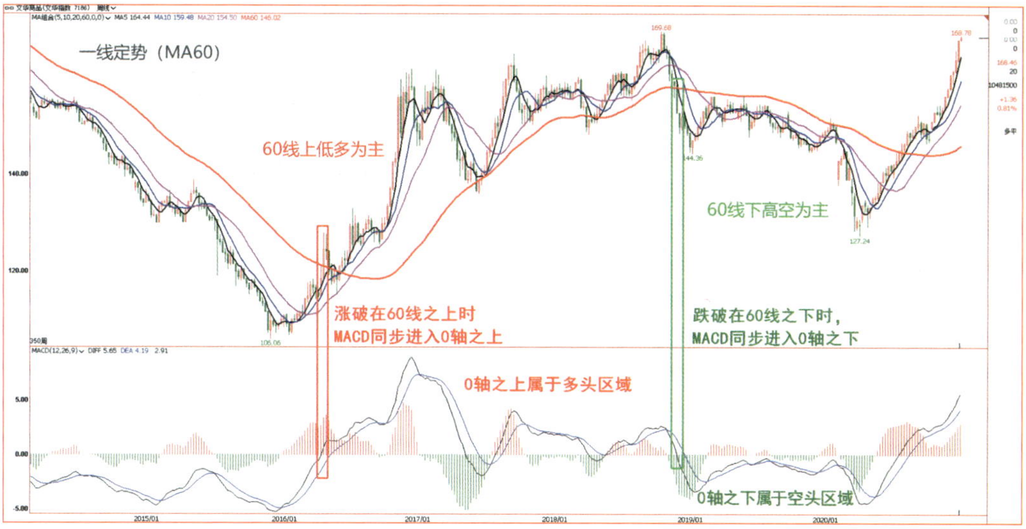

图2-8 期货大盘周K线图（2015—2020年）

【图形特征】

图2-8中的红色均线为MA60，当价格运行在60线之上时，MACD的DIFF和DEA两条线也就上穿到0轴之上。反之，当价格运行到60线之下时，MACD两条线也就下穿到0轴之下。

【经验分享】

MACD是趋向型指标，0轴之上属于多头区域，0轴之下属于空头区域。在实盘交易中，或者编写量化程序中，我们一定要找准一条多空强弱“分界线”。遵循交易核心——顺势而为，也就是在多头区域中寻求做多信号，在空头区域中寻求做空信号。

从图2-8中可以看出，在60线之下做高空单，在60线之上做低多单，成功概率将大幅提升。当然，在价格急速上涨或下跌中，远离60线时必然会引发回抽行情。

【图形说明】

图2-9为农产品的月线、周线和日线，三周期共振对照。

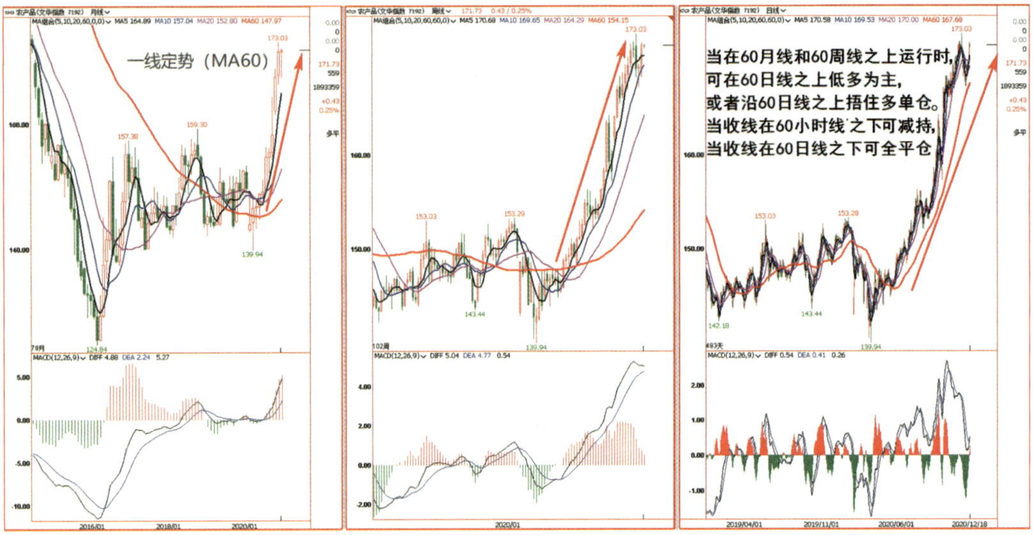

（a）农产品月线　　（b）农产品周线　　（c）农产品日线

图2-9　农产品月、周和日K线对比图

【图形特征】

图2-9（a）、（b）、（c）中低价点139.94之后的走势，先是日线到达60线之上，再是月线到达60线之上，后是日线再次上涨并将周线也带到60线之上。

【经验分享】

就波段而言，当月线和周线在60线之上运行时，可在60日线之上或者小时图中的60线之上，尽量寻找低多机会。

就中线而言，当月线和周线在60线之上运行时，可在60日线之上捂仓不动；当20线和60线死叉或者收阴线在60线之下时，再全部止盈。中途也可以在价格急拉快涨、大幅远离60线时逢高减持。

图2-9是农产品指数图，与农产品指数走势最密切的便是油脂品种，所以在此大趋势前提下，建议主要做豆一（黄大豆一号）、豆油、郑油（菜籽油）、棕榈（四选一）。

【图形说明】

图2-10为农产品指数的日线、小时图和5分钟周期的对照图。

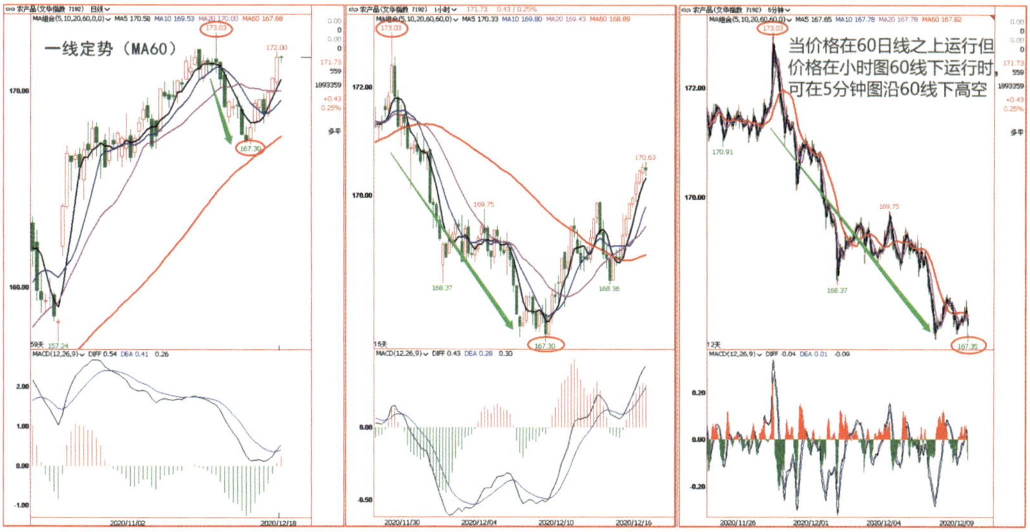

（a）农产品日线　（b）农产品1小时　（c）农产品5分钟

图2-10　农产品指数日线、小时图和5分钟周期对比图

【图形特征】

只看三张图中的两个圆圈之间的那一段行情，日线只是在回踩60线，但小时图与5分钟周期形成共振，且都在60线之下运行。

【经验分享】

此时可以抛开日线，以小时图为趋势周期，仅在15分钟或5分钟周期中去寻找高空点位。

再细看趋势周期的小时图，价格一直沿着10线之下运行，那么当小时图价格收阳线在10线之上时，可在15分钟或5分钟周期停止做空。

当日线收阳线在5线之上，或者阳包阴，再或者5线与10线、20线金叉时，代表日线止跌回升，但毕竟还在60线之上，所以也代表中期趋势还处在多头区域。此时可以在小时图中做低多趋势单，或者在15分钟、5分钟图中只做多单不做空单。

【图形说明】

图2-11为郑煤（动力煤）主力合约的周K线图，日期为2016年1月—2020年1月。

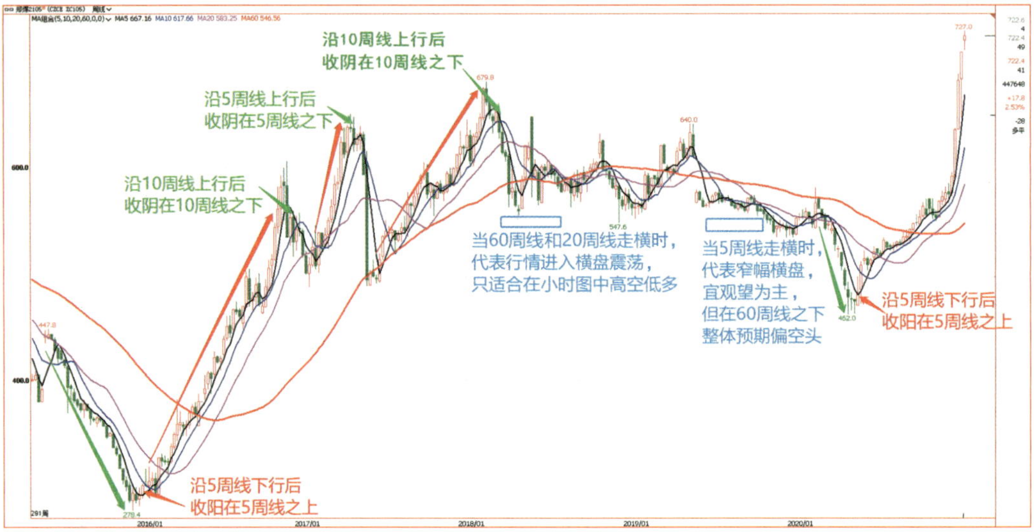

图2-11 郑煤（动力煤）主力合约周K线图（2016年1月—2020年1月）

【图形运用】

前面的图解主要讲60线的运用，图2-11主要讲述价格沿线原理的运用以及横盘的识别法，具体见图中文字标示。

【经验分享】

什么时候可以利用价格沿线原理？主要通过观察前面几根K线或一小段走势是否沿线运行，例如一直沿着5线或一直沿着10线运行。

价格沿线就是我们捂单持仓的依据，当高速路牌没有指示出口时，就继续沿线行驶，直到收线超出沿线时再平仓。中途出现长K线远离5线时，可以减持。

当价格回归到60线时，就该提防行情走横向震荡趋势，此时就该停止交易，待进一步确定趋向。若四条线中的其中一条走横向，特别是60线走横，就代表横盘趋势还将持续一段时间，此时可以采取高空低多的策略。

在横盘的中后期收窄阶段，若价格一直在60线之下运行，就代表预期偏空（酝酿空头）；若价格在60线之上运行，就代表预期偏多（酝酿多头）。此时可以再结合高低点的移向观察，如果是酝酿空头，那么高低点必然是向下移的。

【图形说明】

图2-12是玉米的5分钟周期图，日期为2021年1月。

图2-12 玉米的5分钟周期图（2021年1月）

【图形特征】

从图2-12可以看出K线先是以三次尖顶构成“头肩顶”的大形态，破位后行情一直向下盘旋，在完成浪形周期后走反弹或反转行情。

【经验分享】

由于玉米平常交易不太活跃，放大K线图看不出什么规律，但缩小K线图后，通过观察加粗的60线，浪形规律就一目了然。如果抛开60线，仅从纯K线中去数浪则会头晕眼花。

在此，笔者建议大家阅读《一张K线图赢遍全球市场》这本书，或者去“志尚投教”平台学习“36节通用的形态”视频课程。在有K线图的市场中，70%的走势均按四种浪形结构在运行，图2-12中的“3+1浪”为其中之一。学会这四种浪形结构后，大多数的行情走势都能一眼识别，并且这四种浪形结构在任何有K线图的市场都通用，是一种“大道至简”的分析法。

【图形说明】

图2-13为郑煤（动力煤）的小时图，日期为2020年11—12月。

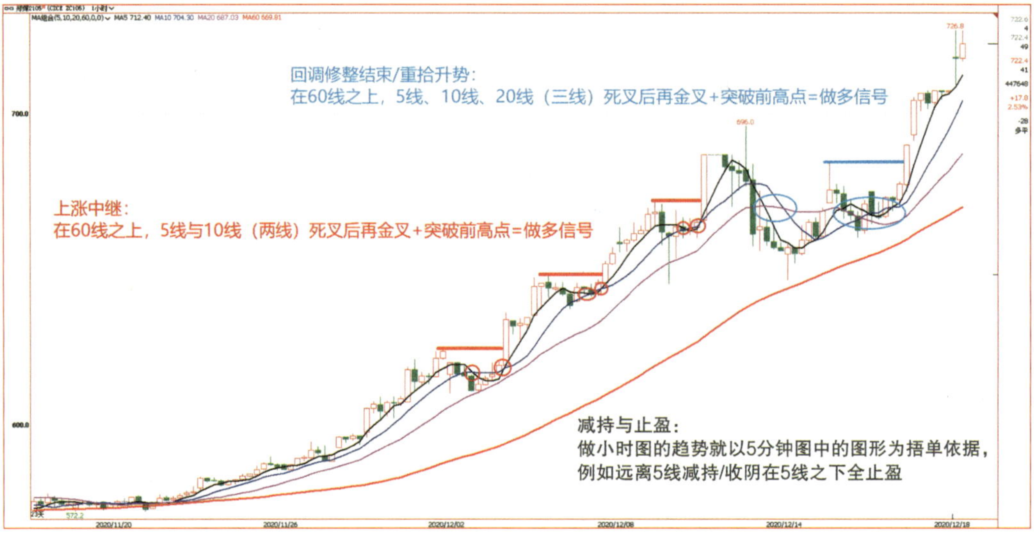

图2-13　郑煤（动力煤）小时图（2020年11—12月）

【图形运用】

在盘升或振荡中，判断是中继，是回转，还是磨顶的方法如图2-13中的文字标示。

【经验分享】

图2-13中这种多头区域中的多头信号很珍贵，且这种信号运用起来也非常简单，望各位读者朋友一定要牢记在心。

在价格没有运行到60线之下时，不要轻易去做空，或者坚决不做空，而应在60线之上等待多头的信号。

在60线之上把握多头信号的方法如图2-13所示，一种是上涨中继的信号，另一种是回调修整结束的信号。

前面讲到了沿线的技巧，当价格超出沿线时单已经全部平仓了，平仓后并不代表行情会立即反转，而是代表一轮单边行情的停止或暂告一段落，也就是说，接下来的行情存在不确定性，此时我们需要暂停持仓和交易，静待下一个信号出现。

下一个开仓信号如图2-13中第二个圆圈和最后一个圆圈标记处所示。另外，可在MA5、MA10、MA20三条线下穿到60线之下，形成“空头排列”时再去寻求做空信号。

通俗地说，导航已经指明哪里有高速路入口、在哪里才能上高速路或者换高速，没到入口就无法上高速。图2-13中就相当于拐了一个弯，转过一条立交桥，再进入另一条高速，在这过程中是不是得按路牌指示去行驶呢？

【图形说明】

图2-14为郑油（菜籽油）5分钟图，日期为2021年1月29日—2月2日。

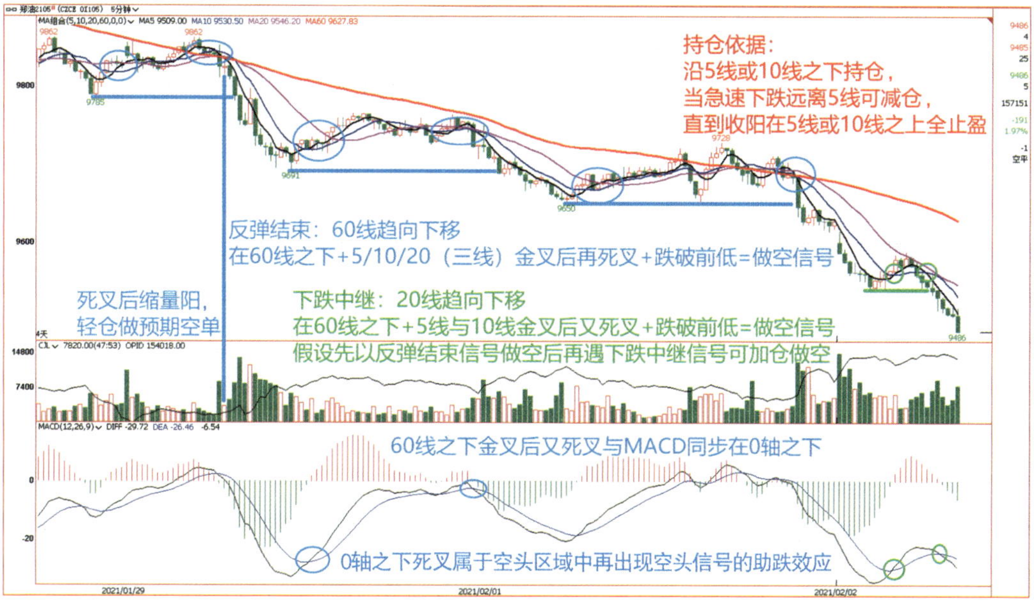

图2-14　郑油（菜籽油）5分钟图（2021年1月29日—2月2日）

【图形特征】

这是一张结合了前面讲过的四线理论、成交量和MACD的综合图，从图中的画线处与对应的文字便可理解，在此不重复解析。

【经验分享】

虽然这张图整体呈下跌趋势，一直沿60线下行，但就5分钟的短线而言，开平仓的依据依然很重要，由于毕竟不是单边直线下跌，而是阶段性下跌，所以只能一段一段地去做。

图2-14只提到了开仓位置，在此补充止损的条件。细看图中每一次在60线下由金叉到死叉的过程，在死叉附近均会有一根中长阴线，买点是这根阴线的收线前后，而止损就是这根阴线的最高价或之上处一点点。

【图形说明】

图2-15为郑煤（动力煤）5分钟周期图，日期为2020年12月11—15日。

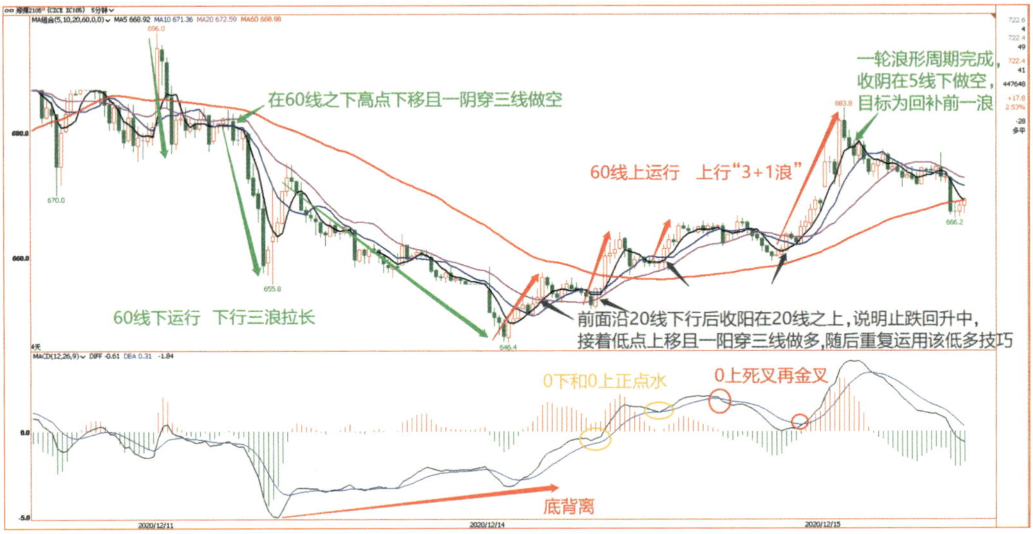

图2-15　郑煤（动力煤）5分钟周期图（2020年12月11—15日）

【图形运用】

四线理论仅用来做趋势分析和选取买卖与损盈点位，遇到有K线浪形形态的，即可按浪形顺势交易。另外，读者朋友们一定要看清图中箭头标记的位置和指向的那一根K线，再结合图中的文字去理解。

【经验分享】

做过交易的投资者，一般都看过关于K线形态的图书或课程，所以在本书中笔者就很少重点讲形态。笔者在此之前已经出版过几本专讲形态的图书，例如《做精一张图》《一张K线图赢遍全球市场》《T+0分时图交易技巧大全（修订版）》，还制作了“36节通用的形态”视频课程。图2-15中提到的“正点水”“3+1浪”和“三浪拉长”等术语，都可以在《一张K线图赢遍全球市场》中找到。

【图形说明】

图2-16为MA移动均线的参数与公式解析的对话框，在主图中点左键选中MA均线后，再点右键选择修改公式，即可弹出这个对话框。

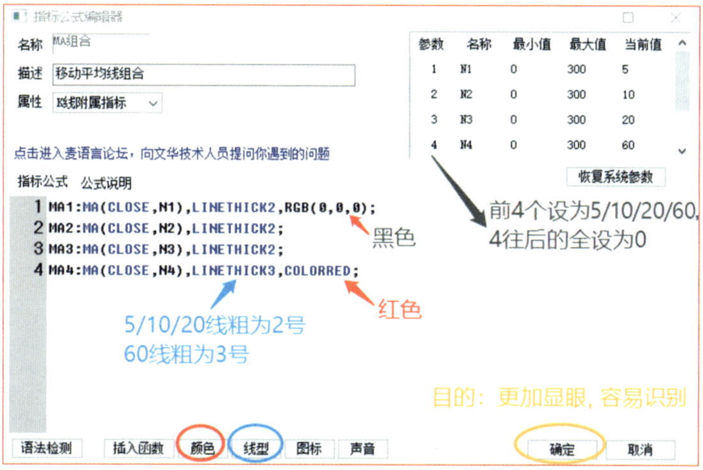

图2-16 MA移动均线参数与公式解析对话框

【图形运用】

笔者截此图是希望帮助读者朋友在学习“志尚四线理论”之后运用时更加便利。如果需要切换颜色，可在公式后面的逗号前面点一下鼠标，再点下面的“颜色”选定。

【经验分享】

如果需要再加上270线和540线，就在MA4的下面再加2行（MA5和MA6），参数栏下面再加上N5和N6，最大值填1000，当前值为270和540。

本节综述

“志尚四线理论”在所有市场和所有周期中都适用，短线可运用在5分钟和15分钟周期，波段运用在日线和小时图（日线用来做趋势分析，小时图用来寻买卖点），中线可运用在周线和日线（周线用来做趋势分析，日线用来寻买卖点）。无论哪个品种、哪个周期，只要走势顺畅又活跃，都可以去做。但只做一个品种的话，在一轮单边行情结束转入震荡修整行情时，应用四线技巧就进入了观望阶段，必须再找新的品种和周期去交易。也可以收集即将修整结束或处在变盘区域的品种，一旦产生新的一轮单边行情，即可从头抓到尾。往往很多人用大量精力做了大量的左侧分析，但当右侧单边行情真正来临时，却又没能把握住，浪费了一大段行情。希望在学完这节之后，读者能将四线理论轻松地运用到实盘中去。

第四节　成交量战法

笔者自2011年出版第一部作品《做精一张图》以来，一直对全球各个市场中的K线形态及其规律，做了大量研究工作。总的来说，在国内期货市场运用各种图形形态技巧成功率并不高。主要原因有以下四点：

（1）期货的交易时段不连续，每次开盘均有跳空现象，也就导致图形形态容易被破坏。

（2）部分品种易受国际关联品种的影响，甚至原油与外汇的市场波动也会影响整个期货市场。干扰因素太多，也就容易导致图形形态无法走完整。

（3）很多品种的“盘子”都比较小，容易受主力庄家控制，并不按图形形态的规律“出牌”。

（4）国内期货投资者注重短期的投机行为，短线交易者居多，量化交易的机构与个人也不在少数，所以在日常一个交易时段内只会产生阶段性的行情，很少在几个交易时段走出连贯性的行情。并且量化交易体系也很难识别形态与条件，顺势交易策略占多数。有关量化方面的知识，本书的附录部分有详细讲解。

总之，若想图形形态能像理论那样走完整且规律性很强的话，必然需要交易时间连续且跳空少。所以，在国内期货市场中，如果完全按照各种图形形态去交易，成功率只会在50%左右，包括各种指标背离也一样，成功率均不高。

那么，哪些技巧的成功率才高呢？这就不得不关注本章讲到的各种战法技巧。其中最关键的是成交量的运用，将成交量研究透彻之后，就可以从量能中发现交易信号，这就是所谓的技术中的核心——量价关系。

成交量是真金白银的进与出，K线图形不能连续，但资金进出能代表短中期的连续性。以下有关成交量的口诀，建议读者朋友们记录下来，在后面的图解中会提及，在实盘中也会常用到。

一、有效的成交量分析

（1）多头排列中的极度缩量阴、上升通道中的极度缩量阴——做多买入；

（2）空头排列中的极度缩量阳、下降通道中的极度缩量阳——做空买入；

（3）低位阴量递增或递减后爆阳量——做多买入；

（4）高位阳量递增或递减后爆阴量——做空买入；

（5）低位爆天量后——看涨趋势；

（6）高位爆天量后——看跌趋势；

（7）低位阴量递减且阳量递增——看涨趋势；

（8）高位阳量递减且阴量递增——看跌趋势；

（9）持多单时爆阴量吞没前面阳量——平多信号；

（10）持空单时爆阳量吞没前面阴量——平空信号；

（11）可分为持续递增与递减和间接性的递增与递减；

（12）可分为持续或间接性的三根量和三堆量的递增与递减。①

二、无效的成交量分析

横盘中无规则量观望中等待爆量突破：

（1）爆阴量向下突破——做空买入；

（2）爆阳量向上突破——做多买入；

（3）修整中阴量与阳量同步缩小之后——爆阳量看涨/爆阴量看跌；

（4）修整、横盘、中继、盘升/盘跌、磨顶/磨底之后——爆阳量看涨/爆阴量看跌；

（5）无规则的量能品种或不活跃的品种——放弃，十字星持平的量——无效。

请读者朋友们认真看以下图解中的画线颜色与对应的文字解释，所有技巧都已在图中标记，笔者就不再重复描述图形特征了。以下，笔者将每种量能特征和技巧分别按不同周期列出案例详解，其中的买卖/损盈位置请认真看箭头指向的K线。

---

① 第（11）点和第（12）点属于综合分析法，也可简单理解为，阳量递增中与阴量递减后——看涨。阴量递增中与阳量递减后——看跌。阳量持续递增至爆天量释放多头后——反转看跌，阴量持续递增至爆天量释放空头后——反转看涨，阳量递减再爆阴量=下跌拐点，阴量递减后再爆阳量=上涨拐点。

三、实例分析

【图形说明】

图2-17为“多头排列中的极度缩量阴——做多”的5分钟周期案例图。

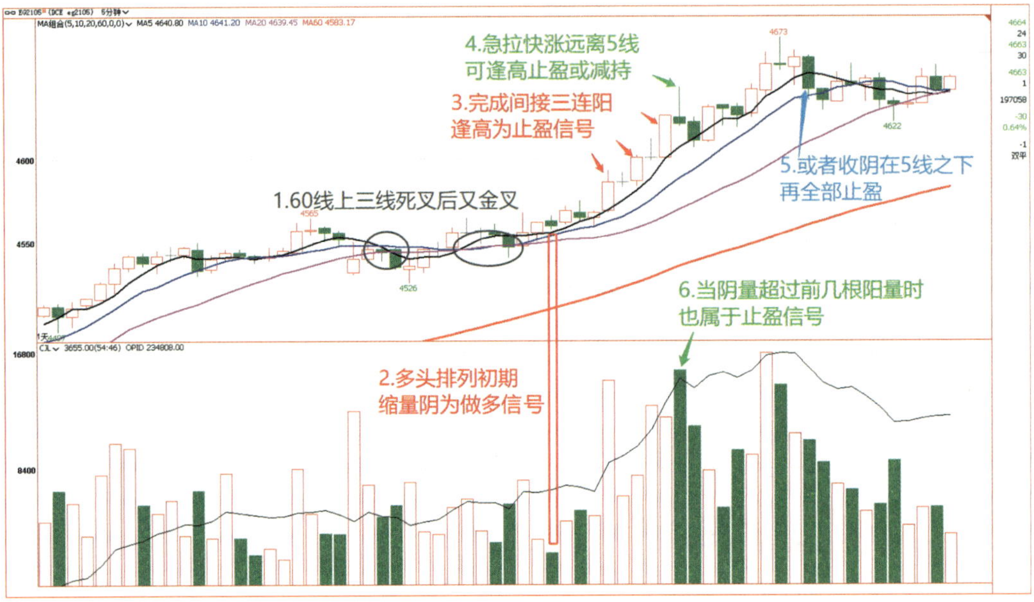

图2-17　多头排列中的极度缩量阴——做多（5分钟图）

【经验分享】

单就5分钟周期而言，一天中在每个交易时段内，每个品种的5分钟都有波段性的交易机会，只要有足够的耐心，紧盯着两三个品种的5分钟周期，均能通过前述的“志尚四线理论”和本节讲到的“成交量战法”抓住波段信号。当然，笔者建议紧盯的这两三个品种分别为一个工业品种、一个能源化工品种、一个农业品种，不建议在一个行业内盯两三个相似的品种。

就图2-17中提到的“多头排列”解释一下：当MA5、MA10、MA20、MA60这四条线向上按顺序排列，一旦形成“缩量阴线”就是低多的信号。相反，就是“空头排列”中的“缩量阳线”高空信号，这一招在股票市场中也适用。

【图形说明】

图2-18为“多头排列中的极度缩量阴——做多”的60分钟周期案例图。

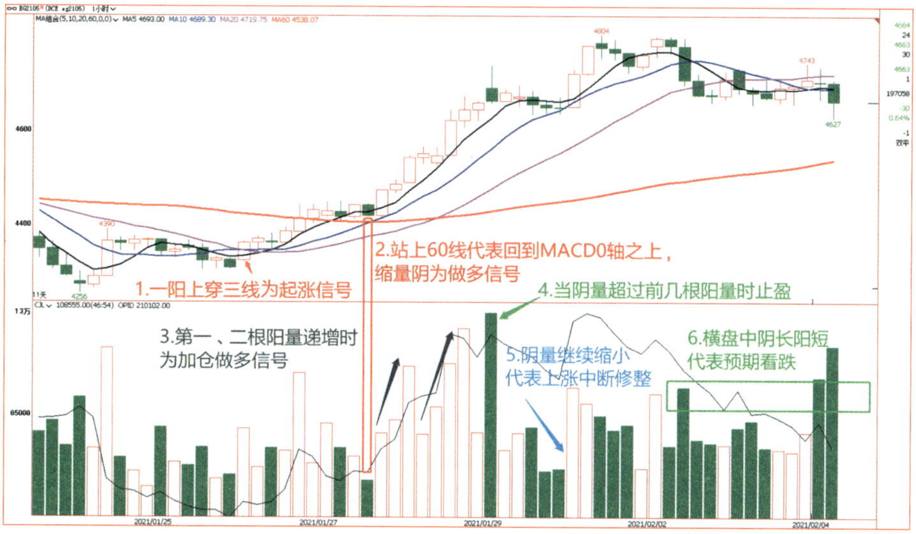

图2-18　多头排列中的极度缩量阴——做多（小时图）

【经验分享】

均线粘合是指三四条均线收窄靠拢在一块，或三线交汇。此时出现的"一阳穿三线"或"一阴穿三线"，均是有趋向性的拐点信号。若在60线之下出现"一阴穿三线"，其后下跌甚至大跌的概率极大；相反，若在60线之上出现"一阳穿三线"，其后上涨甚至大涨的概率极大。

在"多头排列"刚形成时及形成后不久，大多数情况下会出现一根很明显的"缩量阴线"，这是最佳的低多点，切莫错过这个机会。越到后面阴量越大，就越不好把握了。

【图形说明】

图2-19为"多头排列中的极度缩量阴——做多"的日K线案例图。

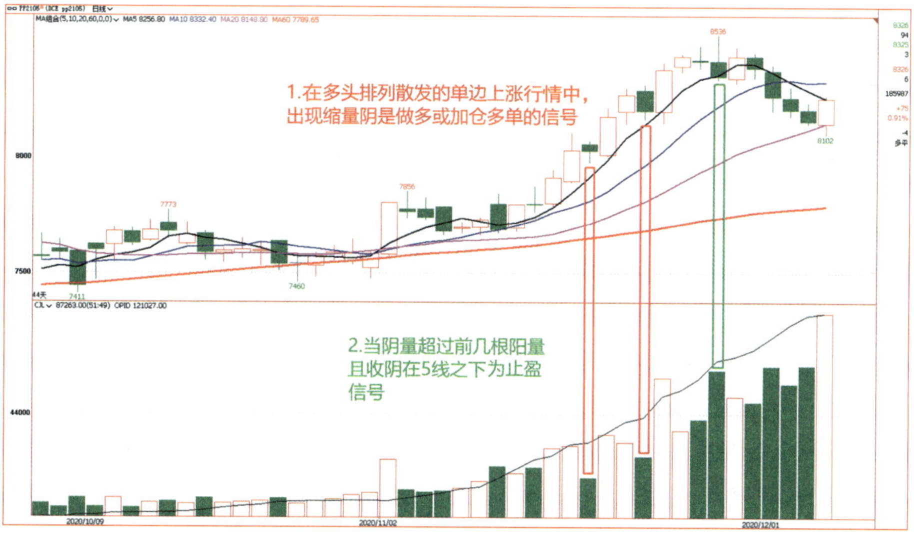

图2-19　多头排列中的极度缩量阴——做多（日K线）

【经验分享】

对日线而言，每天15:00收盘前或收盘后，务必去看看日K线的收线，主要看量能的变化。例如多头中阴量缩小可以继续看涨，第二根和第三根阳量在递增也可以继续看涨，相反就是看跌。其他多种判断法在学完本节之后便能明白。

通过日线量能判断下一根K线的涨与跌，在接下来的夜盘与次日上午盘就有直接的参照。例如日线看涨，那就通过小时图以内的周期去寻找低多的信号，并且遵循只做多不做空的原则。

通常，在60线之上出现缩量阴线或地量阴线之后的下一根K线收阳的概率很大，再下一根是否会收阳线就不确定了，需结合整体趋势来判断。

同理，对趋势分析而言，小时图、日线和周线中出现的多头缩量阴线极为珍贵，正所谓“千金难买牛回头”，切莫错失。

【图形说明】

图2-20为“多头排列中的极度缩量阴——做多”的周K线案例图。

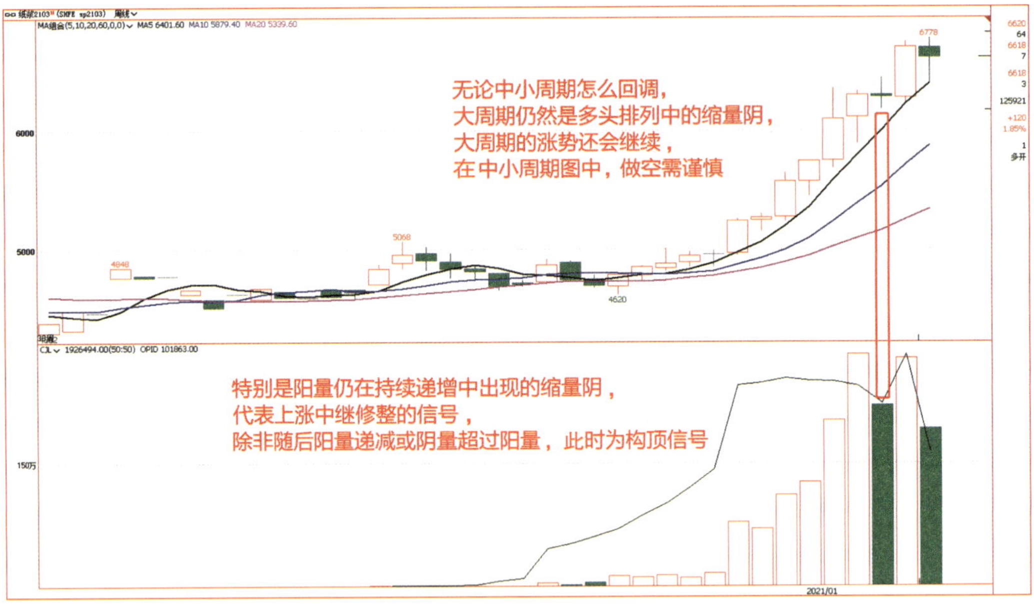

图2-20　多头排列中的极度缩量阴——做多（周K线）

【经验分享】

在周K线“多头排列”中出现一根阴线，也就代表日线以内的周期均在回调修整，很多投资者会认为在高位构顶的可能性很大，而放弃做多去布局空单抄顶。但如果这根阴线的量能是明显缩小的，就代表还有继续上涨的潜力。

那么，如何去把握继续上涨行情的多单信号呢？如果在小时图或日线中的60线之上出现MA5、MA10、MA20三线或二线死叉后再金叉，这就是最佳的做多信号，随后再出现缩量阴线时为加仓信号，止损点在金叉时的那根中阳线低点之下。

【图形说明】

图2–21为“空头排列中的极度缩量阳——做空”的5分钟周期案例图。

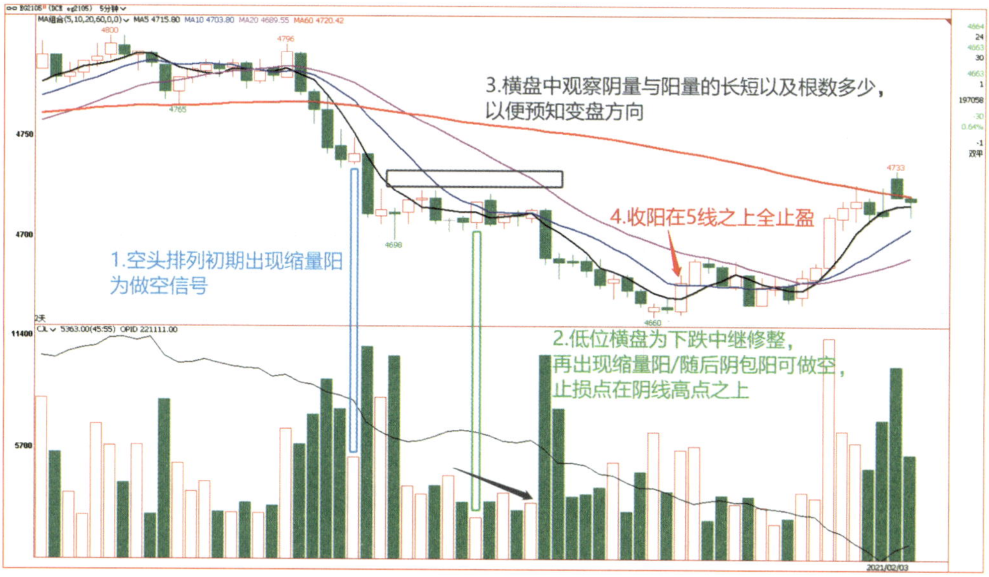

图2–21　空头排列中的极度缩量阳——做空（5分钟图）

【经验分享】

有多头排列中的缩量阴线做多信号运用技巧，相反也会有空头排列中的缩量阳线做空信号运用技巧。

就图2–21中标记2的地方解释一下：前面一直沿5线下行，随后出现的缩量阳线收在5线之上，按理属于平空单的信号，但由于是缩量阳线，所以可以继续持仓观望。若下一根线阳量递增就果断平仓空单，若下一根线阳量递减就继续持有空单，若下一根线是阴包阳甚至阴量吞没阳量就可以加仓空单。假设随后出现阳线包裹甚至吞没阴包阳的阴再形成阳包阴时，就果断全部平掉空单。对于加仓部分的空单，可在随后出现放量急跌时逢低平仓减持，因为低位爆量后需要防止随时可能出现的“V”形回升，所以必须在这根爆量阴线收线前减持。

【图形说明】

图2–22为“空头排列中的极度缩量阳——做空”的60分钟周期案例图。

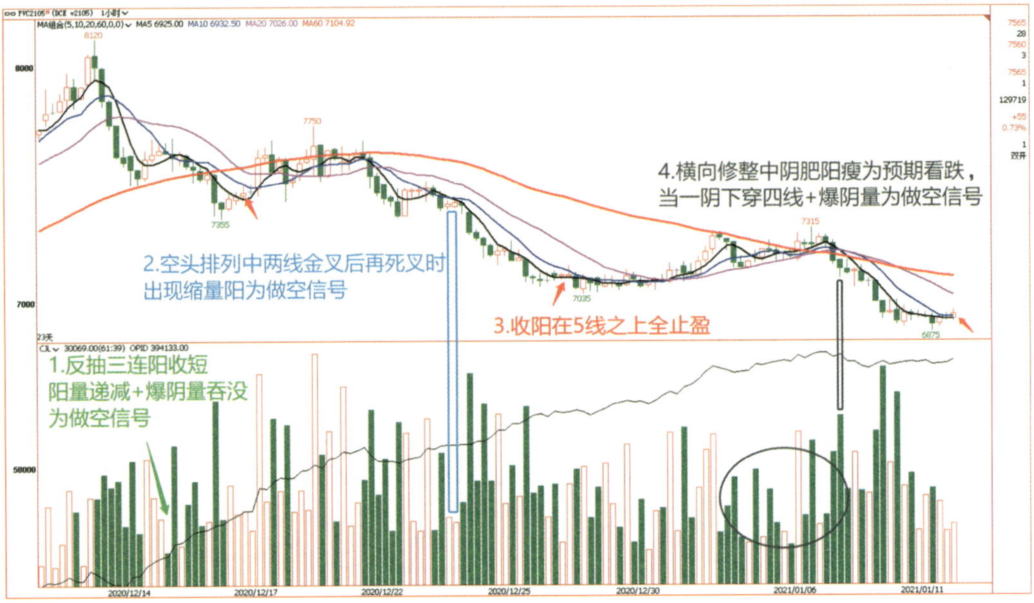

图2-22　空头排列中的极度缩量阳——做空（1小时图）

【经验分享】

俗话说“船大难掉头”，当小时图以上周期的趋势形成后，短时间内是难以反转的，行情会顺向持续一些时间。投资者应尽可能在小时图中寻找做单信号（如前述中寻求缩量K线），或者在15分钟周期图中去寻找高空信号。

再就图2-22中标记2的位置重点讲一下：所谓根据高概率的条件信号做交易，就是在关键位置、关键时候出现了顺向的关键信号时，不但不错过，而且要把握或提高仓位去抓住机会。回看前述内容，第二根阳量同比递减，代表反抽力度在减弱，其后再出现阴量吞没阳量的阴线，是最佳做空与加仓空单的机会。

【图形说明】

图2-23为“空头排列中的极度缩量阳——做空”的日K线案例图。

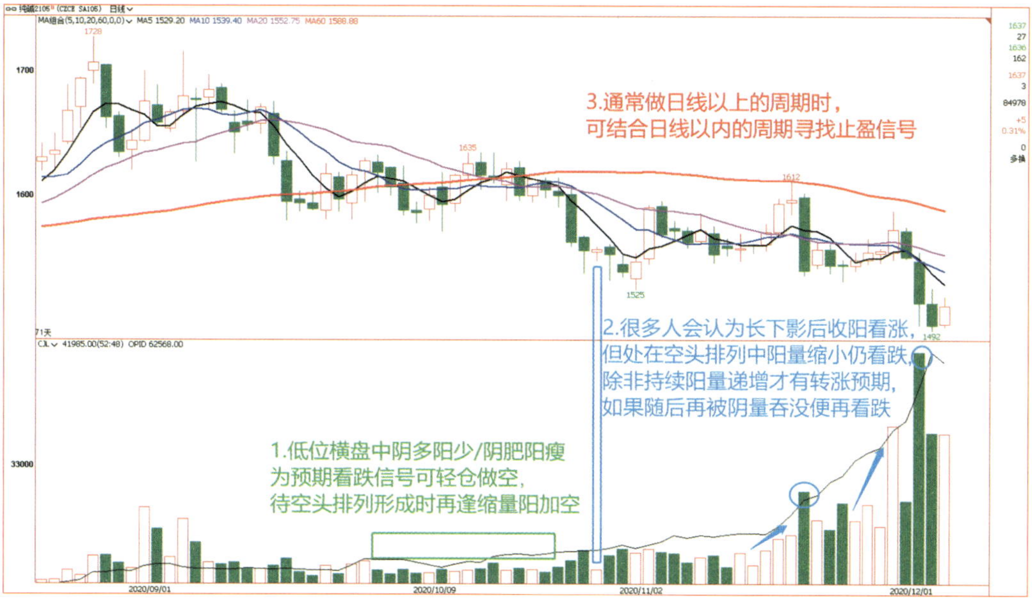

图2-23　空头排列中的极度缩量阳——做空（日线图）

【经验分享】

就横盘预判分析而言，请牢记以下口诀：

（1）在MA60线之上横盘——预期看涨；

（2）在MA60线之下横盘——预期看跌；

（3）在MA60线上下横盘——看量能与移向；

（4）横盘中阳量长阴量短——预期看涨；

（5）横盘中阴量长阳量短——预期看跌；

（6）横盘中均线金叉——预期看涨；

（7）横盘中均线死叉——预期看跌；

（8）横盘末端重心上移——预期看涨；

（9）横盘末端重心下移——预期看跌；

（10）缩量横盘之后爆阳量——看涨；

（11）缩量横盘之后爆阴量——看跌；

（12）横盘中MACD持续红柱——看涨；

（13）横盘中MACD持续绿柱——看跌；

（14）横盘中主力资金线（SUPL）持续上移——看涨；

（15）横盘中SUPL持续下移——看跌；

（16）横盘之后先诱多再下跌——真下跌；

（17）横盘之后先诱空再上涨——真上涨；

（18）高位横盘后+向上突破+爆阳量——必涨；

（19）高位横盘后+向下突破+爆阴量——必跌；

（20）低位横盘后+向上突破+爆阳量——必涨；

（21）低位横盘后+向下突破+爆阴量——必跌；

（22）MA60线之上横盘+阳肥阴瘦+爆阳量向上突破——必大涨；

（23）MA60线之下横盘+阴肥阳瘦+爆阴量向下突破——必大跌；

（24）一直横盘就看大周期图形处在哪个阶段位置；

（25）横盘都是为了下一轮单边行情而准备；

（26）持续横盘之后，市场一旦选择方向 ，向上或向下的长度与横盘的长度几乎相当（即横有多长竖有多长）。

提示：在“志尚投教”平台的“K线形态通用技巧”课程中，有针对上述口诀的图文视频讲解，当前课程已经更新超过40节。

【图形说明】

图为2-24为“空头排列中的极度缩量阳——做空”的周K线案例图。

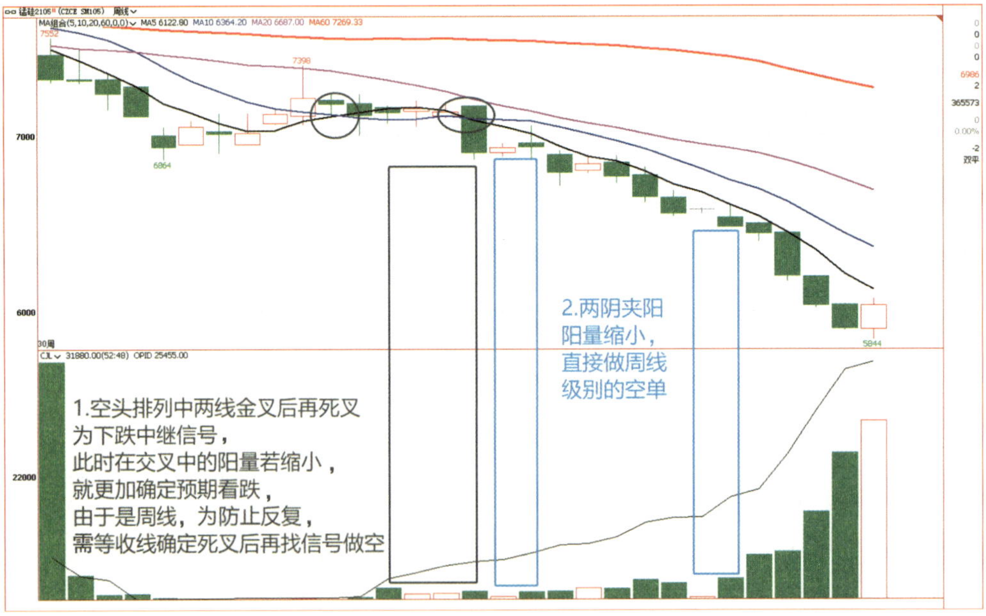

图2-24　空头排列中的极度缩量阳——做空（周线图）

【经验分享】

就期货交易而言，一旦习惯了短线交易，就会一直沉浸在中小周期的震荡波动里面，从而忽略了日、周线的大机会。一旦日、周线的趋势形成，即使从小周期去交易，只要顺应大周期的方向去做顺势单，几乎每一波顺势的行情都能抓得住，特别是日、周线出现很明确的信号时。

【图形说明】

图2–25为“多空头排列中的极度缩量阳/缩量阴——做空/做多”的原油日K线案例图。

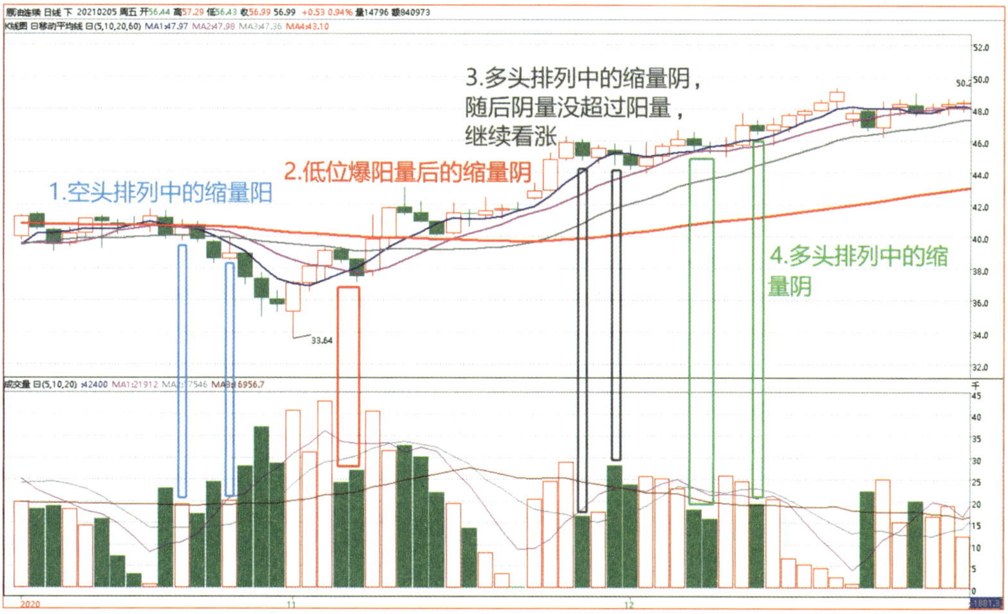

图2–25　国际原油日线

【经验分享】

重点讲一下图2–25中标记1和标记2之间的V形图：在空头排列刚形成后就呈反转走势，细看反转过程的量能关系，先是阴量递增、再是爆阳量，这种情况会止跌回升。回升幅度大小和持续时间长短主要看爆阳量后的走势，例如图2–25在低位爆阳量后再出现缩量阴，这明显是对多头上涨有利的量能组合。再接着往后看，阳量和阴量都同步缩短，这属于待变盘的信号，阴量和阳量收短之后再爆阳量就代表看涨，爆阴量就代表看跌。

前面讲的都是期货量能关系，这里与后文会附一些“原油”的量能图解，其目的是告诉各位，原油的量能分析也极为重要。

【图形说明】

图2-26为“低位阴量递增/递减后爆阳量——做多”的5分钟周期案例图。

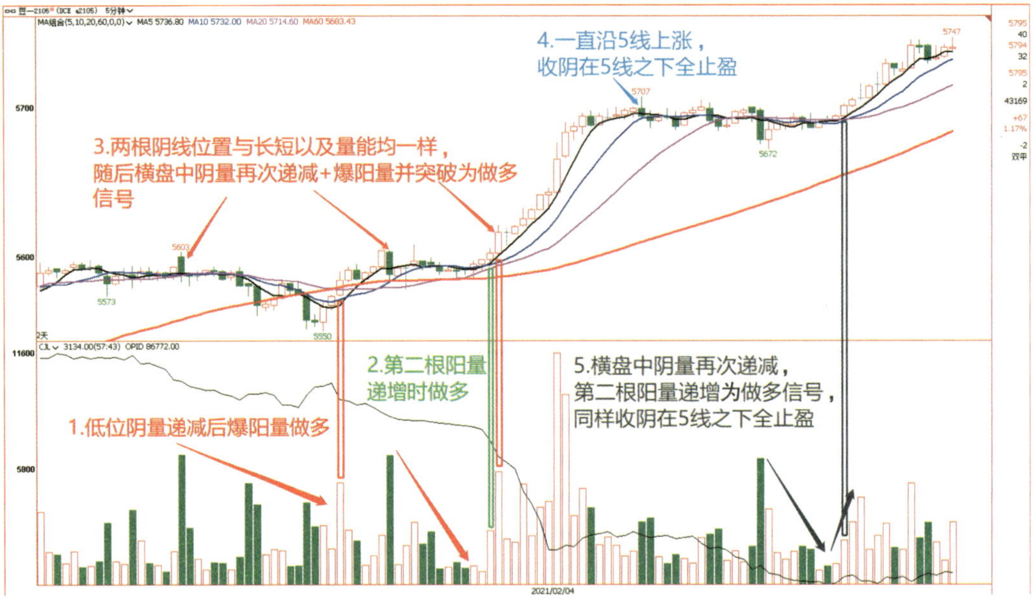

图2–26 低位阳量递增/递减后爆阳量——做多（5分钟图）

【经验分享】

前面讲到的是一根量能，接下来将更复杂，为三根或多根连续或间接性的量能组合，请认真看图中的画线标记。再次提醒读者朋友们要牢记本节前面的量能口诀，避免在后面的图解中被绕晕。

懂得图形形态分析的投资者都知道，需要缩小图形看前后的组合。量能分析也一样，一定要缩小图形，前后连贯起来，以发现规律并运用规律。这就是技术分析的基本要领。

【图形说明】

图2-27为“低位阴量递增/递减后爆阳量——做多”的60分钟周期案例图。

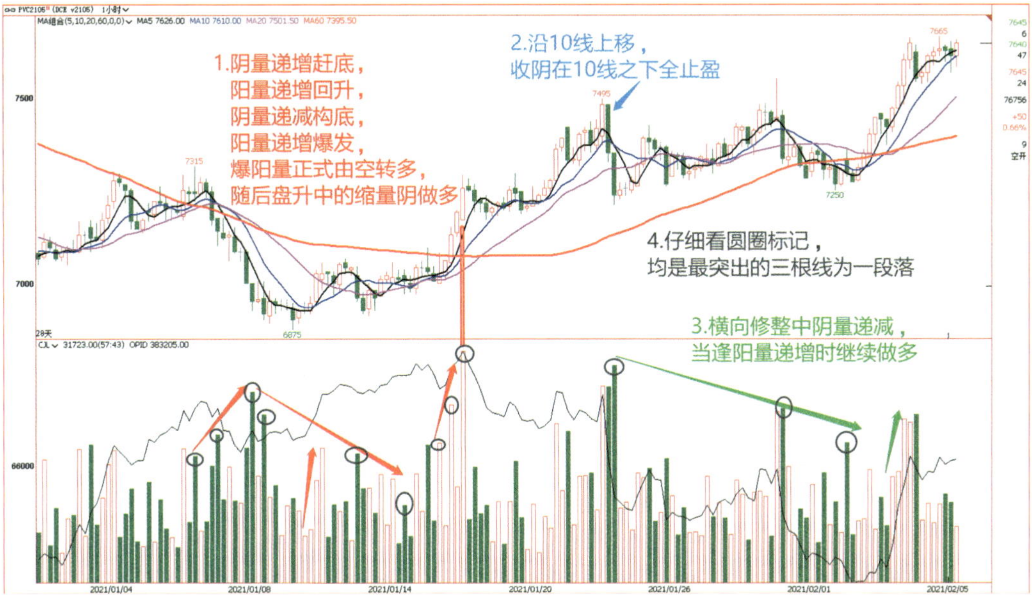

图2-27　低位阴量递增/递减后爆阳量——做多（1小时图）

【经验分享】

阴量递增代表空头获得一定的或大量的释放，根据物极必反的原理，随后容易出现止跌回升趋势，一旦再爆阳量，就是做多的信号。阴量递减代表空头减弱，根据空头乏力的原理，此情况随时会止跌回升，一旦再爆阳量，就是做多的信号。阳量递增与递减则与此相反。

递增与递减又分为急剧性的、缓和性的与突出性的。急剧性的为连续几根量或邻近的一堆量递增或递减；缓和性的为循序渐进式的缓慢递增或递减，时间跨度较长；突出性的为将图形缩小后会发现其中有那么几根量最为突出。

【图形说明】

图2-28为“低位阴量递增/递减后爆阳量——做多”的日K线案例图。

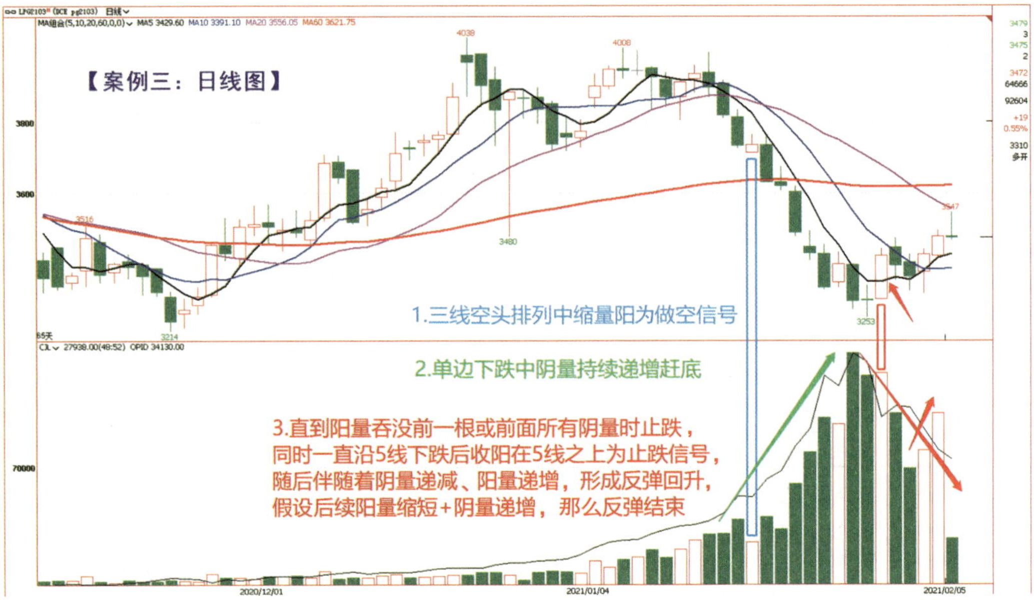

图2-28　低位阴量递增/递减后爆阳量——做多（日线图）

【经验分享】

图2-28中的阴量是缓和性的递增，由于时间跨度较长，这其中必然会出现缩量阳做空的信号。

无论是阴量递增还是阴量递减，再爆阳量都是止跌回升的信号，但真正反转信号是随后的阳量递增；若阳量递减，则不利于继续上涨，仅是反抽而已；若阳量与阴量都递减，那就是量能方面的待变盘信号。所以，在完成了左侧的量能判断后，还需看右侧量能的变化。

【图形说明】

图2-29为“低位阴量递增/递减后爆阳量——做多”的周K线案例图。

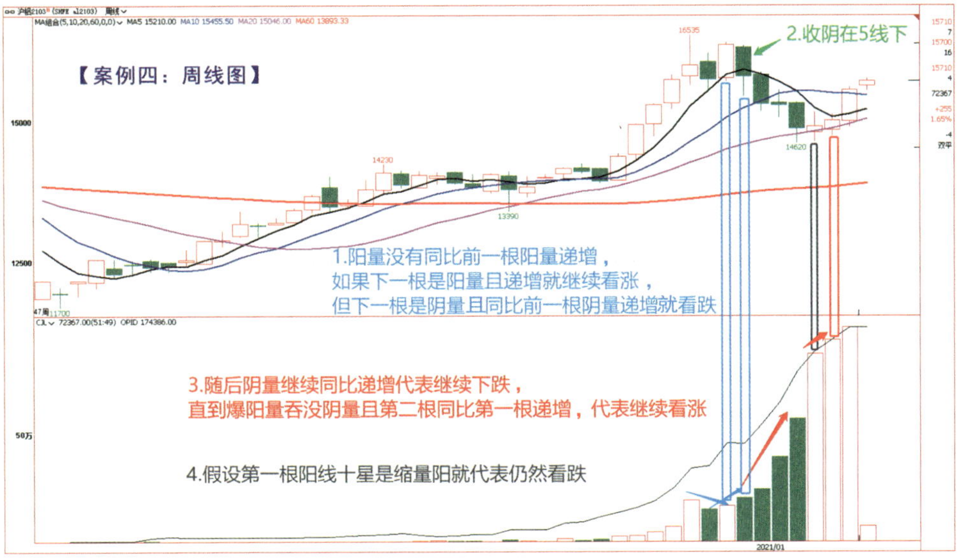

图2-29 低位阴量递增/递减后爆阳量——做多（周线图）

【经验分享】

学了“志尚四线理论”后，我们知道需要牢记60线的多空强弱分界关系。如图2-29中阴量递增后再爆阳量，这一过程是发生在60线之上（多头区域中）再出现多头的信号，应继续看涨。

当然，这种现象一般只会出现在日K线以上的中大周期图中，在小周期图中一般不会出现，因为一旦量能持续递增，均会穿破60线。

【图形说明】

图2-30为“高位阳量递增/递减后爆阴量——做空”的5分钟周期案例图。

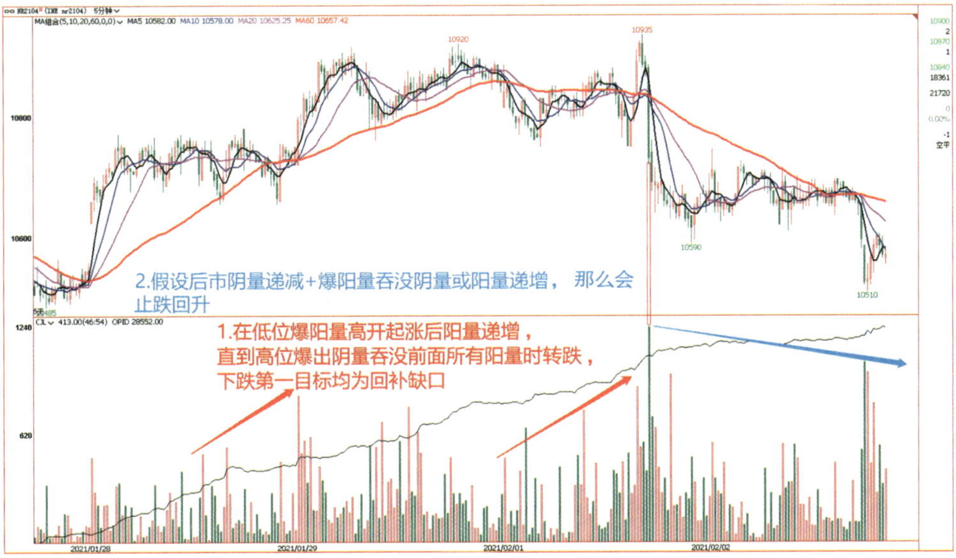

图2-30 高位阳量递增/递减后爆阴量——做空（5分钟图）

【经验分享】

通过前述分析和后文的图解，可以发现“三”与行情走势关联密切，例如持续三根或间接性的三根爆量为一轮阶段性行情，细看每个图解中箭头之间最突出的三根量能就能体现。

在股票市场中个股也常出现三堆量能走完一轮阶段性上涨行情的情况。除此之外，还有三个浪形、三次顶底背离、三重顶底、三连K线等，均与“三”关联密切。

图2–30中爆阴量转跌为诱多后真下跌。何为诱多与诱空？先急速上涨后再急速下跌并跌破前面的起涨点为诱多，也就是行情又走回原形。相反，就是诱空。

【图形说明】

图2–31为“高位阳量递增/递减后爆阴量——做空”的60分钟周期案例图。

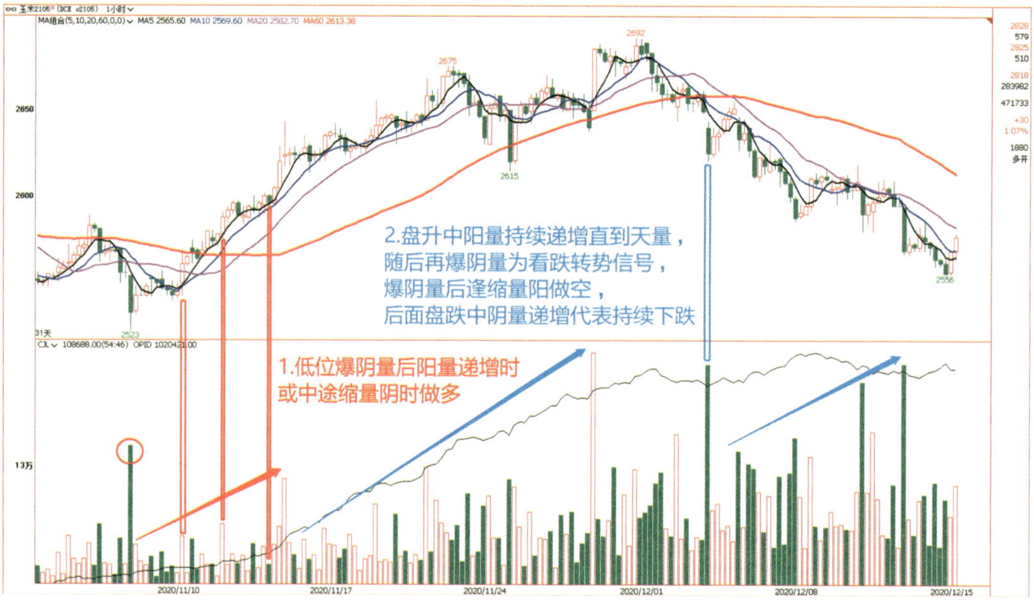

图2–31　高位阳量递增/递减后爆阴量——做空（1小时图）

【经验分享】

图2–31中标记1在阳量递增后为什么没有转为跌势？因为随后的阴量没有爆出来，阴量没有吞没前面的阳量，反而是阳量再次递增，所以行情持续上涨，直到爆出最大的阳量，才探至顶部。

这根爆阳量也代表多头得到极大的释放，随后再爆阴量就代表行情由多转空，再往后阴量呈递增走势代表下跌趋势将继续延伸。

各位读者朋友们，有没有感受到通过分析量能递增/递减、爆量组合关系，可以轻松把握“波段”行情？

【图形说明】

图2-32为“高位阳量递增/递减后爆阴量——做空”的日K线案例图。

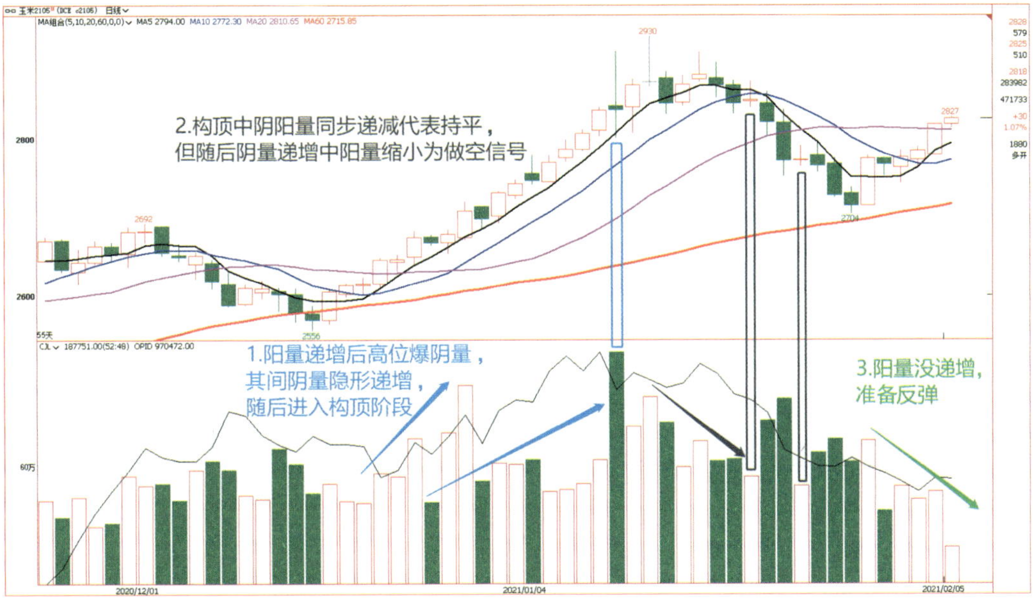

图2-32　高位阳量递增/递减后爆阴量——做空（日线图）

【经验分享】

如果我们只看K线图形，图2-32中这一单边上涨是沿着5线上行，当收阴线在5线之下时就是止涨的信号。在此信号之前有没有预期构顶信号只能通过量能技巧来识别。

图2-32中标记1的第二根箭头位置——隐形的阴量递增，代表在赶顶的路上，直到爆出巨量阴线，吞没前面所有的阳量时，是探顶的信号。但是，不是所有爆量后的行情都会立即反转，有一半的情况会如图2-32所示，是一个磨顶的过程。

爆量可分为拐点爆量、中继爆量、主浪爆量、顶底爆量，前三种爆量笔者会在本节最后举例说明。

【图形说明】

图2-33为“高位阳量递增/递减后爆阴量——做空”的周K线案例图。

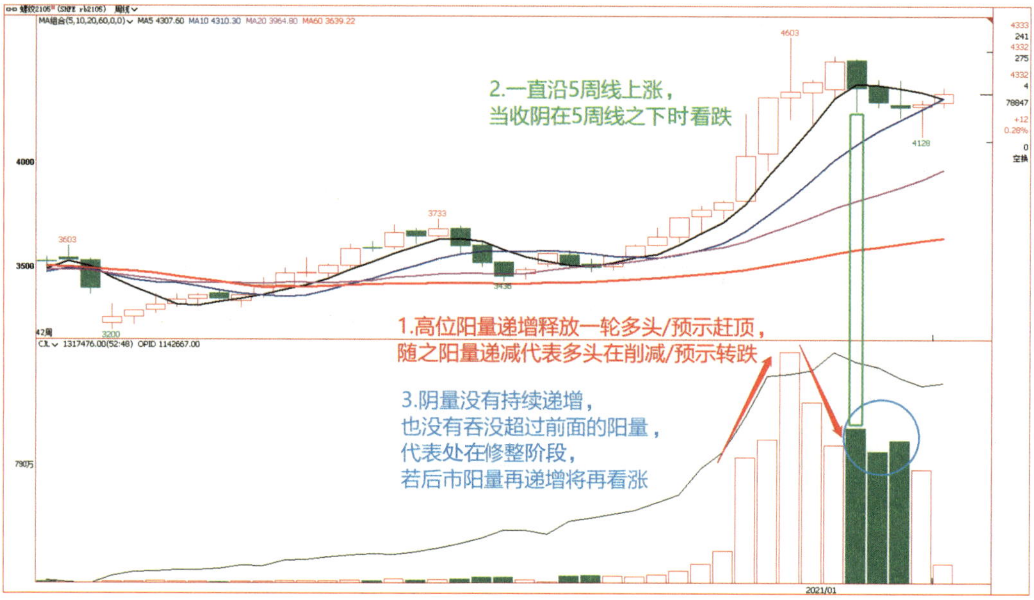

图2-33　高位阴量递增/递减后爆阴量——做空（周线图）

【经验分享】

阳量先递增再递减，属于很明显的多头削弱的状态，加上在阳量递减后再爆阴量，就是转空的确认信号，并且沿5线上涨后再收阴在5线之下的止涨信号同时出现。假设后面的阴量再递增，则跌势将继续延伸。

读者朋友们，有没有发现结合量能技巧与四线技巧，很容易上手甚至比形态分析或其他指标分析更实用？这也是笔者总结的精髓，在期货市场中，道氏理论、波浪理论、江恩理论、黄金分割等各种理论或指标并不是最实用的，其成败参半。

【图形说明】

图2-34为“高位阳量递增/递减后爆阴量——做空”的原油60分钟周期案例图。

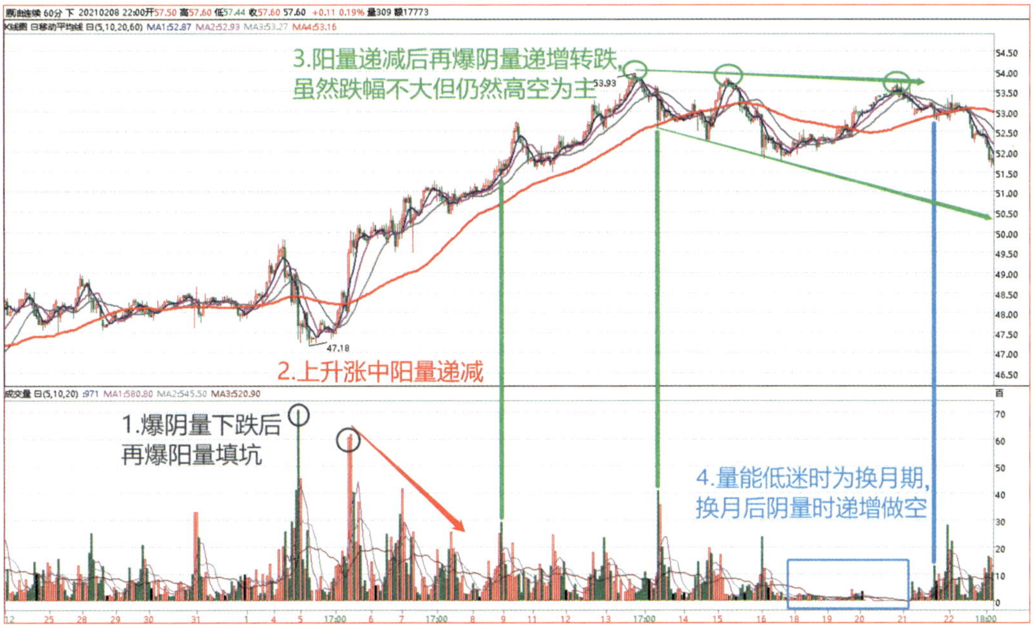

图2-34 高位阴量递增/递减后爆阴量——做空（原油小时图）

【经验分享】

重点介绍一下图2-34中标记4的地方：持续三四天为地量区域，该期间为美原油期货换合约时期，简称“换月期”。在换合约后，阴量递增代表趋势看空，阳量递增代表趋势看多。

需要注意的是，图2-34是美原油期货连续走势图，我们没必要去看新合约的走势，因为连续行情价格是国际新闻报道中通用的。

量能递增中的做单位置说明：阳量递增是指第二根阳量比第一根阳量要长，在第二根阳量收线前后10秒去开多单，第三根阳量递增时逢高止盈平多单，当第三根阳量递增后再出现爆阴量，就反手做空单；阴量递增，就反向运用去做空单。

【图形说明】

图2-35为“低位爆阳量——反转做多”的5分钟周期案例图。

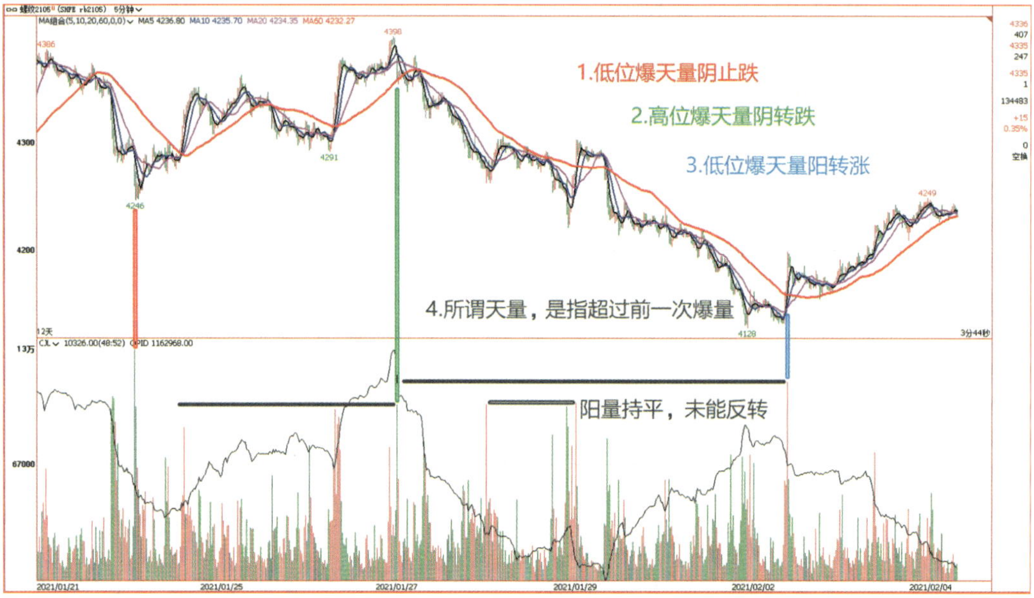

图2-35　低位爆阳量——反转做多（5分钟图）

【经验分享】

“爆量出顶底”这句话一点也不假，任何品种、任何周期，只要将图形缩小，都能看出每个顶底，均会有爆量特征。并且，爆大量出“大顶底”，爆小量出“小顶底”。

生活中有句话叫“蛮干不如巧干”，交易中有句话叫“顺势而为”，赢家有句话叫“乘胜追击”，“华尔街幽灵”有句话叫“在盈利的基础上要加码”。

在交易体系里，我们一定要分清几个点位信号：买点信号、卖点信号、加仓点信号、减仓点信号、止损点信号、止盈点信号、清仓点信号和空仓观望信号。如果你的交易体系里面还没有这些细分点，那就继续加强学习吧。

在一轮趋势行情形成时，如果不顺势而为、不乘胜追击，就等于在踏空和浪费趋势行情。例如，在高位爆量探顶后，首次开空单、下跌中第二根阴量递增时可加仓空单（第三根阴量递增时减仓）、四线理论中的下跌中继，这些都是能加码的信号。

【图形说明】

图2-36为“低位爆阳量——反转做多”的60分钟周期案例图。

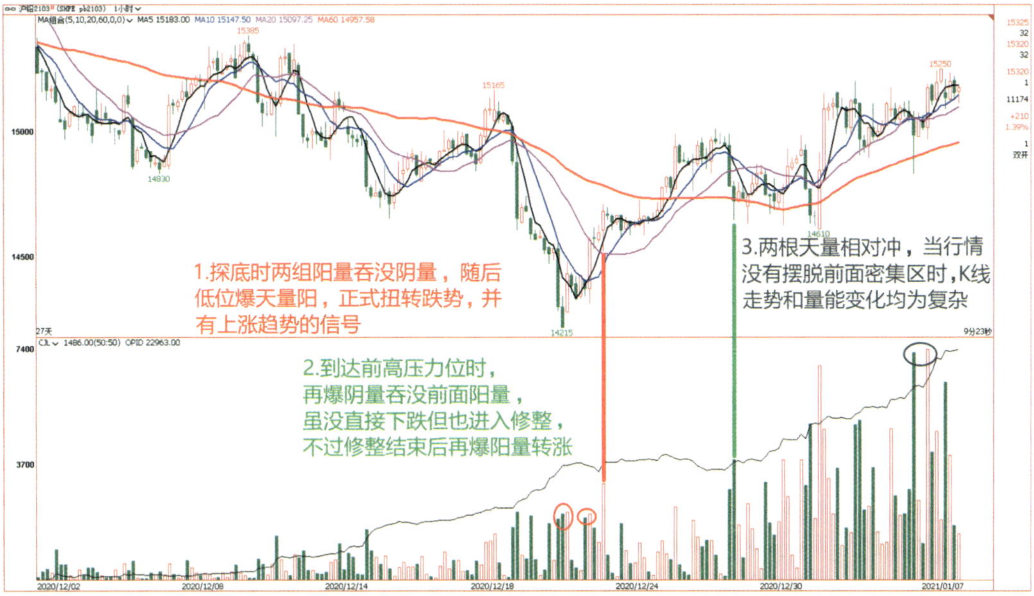

图2-36　低位爆阳量——反转做多（1小时图）

【经验分享】

如果将一段震荡行情放大来看，爆量的效果可能就没有那么明显，所以在运用顶底爆量时，一定要将图形缩小，才能有更显著的量能对比。

顶底爆量与阴量或阳量没有直接的关系，例如高位爆阴量或爆阳量都有探顶的潜力，低位爆阴量或爆阳量一样有探底的潜力。另外，爆量的大小并不是固定的，只要将图形缩小一对比，最突出、最显眼的量能就属于爆量。

不是很高的高位或很低的低位，出现爆量后未必会反转，也有可能进入修整行情。在修整中继续观察量能的变化，例如观察新走出的量能是递增还是递减，据此判断修整后的预期行情。

图2-36中第一次爆阳量后并没有反转下跌，第二次爆阴量后也没有反转下跌，因为这两次都不是极高的阶段位置，而是滞涨停顿修整。待修整结束时都会再次爆量，若爆阳量就会继续上涨，若爆阴量就会反转下跌。

所以，在做行情分析时，既要纵观整体走势，又要细分阶段性的行情，只要看懂阶段性的行情，就能看出加减仓的信号点位。

再细看图2-36标记1前面的阶段性行情，从15385后的首轮下跌为下行三浪，再反抽三小浪上行，最后完成主跌浪大跌，属于笔者形态学中的“3+1浪”完成一轮浪形结构周期。并且主跌浪是以两头长中间短的浪形结构来完成的。在这种走完左侧下跌浪形结构的图形后，再低位出现爆阳量的情况，可果断做多。

有关“浪形结构周期”的内容，笔者再次重提《一张K线图赢遍全球市场》这本书和“36节通用的形态”课程视频，望读者朋友们务必去学习，K线“形态学”的精髓都在这里面。

【图形说明】

图2-37为“低位爆阳量——反转做多”的日K线案例图。

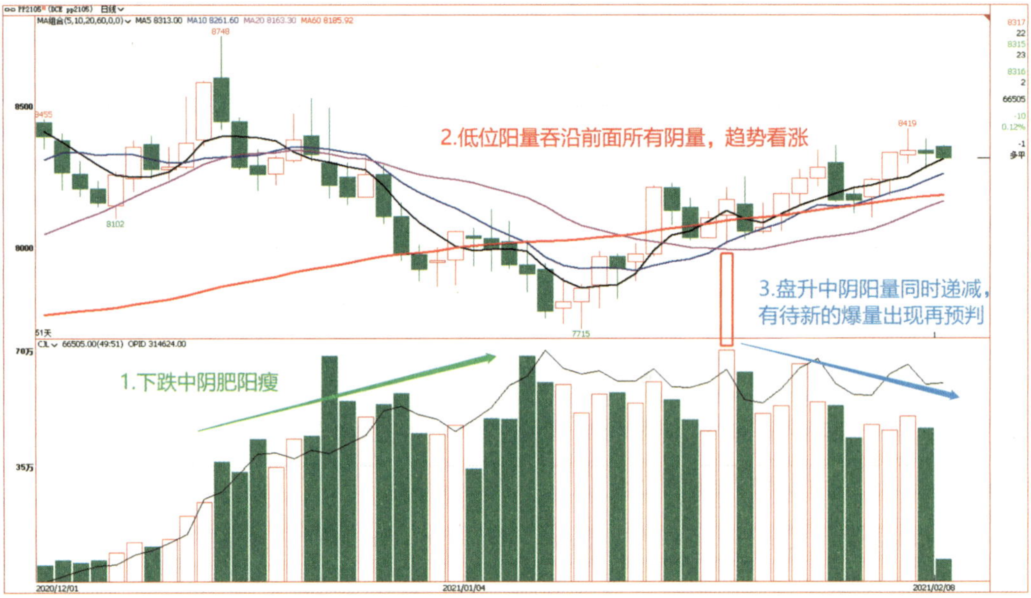

图2-37　低位爆阳量——反转做多（日线图）

【经验分享】

K线走势最为复杂的时候，往往是在60线左右时和远离60线时。原因是在60线左右为多空争夺的时候，远离60线是多空停滞后的磨顶和磨底阶段。

在图2-37中正好是回调至60线处，再围绕60线运行的情况，如果是小周期出现这样的走势，就观望不做交易，但这是一张日K线图，我们可以细看量能的变化，只要能预判一根K线，就可通过小周期做一天的短线交易。

【图形说明】

图2-38为“低位爆阳量——反转做多”的周K线案例图。

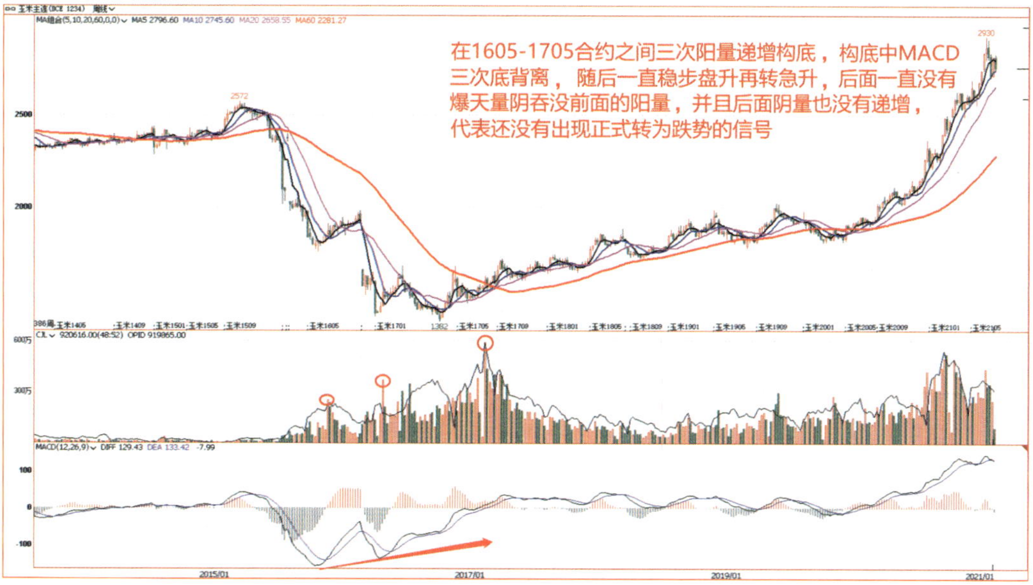

图2-38　低位爆阳量——反转做多（周线图）

【经验分享】

对于极低的低位，在转升的右侧走势中，爆阳量是很好的反转多头信号；对于极高的高位，在转跌的右侧走势中，爆阴量是很好的反转空头信号。因为都有利于右侧行情的发展与延伸，特别是结合60线观察。如图2-38所示，在极低的低位完成三次爆阳量后，并没有转跌，而是继续沿着60线之上盘升。

此外，值得重点一提的是，当以量能技巧作为买入开仓信号时，务必也要以量能特征作为卖出平仓信号。同理，例如开仓信号是5分钟周期，那么平仓信号也得以5分钟为准。可以跨周期分析判断行情或买入的开仓依据，但卖出平仓信号不能乱套。否则，短线就做成了中线，或错过最佳的平仓信号。

【图形说明】

图2-39为“高位爆阴量——反转做空”的5分钟周期案例图。

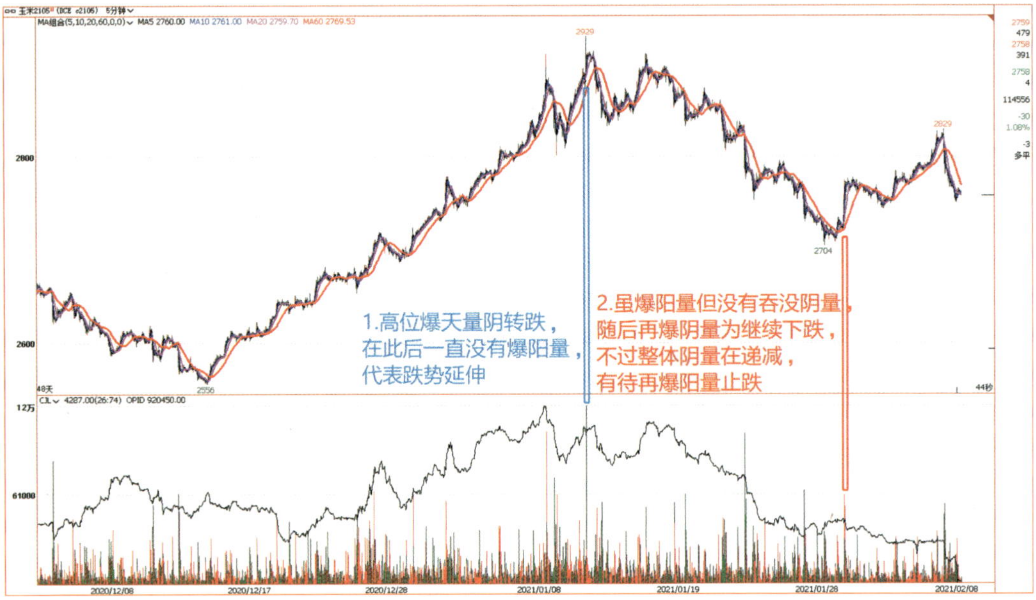

图2-39　高位爆阴量——反转做空（5分钟图）

【经验分享】

图2-39中标记1的前面是先爆阳量（代表多头获得大量的释放），随后再爆阴量（代表正在转为空头）。图中标记2也一样，先爆阴量再爆阳量。图形缩小后再对比，小爆量产生小级别的行情，除非继续爆出阳量递增的走势，才会有利于多头的发展。

所以，每当出现一次爆量时，切记将图形缩小分析，能看懂一段就做一段。特别是长期只做几个固定的品种或固定的周期的投资者，自然会发现该品种独特的规律。

如果在小周期做日内短线，通过量能技巧作为开仓信号，在开仓后若发现量能有不利的变化，一定要减持或平仓回避。例如通过5分钟周期中的高位爆阴量开空单，在持仓中又出现爆阳量（并吞没前面的阴量），或者持仓30分钟后在这几根量能中又出现阳量递增，这些都是平仓回避的量能依据。

【图形说明】

图2-40为“高位爆阴量——反转做空”的60分钟周期案例图。

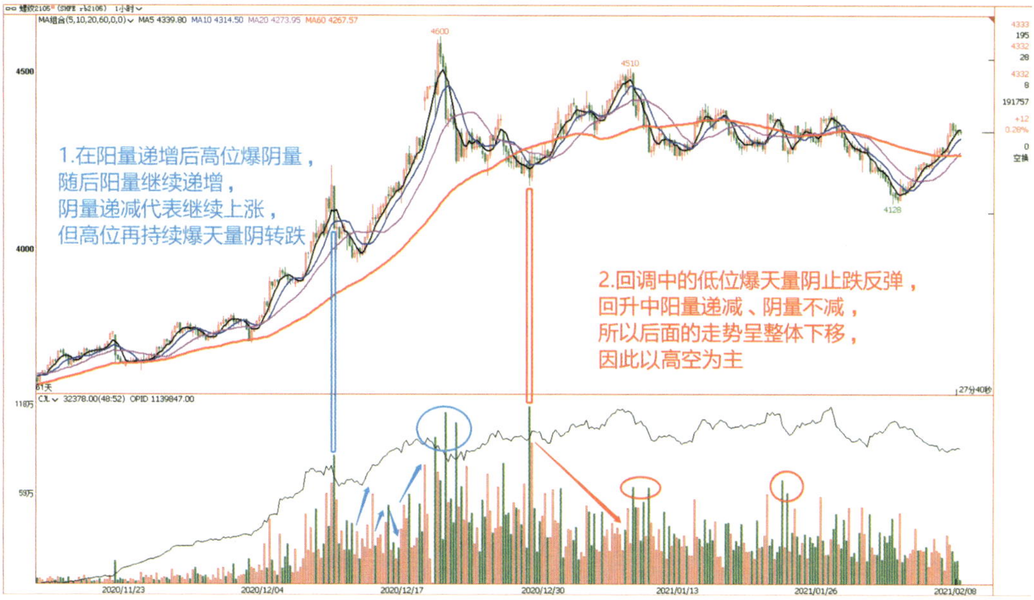

图2-40　高位爆阴量——反转做空（1小时图）

【经验分享】

通常，高位爆阴量之前均会先爆阳量，只要爆出的阴量能吞没前面的阳量，即为反转做空的条件信号。但是，若爆出的阴量只超过阳量的一小部分，做空还需谨慎，或者轻仓试探做空。例如图2-40中标记1的蓝色长柱处也爆出过阴量，但明显没有大于阳量太多，所以稍作停顿后继续盘升探顶，直到爆出的阴量超过阳量的大部分，再加上前一根带有长上影线的阳线，这种阴包阳的巨量阴，才是反转的共振信号。至于跌幅有多大，就要继续观察右侧量能的变化。

从实操来讲，当小时图出现这样的爆量出顶底时，直接做小时图的话，还需轻仓才能抵抗中间的震荡。建议以小时图为趋势，做15分钟周期的顺势交易。

【图形说明】

图2-41为“高位爆阴量——反转做空”的日K线案例图。

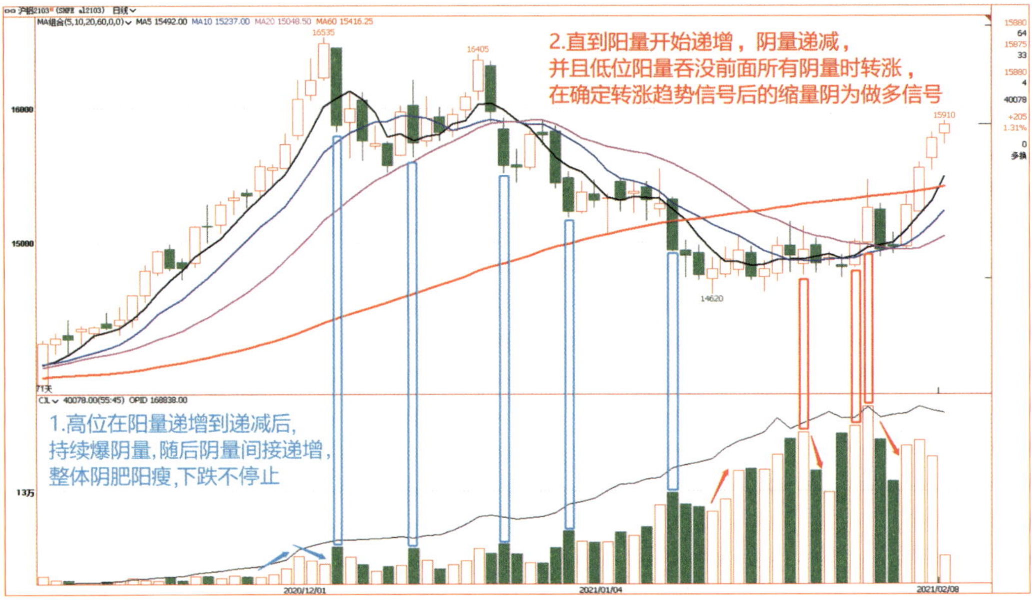

图2-41　高位爆阴量——反转做空（日线图）

【经验分享】

从图2-41可以看出，先是高位三根阳量递减，再是阴包阳的巨量阴反转，随后的盘跌中阴量与阳量同步在放大，这就意味着越是下跌，越吸引多头进场，直到爆出最长的阳量，行情就停止再刷新低，量能也随之转换为阳肥阴瘦（阳量长、阴量短），呈良性健康的上行趋势。

前面也讲到，在小时图以上的周期中，当价格回归到60线左右时，要提防行情横盘震荡，停整之后再选择方向（上涨或下跌）。因为60线是MACD的0轴处，是多空强弱的分界线，多头与空头必然会争夺一番，这就容易导致横向震荡的走势。所以，当价格到达60线左右时，就要暂停做趋势单。一旦发现行情走横向，建议以在小周期图中做“高空低多”的短线为主。

假设在60线左右行情没有停整，那说明市场偏向一致。例如下穿60线没有停整，继续沿5线或10线下跌，说明市场一致看空且很坚决。但对于小时图以上的周期来讲，一般在60线左右会有停整的要求。

【图形说明】

图2-42为“高位爆阴量——反转做空”的周K线案例图。

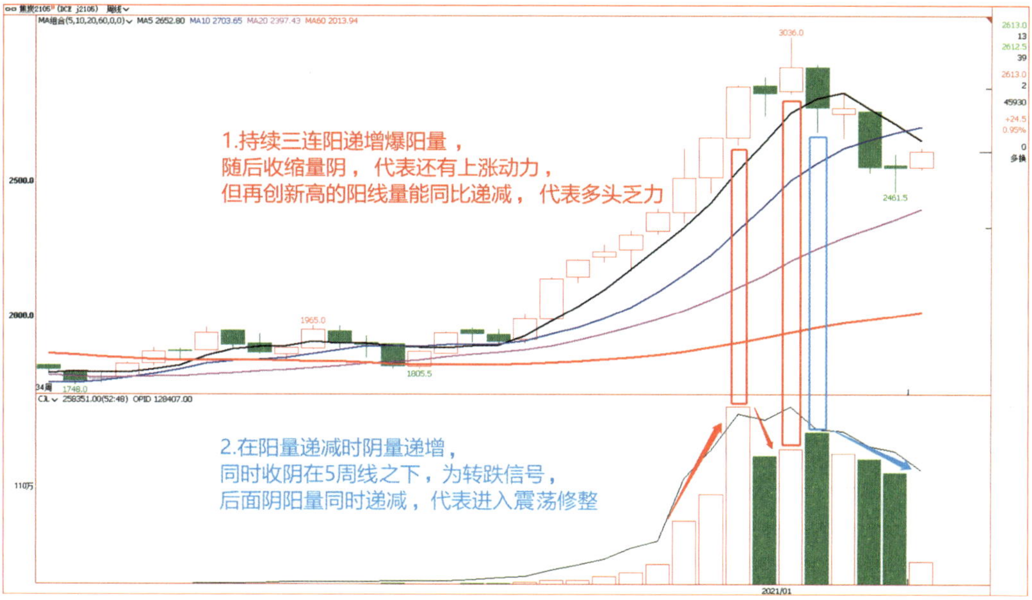

图2-42　高位爆阴量——反转做空

【经验分享】

图2-42中标记2的地方，虽然爆出的阴量没有吞没前面的长阳量，但同比前一根阴量在递增，同时是收阴在5线之下（前面一直沿5线上涨）的“阴包阳”，并且下一根阳量同比阴量又在缩短，所以整体还是偏向空头趋向，只不过没有那么强烈而已。

对于这种量能的右侧发展，我们可以举例说明：从图中的蓝色箭头处来看，阴量与阳量都在收短，直到收至最短（收窄），若再爆阳量就继续看涨，若再爆阴量就继续看跌。

【图形说明】

图2-43为“原油”爆量的4小时K线案例图。

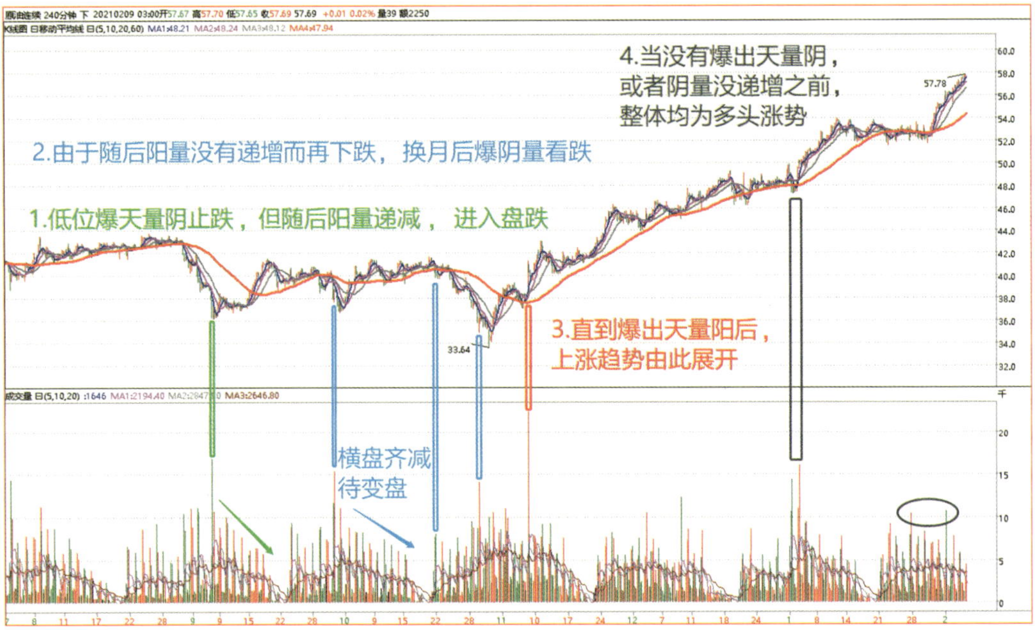

图2-43　原油4小时K线图

【经验分享】

图2-43中标记3的地方，阳量最长，也是第二次站上60线，随后正式进入上涨趋势。标记4的地方，先是爆阴量回调，立即又是爆阳量收复，接着又进入稳步上涨趋势。可将图形缩小之后，再细看这两处的爆阳量。

注：本书中的期货图截取于文华财经软件，原油图、黄金图和美元图截取于民生银行的行情软件，从中可以免费看外盘的实时行情。

【图形说明】

图2-44为黄金爆量的周K线案例图。

图2-44　黄金周K线图

【经验分享】

做沪银交易的期货投资者较多，其分析步骤为：美国10年债券—美元指数—伦敦现货黄金—伦敦现货白银—沪银。

在此加一张黄金图是因为黄金的量能技巧也一样适用，只不过没有原油和期货那么明朗。在笔者的外盘现货黄金、原油、外汇实盘交易群中流传着一句口诀——看二做三，例如第二根阳量同比第一根阳量递增，就在第二根阳量收线时去做多，同时把握第三根阳量递增的行情，相反就是做空条件信号，成功的概率较高。

【图形说明】

图2-45为拐点爆量的5分钟周期案例图。

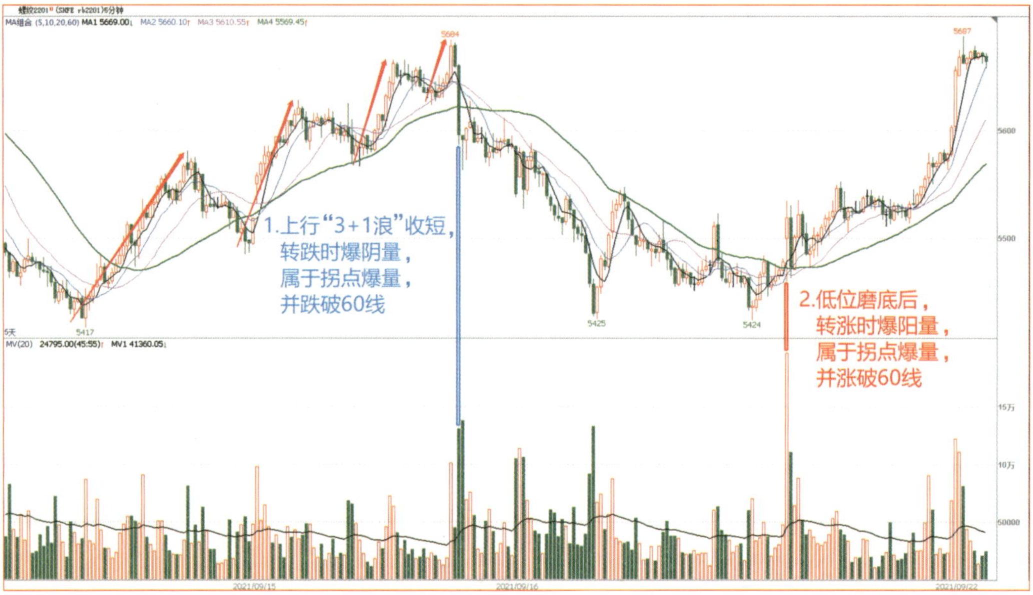

图2-45　拐点爆量5分钟周期图

【经验分享】

前面有提到，爆量可分为顶底爆量、拐点爆量、中继爆量和主浪爆量。前面的图解中已解析过顶底爆量，接下来再讲述另三种爆量，并且这三种爆量后的行情还会顺势延伸，是新一轮行情的起点。

拐点爆量是指在关键位置出现的爆量，例如三角形态收窄后突破时、头肩顶底的右肩处变盘时、横盘之后的突破、构底构顶之后、左侧图形走完时、突破关键的支撑与阻力位时等，在这些关键位置的变盘区域出现的爆量属于拐点爆量。

拐点处爆阳量代表趋势看涨，拐点处爆阴量代表趋势看跌。预期看多的图形爆阳量代表坚决看涨，预期看空的图形爆阴量代表坚决看跌。

图2-45的左侧走势呈现"3+1浪"收短，代表多头乏力，之后再爆阴量，符合"预期看空的图形爆阴量代表坚决看跌趋势"的特征。

【图形说明】

图2-46是中继爆量的5分钟周期案例图。

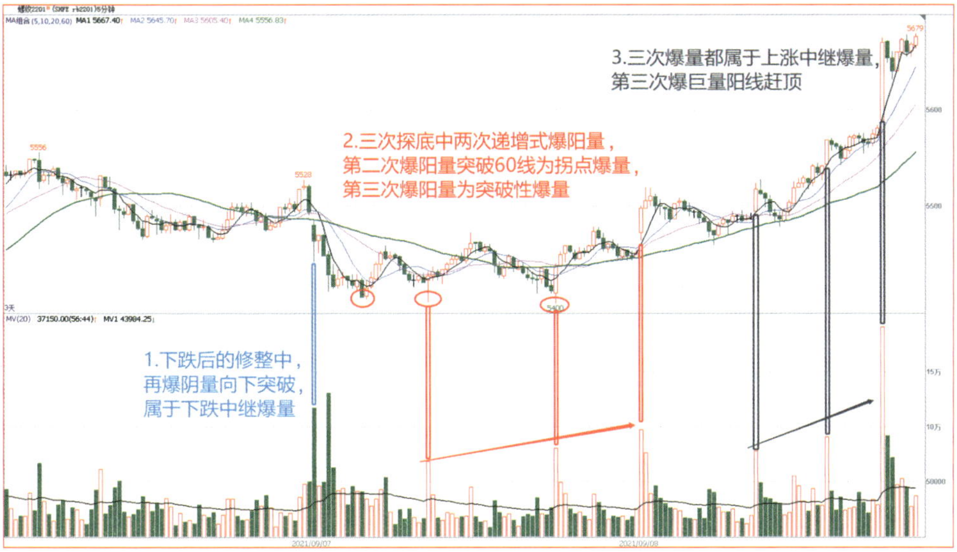

图2-46　中继爆量5分钟周期图

【经验分享】

上涨中继与下跌中继的图形，大家都不陌生。但我们还需配合量能信息，来观察持续性，例如在中继后突破时爆量的大小、二三次中继后的爆量是递增还是递减。

又如在60线之上向上盘升中，一般都会出现多次上涨中继，但做多买点在爆阳量后的缩量阴或地量阴处。特别是第二、三次中继时阳量呈递增，便可在第二次阳量递增后的缩量阴大胆买入多单或加仓多单。

【图形说明】

图2-47为主浪爆量的5分钟周期案例图。

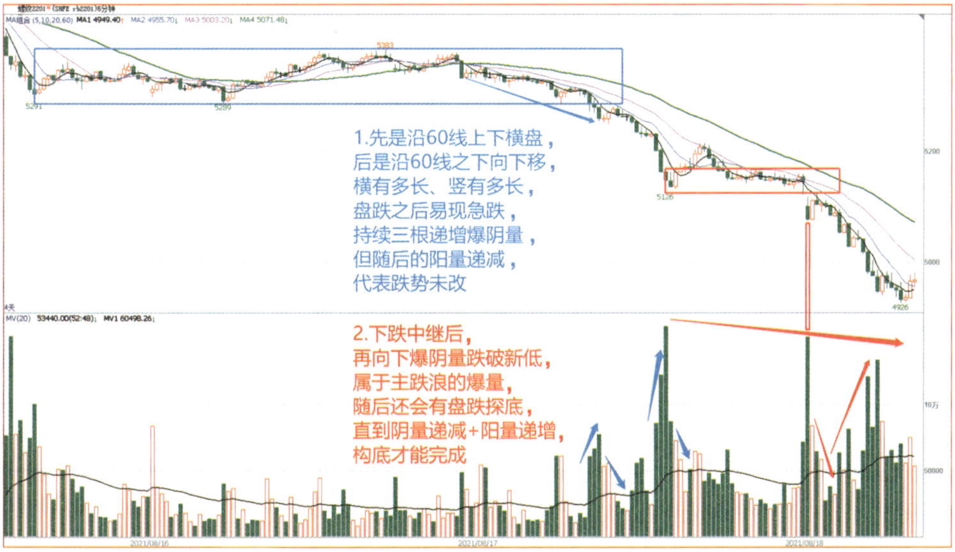

图2-47　主浪爆量5分钟周期图

【经验分享】

通常，在长时间横盘、长时间盘升或盘跌之后，都容易出现主升浪或主跌浪。前面讲到的拐点爆量均出现在60线上下，在拐点爆量时均会刺穿60线。那么，图2–47一直远离60线，也没有出现拐点爆量的特征，就应继续顺势看空。这期间的爆阴量也未必会止跌反转，特别是爆阴量后的阳量再递减，代表继续盘跌，直到主跌浪释放。

在符合前述的条件之后，主浪的起点往往会产生跳空缺口，因为只有市场一致看空或看多，才会产生一轮急速单边行情的主浪。

综上所述，爆量是行情的起点或结束点，量能递增与递减是判断行情延续性的依据，缩量或地量是开仓点。若运用恰当，则威力无比。若要加深印象，还需读者朋友们自己多复盘，收集更多图形案例，直到具有深刻印象为止。

【图形说明】

图2–48为量能技巧综合运用的5分钟周期案例图。

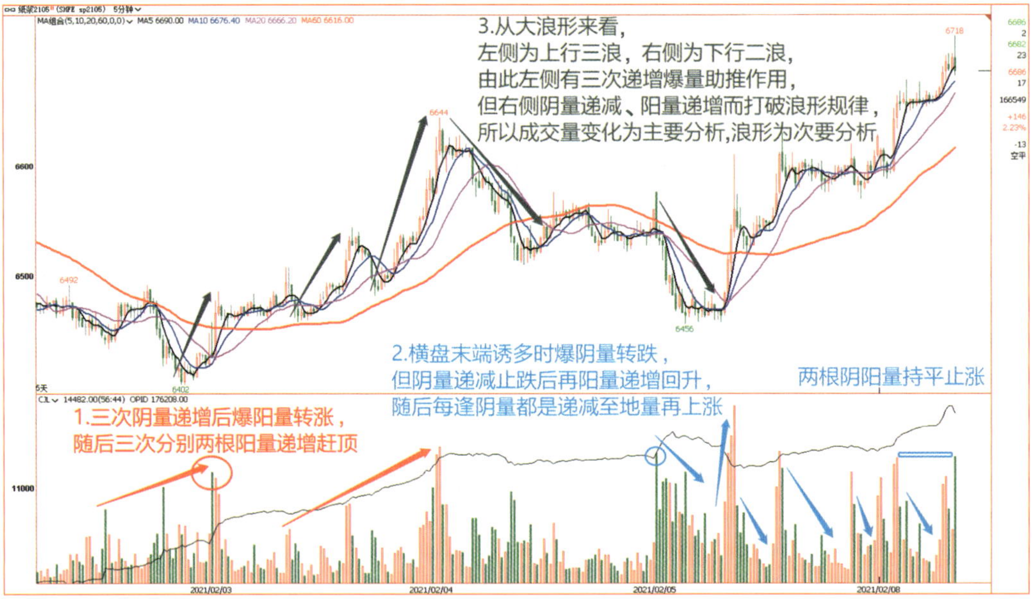

图2–48　量能技巧综合运用（5分钟图）

【经验分享】

根据波浪理论判断走势是否顺畅、是否延续，还得结合量能看是否有助推的动力。例如图2–48中前面三浪上行中的阳量呈递增趋势，所以能既顺畅又延续地走完浪形周期，但后面只有下行二浪而没有第三浪的延续，问题就出在量能上面。

所以，期货市场中量能的分析理应大于一切，形态与各种指标为次要分析。

【图形说明】

图2-49为量能技巧综合运用的60分钟周期案例图。

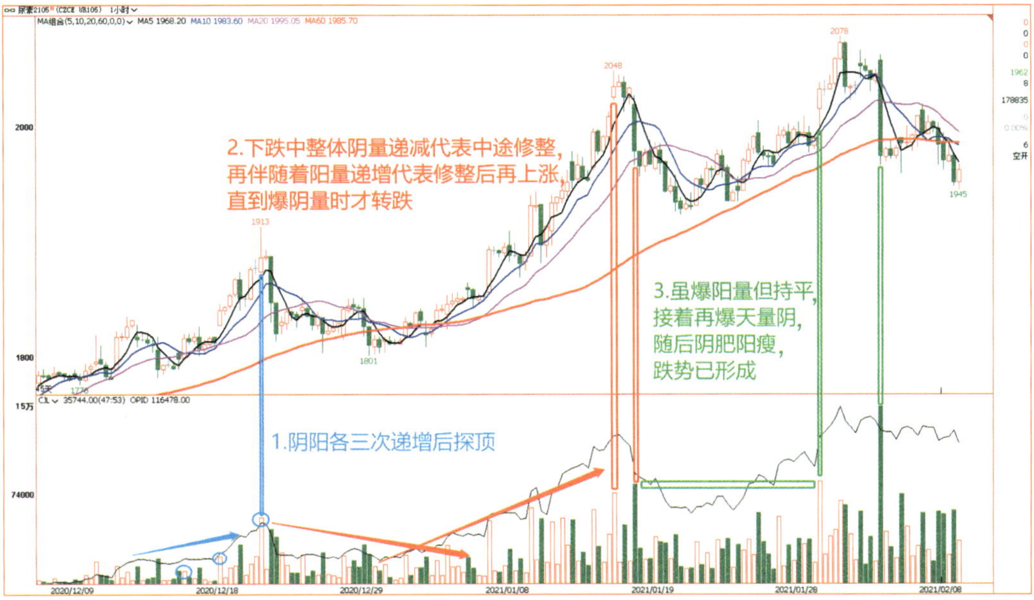

图2-49　量能技巧综合运用（1小时图）

【经验分享】

图2-49中有两次爆阴量跌破60线，第一次跌破时阴量在递减，随后止跌回升中阳量递增；第二次跌破时阴量最长，随之弱反抽后再继续下跌。

【图形说明】

图2-50为量能技巧综合运用的日K线案例图。

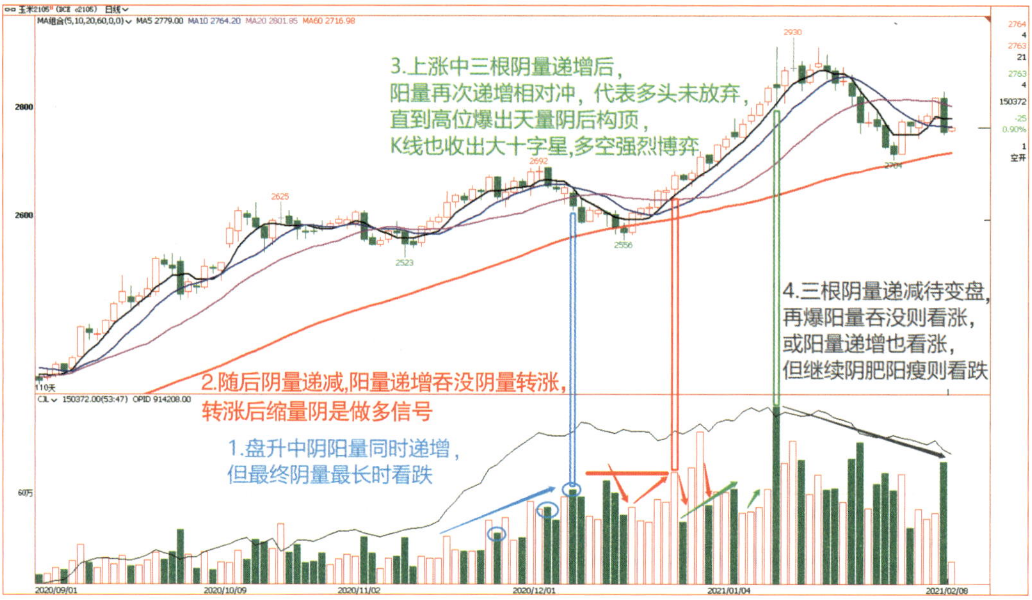

图2-50　量能技巧综合运用（日线图）

【经验分享】

如图2-50所示，在2020年11月中旬之前，阳量明显突出，所以难以走出顺畅的上涨行情。直到11月中旬后阳量开始逐渐递增，在这过程中才形成多头排列，但同时阴量也略有递增，所以导致12月初开始一波回调，但获得60线的支撑后再次阳量递增，重新进入多头排列，往后的上涨走势也就更顺畅了。但仍然同步在递增，直到爆出天量阴之后，行情也就进入该阶段顶部。因此，在期货市场中，分析量能的综合价值极其重要。

【图形说明】

图2-51为量能技巧综合运用的周K线案例图。

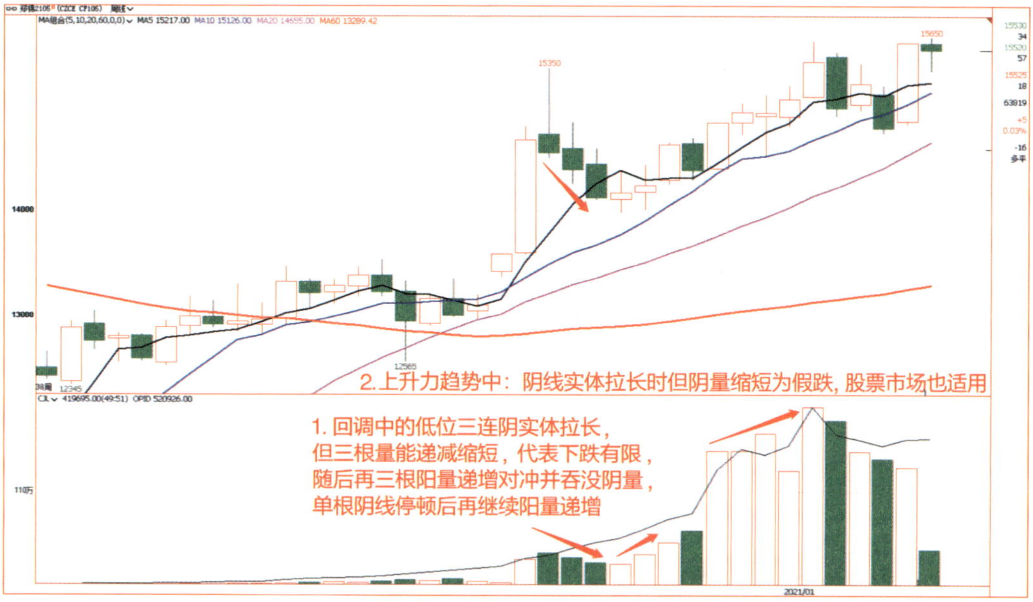

图2-51　量能技巧综合运用（周线图）

【经验分享】

这三根递减缩量阴仅是左侧预期判断继续看涨，但关键还得看右侧的阳量是否递增或吞没阴量。再细看右侧三根阳量递增后的阴量再吞没阳量，单看量能可能会令人惊慌，但结合MA5线的技巧来讲，仍在5线之上；另就K线组合来看，并没有构成阴包阳的条件，所以，看跌条件不成立。

与图2-51相反，下跌通道中的三连缩量阳是反抽后继续看跌的信号。

在上述量能技巧的综合运用案例中，我们可得出一个结论：能看懂一根量就做一根量，能看懂一段量能组合就做一段波段行情，在开仓之后发现有不利量能消息时，要及时减持或平仓，保持谨慎，密切关注接下来的量能变化。

在期货市场中，随便一个周期、随便一张图形，都可以看出量能的阶段性规律，所以在实操中一定是一段一段地去做单。换句话讲，这就是量能的周期性。

【图形说明】

图2-52为综合运用“横盘中的爆量”的5分钟周期案例图。

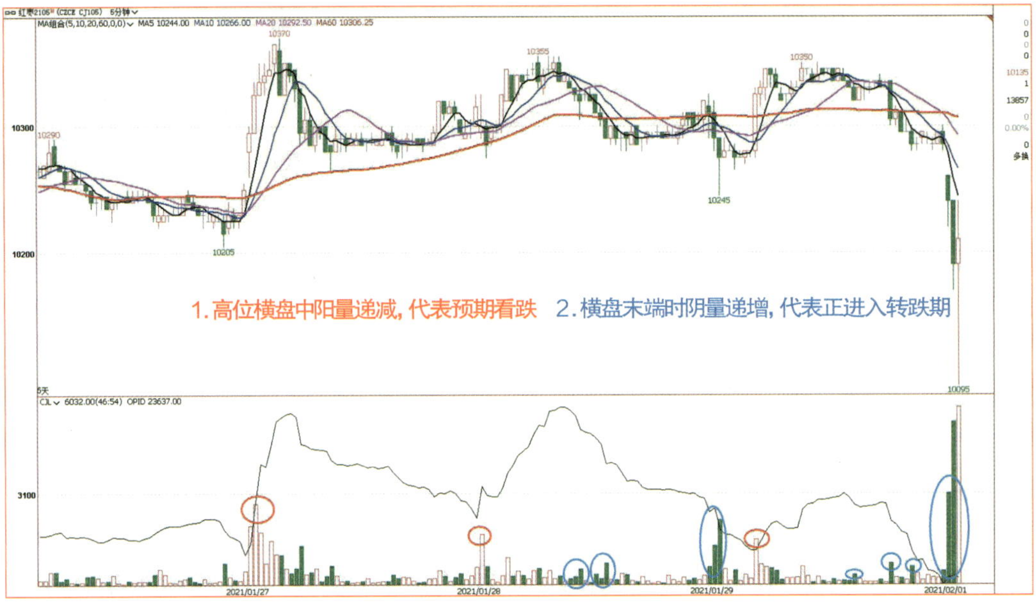

图2-52　横盘中的爆量（5分钟图）

【经验分享】

只要把横盘中的量能细节看明白，对其后的大单边行情就能有备而战，抓住行情也是易如反掌。因为横盘时间占所有K线走势的三分之一，并且每一轮单边行情之前，均有横盘修整与酝酿蓄势。

【图形说明】

图2-53为综合运用“横盘中的爆量”的60分钟周期案例图。

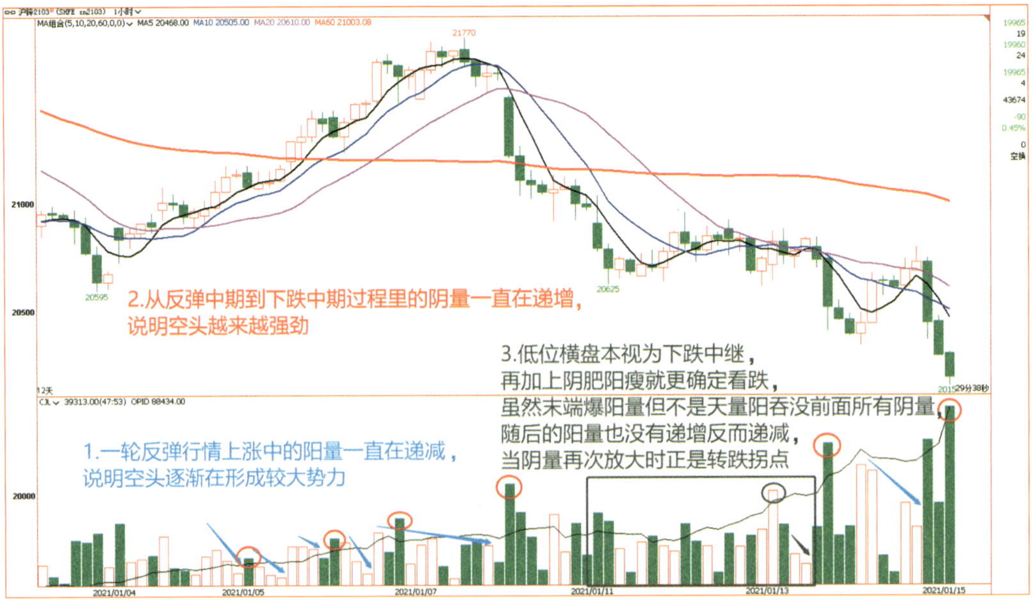

图2-53　横盘中的爆量（1小时图）

【经验分享】

图2-53中标记3的地方属于假爆量，因为爆出的阳量没有吞没前面最长的阴量，随后的阳量没有再递增，再往后阴量又吞没了这根假阳量。

纵观整体量能规律，从图2-53最左边到最右边，全程都是阴量在递增，这才是大势所趋，中间的次级放阳量仅是插曲而已。在横盘中和横盘中继里面，最容易出现假爆量，投资者一定要密切观察、前后对比。

【图形说明】

图2-54为综合运用“横盘中的爆量”的日K线案例图。

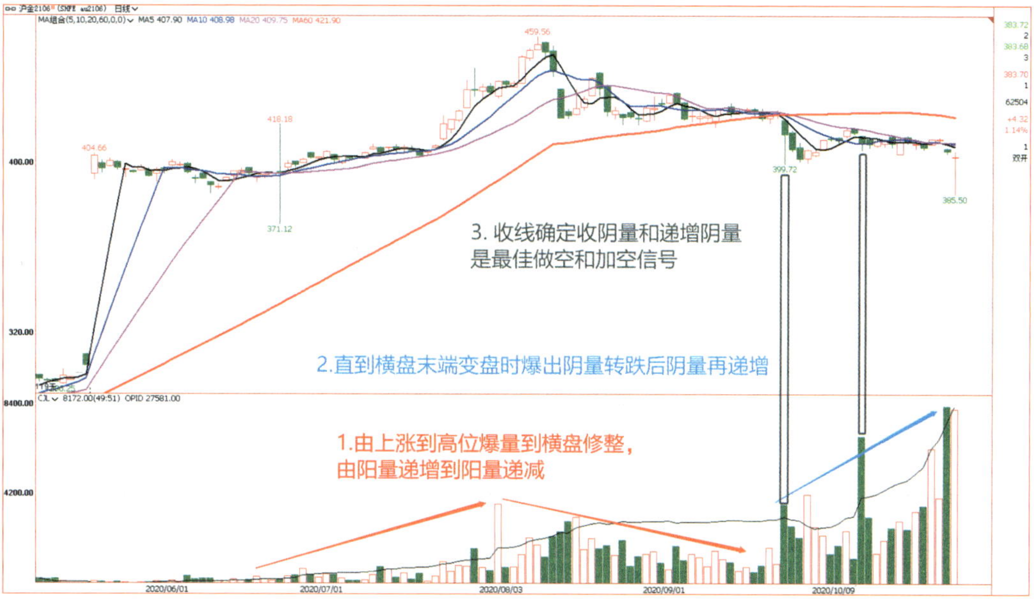

图2-54　横盘中的爆量（日线图）

【经验分享】

在小周期中出现横盘，就看中大周期（这个横盘处的阶段位置），也许在中大周期图中仅是十字星线。在中大周期中出现横盘，就从小周期图中去找高空低多的信号。

在期货大盘指数、工业品指数、农产品指数或某行业指数中，如果某周期出现横盘，千万不要去博趋势。因为一直做趋势就会困在横盘震荡里面，一直守着横盘震荡就会困在趋势单边行情里面。

【图形说明】

图2-55为综合运用“横盘中的爆量”的周K线案例图。

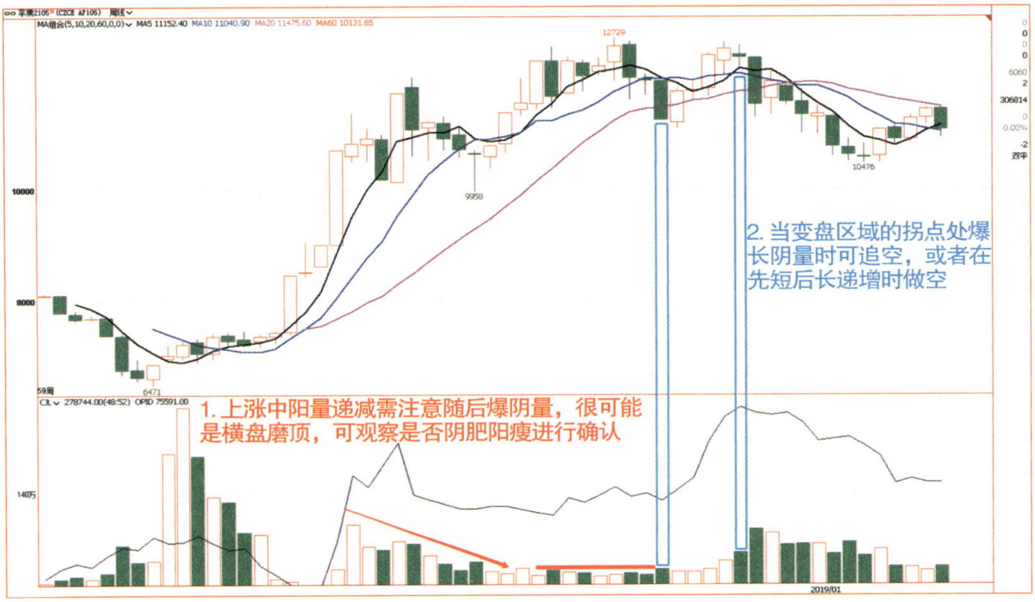

图2–55　横盘中的爆量（周线图）

【经验分享】

在T+0的市场中，要么是看多做多，要么是看空做空，有时做错了也没关系，只要能及时平仓退出，还会有下一个更好的做单信号。

所以，我们在运用量能技巧交易时，就算失误或失算做错了方向，也不要紧，平仓出来再找具有更清晰的量能特征的品种去交易即可。因为量能走势具有趋向性，一旦量能发生转变，应灵活多变地去运用量能技巧。

【图形说明】

图2–56为综合运用“横盘中的爆量”的60分钟周期案例图。

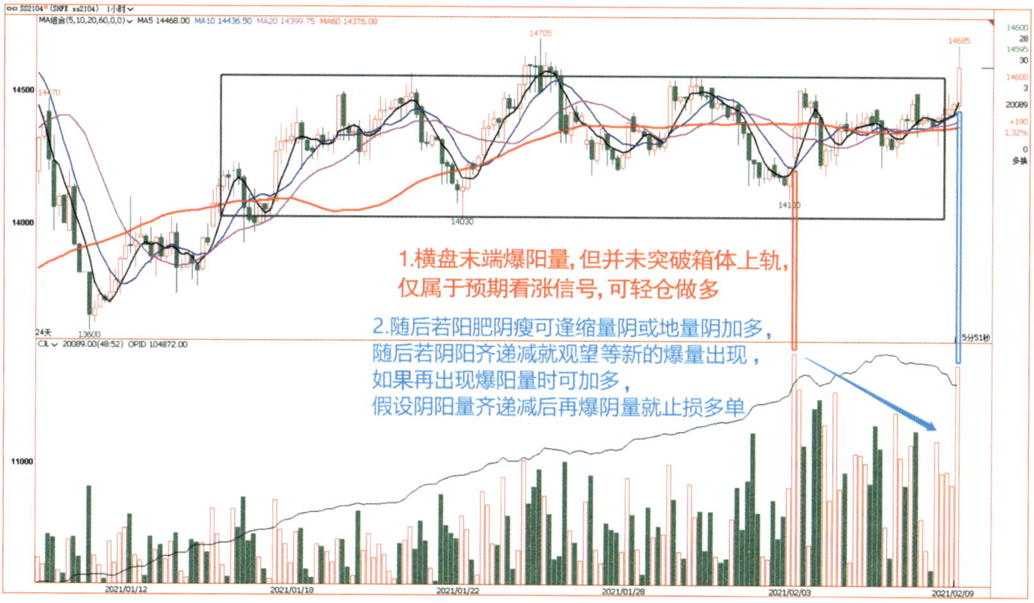

图2-56 横盘中的爆量（1小时图；SS2104）

【经验分享】

凡是横盘走势图，最注重的就是横盘末端移向和突破的方向。在突破前可以通过重心移向预判方向，可以以60线为分界，也可以在横盘箱体正中画一条横线作为“中轴”线，在此之上盘升代表向上移（预期蓄势看涨），在此之下盘跌代表向下移（预期蓄势看跌）。当有了预期判断后，只要突破的确认信号出现，再开仓交易就属于有备而战。当理解了横有多长竖有多长的规律时，在横盘较久后的单边趋势中一定要顺势加仓，加仓信号为上涨中的缩量阴/下跌中的缩量阳。

【图形说明】

图2-57为综合运用“横盘中的爆量”的60分钟周期案例图。

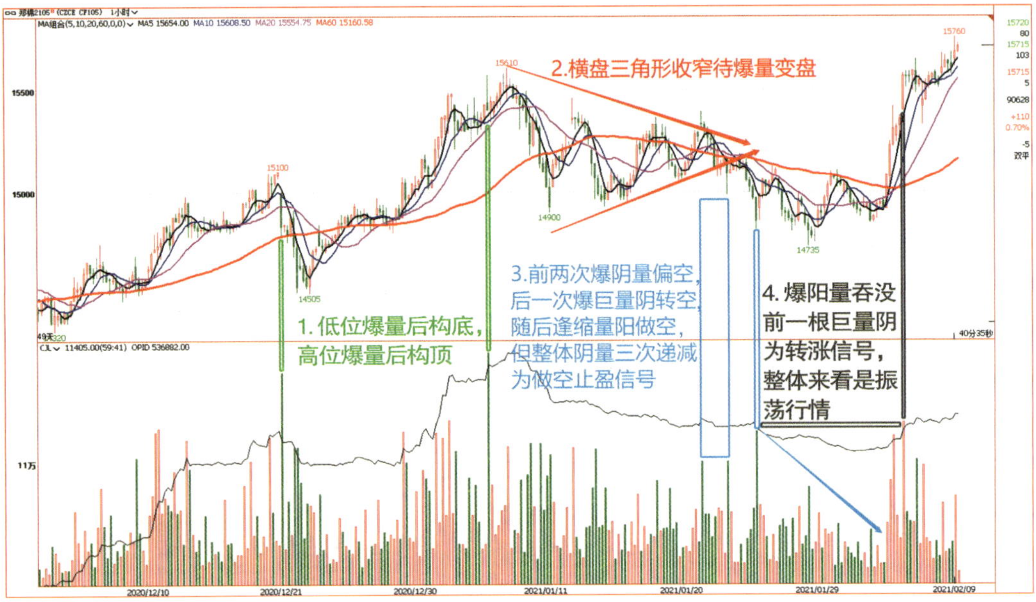

图2-57　横盘中的爆量（1小时图；郑棉）

【经验分享】

横向三角形也是横盘中的一种，收窄区域为变盘区域，随之的突破方向需要参考量能的信息。三角形还可分为上升三角形、下降三角形与横向对称三角形，前两者是斜度向上和斜度向下的形式。同样，它们的长短也决定着变盘突破后的延伸长度。

特别是上升三角形和下降三角形，在蓄势待发的状态下，突破之后爆发的单边行情幅度最长，所以突破时正是开仓点。横向对称三角形在突破后往往还会有反抽过程，这种情况最佳的开仓点是在反抽受阻、受撑时。

【图形说明】

图2-58为综合运用“横盘中的爆量”的60分钟周期案例图。

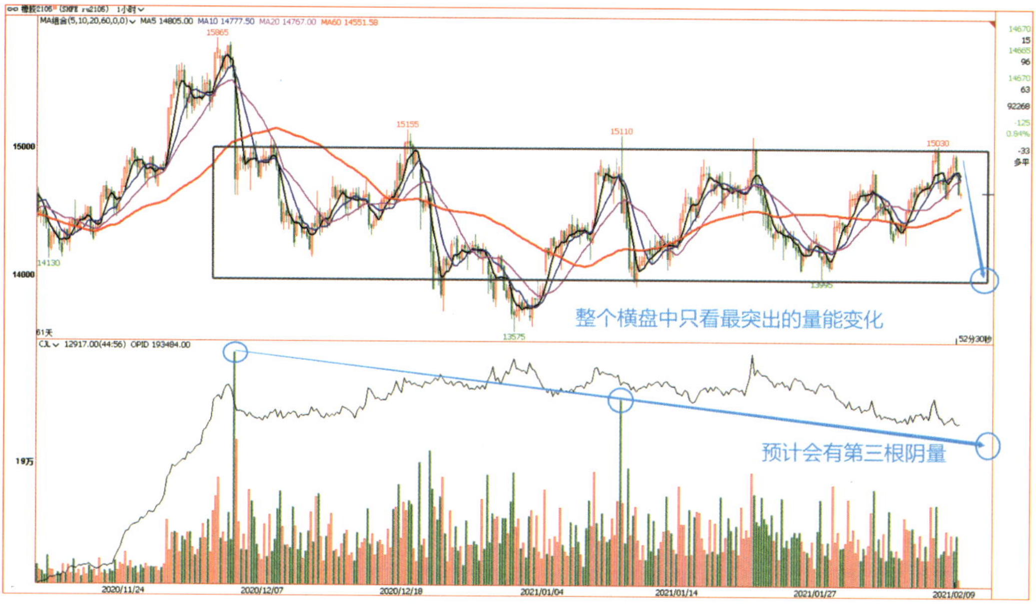

图2-58 横盘中的爆量（1小时图；橡胶）

【经验分享】

如图2-58所示，整个横盘中最突出的阴量在递减，代表空头在减弱。横盘中只探出一个最低点13575，随后低点逐渐上移，高点走平，有转多头的预期。但还差第三根阴量爆出，从第二根与第一根爆阴量的距离来看，后面随时会爆出第三根阴量。此时只需等第三根爆阴量出现，并且看它是否同比递减缩短。确定出现后，就准备逢低轻仓做多。假设接着再爆出阳量或阳量递增，可以加仓多单。若接着没有爆阳量，而是再走出阴量递增，就止损。因此，要重视横盘并去做它的预期。因为横盘有2个月之久——横有多长竖有多长。

【图形说明】

图2-59为综合运用“横盘中的爆量”的日线周期案例图。

图2-59　横盘中的爆量（1小时图；原油）

【经验分享】

如图2-59所示，横盘后、变盘前走出了“诱空”（真上涨），如果会用量能技巧的话，完全可以在33.64那根爆阳量的收线前后开多单。在低位持续爆阳量后再出现缩量阴是多单的加仓信号，突破箱体上轨后的缩量阴也是多单的加仓信号。

开多后，当横有多长竖有多长的预期涨幅走出来时，就该逐渐减持。阳量递减、价格远离5线、收阴在价格运行沿线之下、爆阴量，这些都是平仓的信号。

【图形说明】

图2-60为原油市场综合运用“堆量前后的爆量”的5分钟周期案例图。

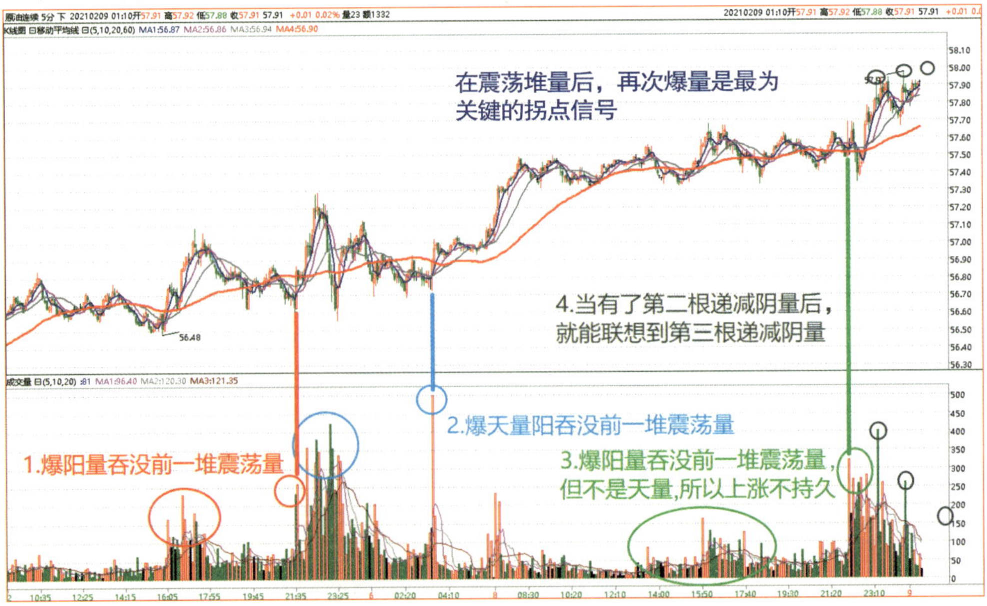

图2-60　堆量前后的爆量（原油5分钟图）

【经验分享】

横盘一般是先宽幅震荡后再收窄，也会有先横盘后再宽幅震荡的少见情形。无论怎么震荡、怎么横盘，我们一定要在看懂其中的量能规律与特征时，才开仓交易。

越是处在横盘或震荡行情时，越要耐心等待拐点爆量出现，这是最关键的出击方式。这张原油图的堆量均是在欧盘下午和美盘晚上这两个交易高峰时间段产生的，特别是晚上的成交量最大，结合日常交易情况也能发现，期货行情在晚上是最活跃的。

【图形说明】

图2-61为运用“持多单时爆阴量吞没前面阳量——平多信号”的5分钟周期案例图。

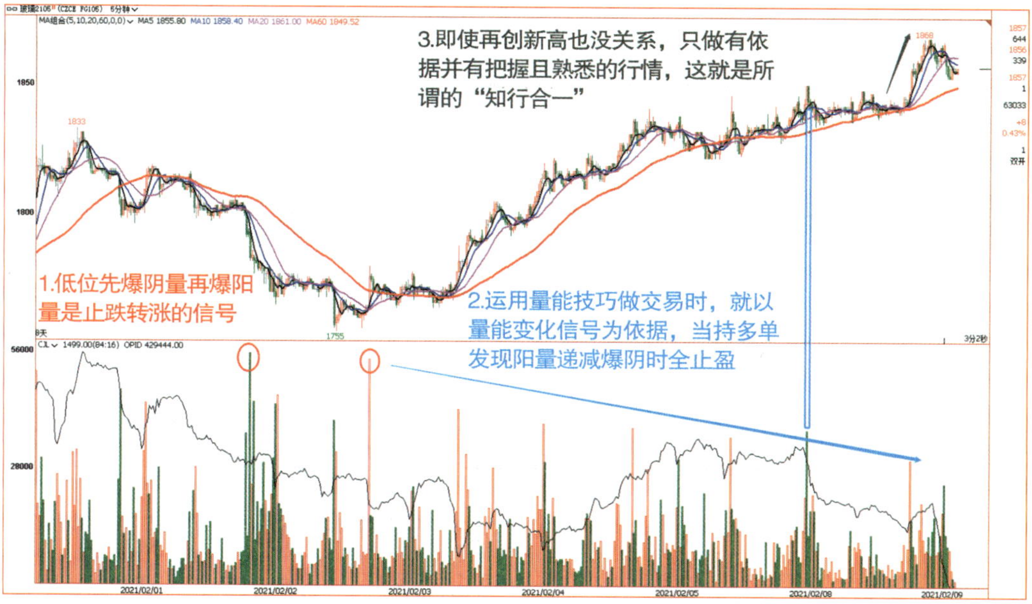

图2-61 持多单时爆阴量平多（5分钟图）

【经验分享】

分析图2-61至图2-64时，请读者朋友们记住以下口诀：

（1）持多单时：遇到阳量递增放阳量时要减持，遇到爆阴量吞没前面阳量时要平仓。

（2）持空单时：遇到阴量递增放阴量时要减持，遇到爆阳量吞没前面阴量时要平仓。

（3）持多单时：遇到阳量递减却放阴量要平仓，遇到缩量阳或地量阳要平仓。

（4）持空单时：遇到阴量递减却放阳量要平仓，遇到缩量阴或地量阴要平仓。

【图形说明】

图2-62为运用“持空单时爆阳量吞没前面阴量——平空信号”的60分钟周期案例图。

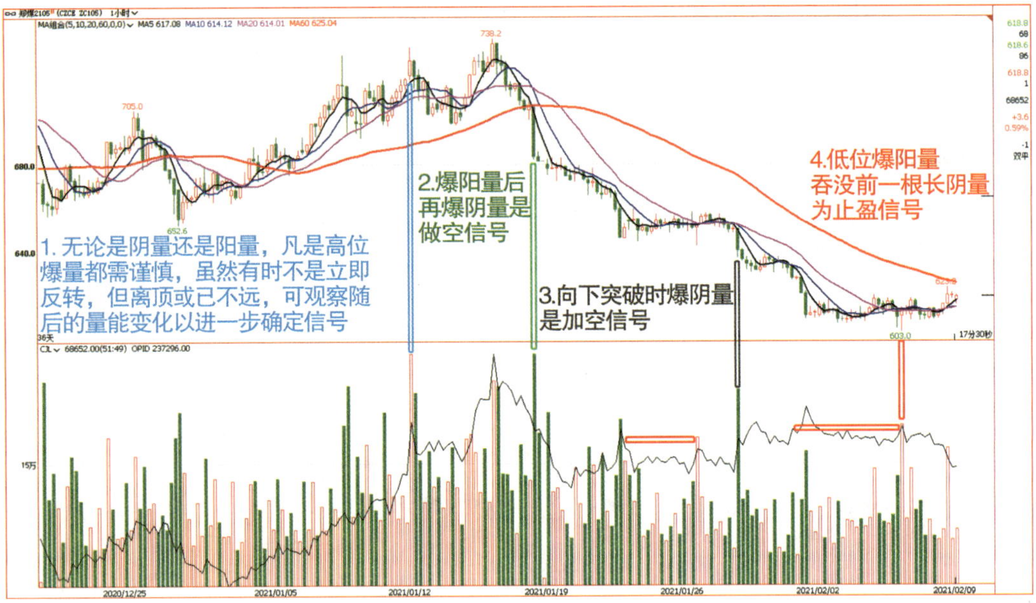

图2-62 持空单时爆阳量平空（1小时图）

【经验分享】

当价格持续远离60线后，一般会回抽、反弹、反转、横盘修整，逐渐靠近60线。

如图2-62所示，在沿60线下跌趋势中，在没有爆阳量吞没前面的阴量情况下，整体还是空头趋势。所以，每一次低位修整之后再爆阴量都是开空或加仓空单的信号。

图中标记4的区域，整体阳肥阴瘦，此时应停止做空，不要持空单。因为越是靠近60线，就越要注意爆阳量上穿60线的反转信号出现。

【图形说明】

图2-63为运用“持多单时逢地量阳线——平多信号”的5分钟周期案例图。

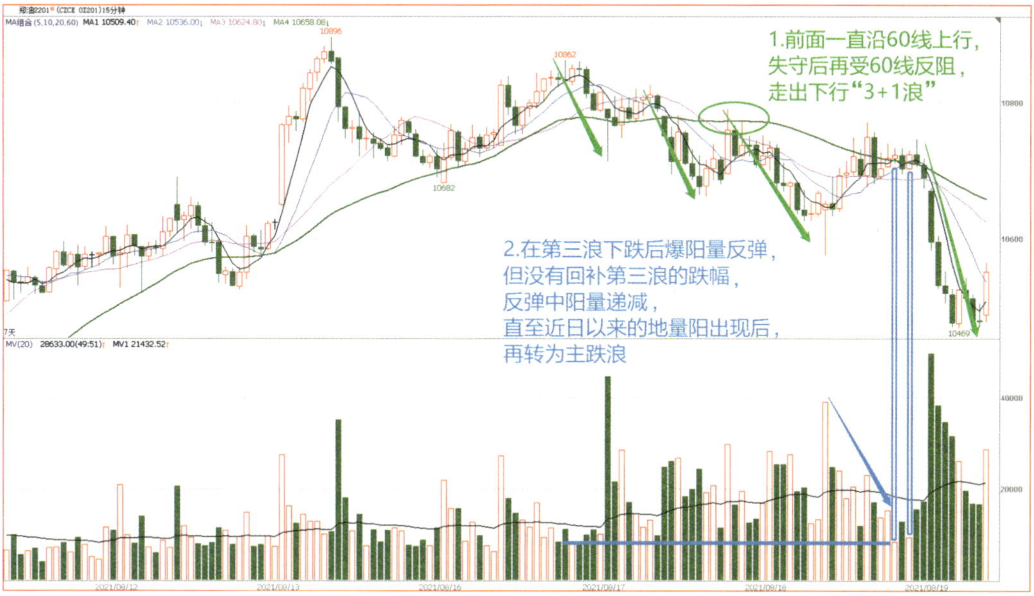

图2-63　持多单时逢地量阳平多（5分钟图）

【经验分享】

通常而言，当第三浪走完后，回抽时一般会回补第三浪，完全回补或者超出，属于反转的信号。当没有回补完，且量能乏力，一般会继续顺原趋势延伸。

日常持有多单时，无论遇到缩量阳还是地量阳都应引起注意，准备减持或平多。任何周期都是如此，例如做的是15分钟周期，那就观察15分钟图中的量能变化。

【图形说明】

图2-64为运用"持空单时逢地量阴线——平空信号"的5分钟周期案例图。

图2-64　持空单时逢地量阴平空（5分钟图）

【经验分享】

缩量阴与地量阴是没法用固定的数值来界定的，只能通过目测与比较来判断，以及随后的变化来证实。

简单来说，图2-61至图2-64说明当在持仓中出现不利的量能影响时，需要注意与提防或采取回避的措施。

【图形说明】

图2-65为面对“不活跃品种/不规则量”时应如何应对的60分钟周期案例图。

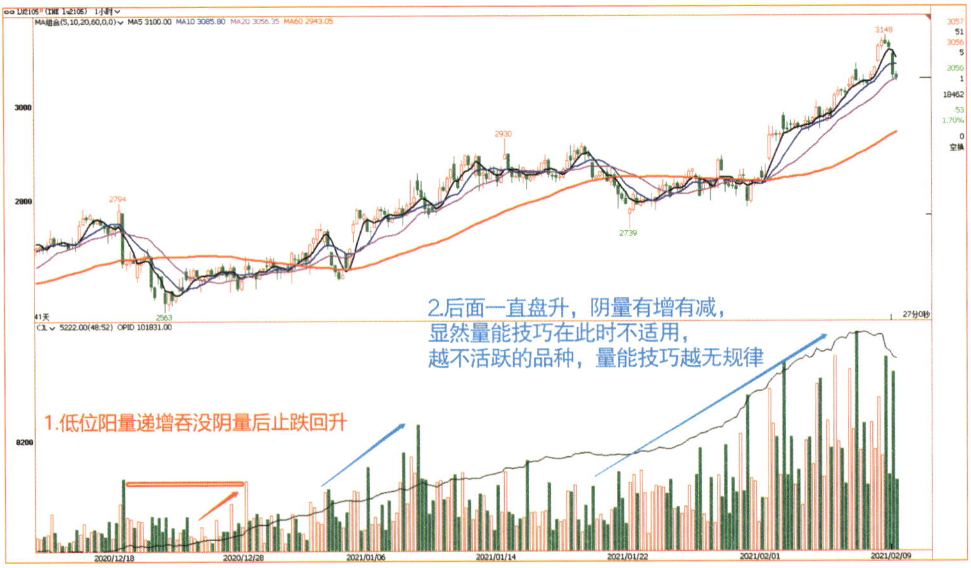

图2-65　不活跃品种（1小时图）

【经验分享】

在国内期货品种中，有三分之一的品种走势都不是很活跃，成交量不大、人气不高、行情走势不太顺畅。对于该类品种，只适合做中大周期，小周期不便分析与把握。或者可以直接放弃该类品种，去做成交量大、人气高、行情走势顺畅的品种。因为不活跃的品种K线技术运行规律特征不明显，量能变化无常。不过，不活跃的品种适合刚进场的新手去熟悉交易软件的使用，去慢慢练习胆识。

【图形说明】

图2–66为运用原油地量区域后的拐点爆量的5分钟周期案例图。

图2–66　原油拐点爆量（5分钟图）

【经验分享】

观察图2–66就能明白，为什么期货在晚上夜盘的行情最为活跃。因为早上亚盘对于美国原油来讲交易比较低迷、不活跃，直到下午欧盘开始，亚盘才慢慢进入活跃状态，直到晚上美盘时段。也就是说，在白天去对应借鉴原油的小趋势分析是无意义的，但下午欧盘和晚上美盘的走势会对期货市场行情有直接的同方向影响。所以，我们可以在期货15：00收盘后去观察欧盘和美盘爆出的首根量能，以及欧美盘的走势，这将会影响期货夜盘开盘的跳空方向。不过，也不建议大家去实时盯原油走势来分析整个期货市场的大盘，除非是做能源化工类的品种。我们只需关注原油的大趋势方向，以此作为分析期货大趋势的参考依据。

【图形说明】

图2-67为“十字星的平量——观望信号”的日K线案例图。

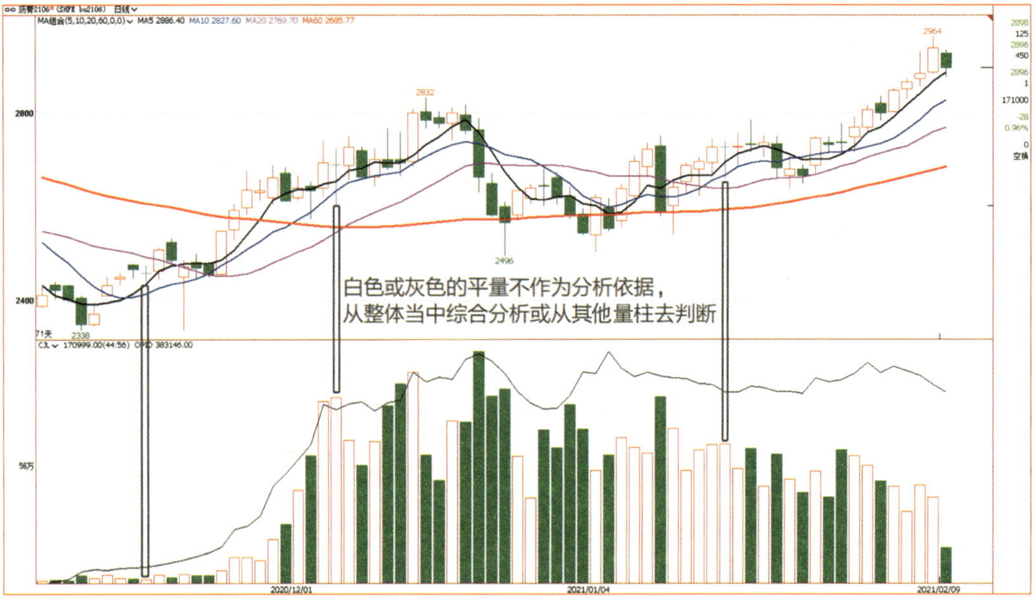

图2-67　十字星平量（日K线图）

【经验分享】

在K线图的运行中，时而会出现十字星的K线。十字星代表多空持平——多头与空头打个平手，也是观望的信号。这就好比站在十字路口一样，接下来将选择方向。对于没有实体、灰色或白色十字星的量能可以忽略，不纳入量能组合中去分析。

通常，在单边走势中出现十字星后会继续顺势延伸，但在较高或较低的位置出现十字星时就要提防反转的可能性，处在横盘中会频现十字星。

对于单根K线、K线组合和K线形态的识别与分析判断，建议小白投资者去看《做精一张图》或《日本蜡烛图技术》。在此，笔者就不多作详解。

本节综述

在国内期货市场中不能完全运用形态与指标去交易，而要注重核心——成交量。在此再重复几项要点：

（1）将图形缩小从整体上观察现处的阶段位置，再将图形放大看细节；

（2）结合常用周期的量能信息判断是否有共振条件；

（3）以量能条件作为开仓信号，也要以量能条件作为平仓依据；

（4）量能递增或递减常以三根或者三堆的走势为标准；

（5）开仓后发现有顺势信号的量能勿忘加仓；

（6）看不明白的量能直接放弃。

第五节　MACD战法

每个市场、每款行情软件都附有MACD指标，默认参数都一样（12，26，9），属于大趋势类指标、K线副图指标。

利用MACD指标主要分析红柱与绿柱的关系、金叉与死叉的关系、MACD指标与0轴的关系、顶底背离、正反点水。其中0轴在前面已描述过，在此只针对另外四种进行图文讲解。

MACD“正反点水”是笔者日常惯用的战法，也是利用MACD成功率最高、产生的行情最强势、很容易学以致用的一种招式，每个市场、每个品种和每个周期都适用。

在《做精一只股》中，笔者讲述运用到个股日线会有20%的上涨空间，运用到周线会有50%的上涨空间，运用到月线会有100%以上的上涨空间。

在T+0市场中，5分钟周期图几乎两三天会出现一次MACD正反点水，可以用来推算其他周期出现的频率。

【图形说明】

图2-68为运用“MACD正反点水——0上正点水”的5分钟周期案例图。

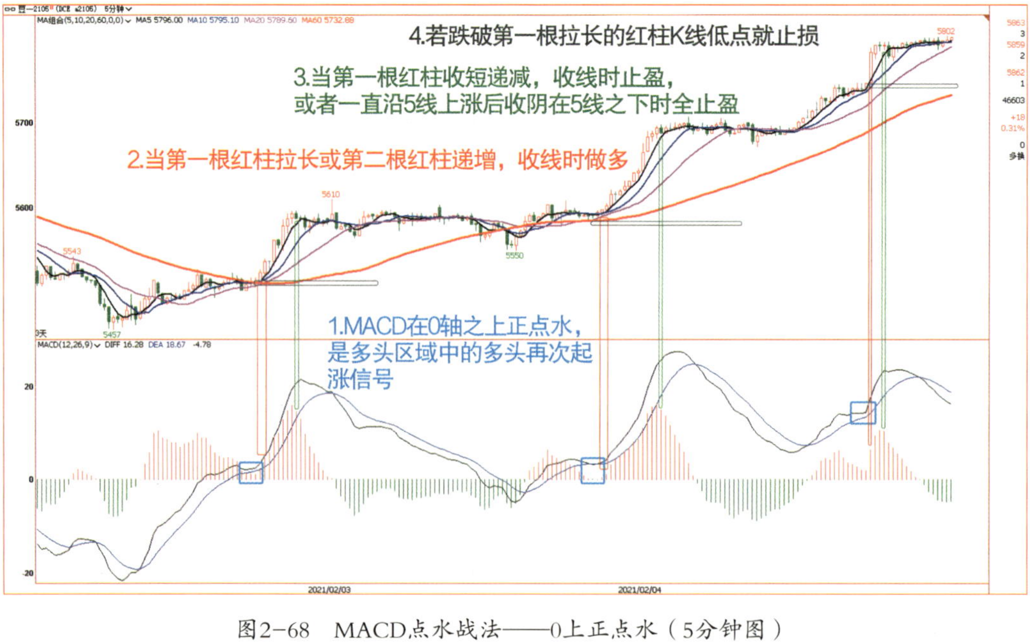

图2-68　MACD点水战法——0上正点水（5分钟图）

【图形特征】

正点水是指DIFF（收盘价短期、长期指数平滑移动平均线间的差）和DEA（MACD指标中的长期指标）两条线在0轴之上“粘合”后再向上散发，接近死叉但又没有死叉，两条线靠近后再顺势向上张口。

【经验分享】

唯有利用“MACD正反点水”才能把握多头区域的多头信号、空头区域的空头信号，因为它属于强势行情中的一种信号。MACD的0轴之上代表多头区域、0轴之下代表空头区域，或者结合MA60线（一线定势）来判断。因此，在0轴之上的顺势信号属于“多头区域的多头信号”、0轴之下的顺势信号属于“空头区域的空头信号”。

当然，不管你用什么方法，只要判断出“多头区域的多头信号、空头区域的空头信号”并顺势而为，采取一两种招式去“做精”就足够了。

【图形说明】

图2-69为运用“MACD正反点水——0下反点水”的5分钟周期案例图。

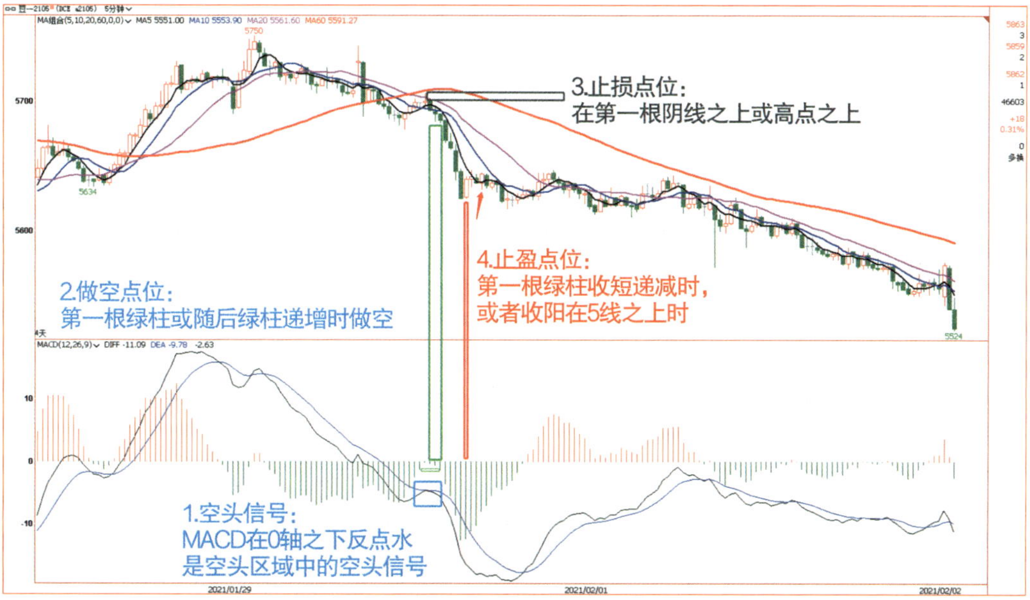

图2-69 MACD点水战法——反点水（5分钟图）

【图形特征】

反点水是指DIFF和DEA两条线在0轴之下“粘合”后再向下散发，接近金叉但又没有金叉，两条线靠近后再顺势向下张口。

【经验分享】

图2–68和图2–69中一个重要的细节是K线与60线的关系。图2–68中，当K线首次站上60线后出现的正点水带来的涨幅最大；图2–69中，当K线首次向下穿60线后出现的反点水带来的跌幅较大。

同理，在持续点水中，一般第三次点水后的涨跌延伸幅度会变小，如图2–68中第三次正点水后上涨行情的延伸幅度比前两次都要小。通常持续三次点水，就代表一轮单边行情接近尾声了。

【图形说明】

图2–70为综合运用“MACD正反点水”的60分钟周期案例图。

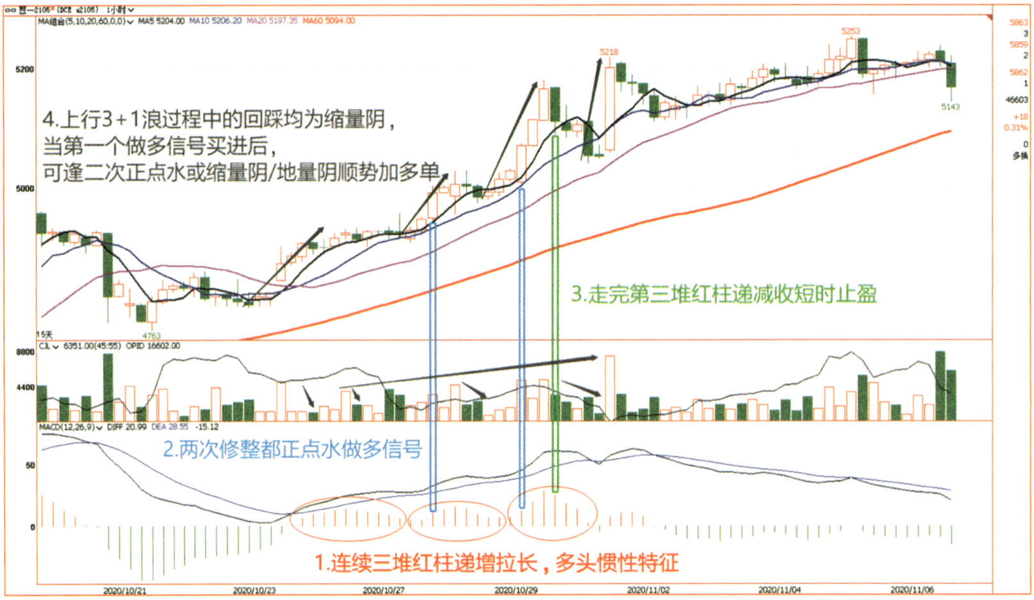

图2–70　MACD点水战法（1小时图）

【图形特征】

图2–70中价格先回调至60线附近，DIFF和DEA还没到MACD的0轴之下，仍处于多头区域，接着MACD红柱堆逐堆拉长，这是多头的一种惯性延伸，其间还伴随着0上正点水和K线形态中的“上行3+1浪”图形。

【经验分享】

图2–70中具有红柱堆、点水、浪形三种多头共振条件，投资者很容易把握，对于精通技术的人来讲，可以重仓投入，因为这种走势不多见，特别是在中大周期图中。所以投资者要认真对待，该出重手时就要循序渐进地出重手，才能抓住

盈利的机会。

切记：当三堆红柱/绿柱走完、三次点水走完、3+1浪走完后，就一定要停止做顺势单，静待高位爆阴量或低位爆阳量的反转信号出现时再去做反向单，并且通常都会有波段行情的回调。

【图形说明】

图2-71为综合运用“MACD正反点水”的日K线案例图。

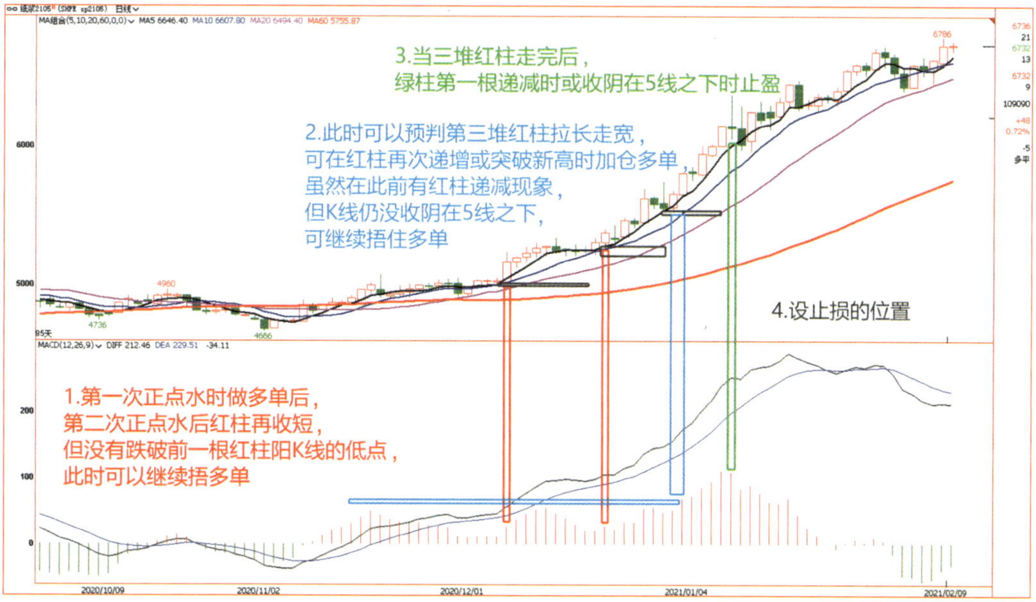

图2-71 MACD点水战法（日线图）

【图形特征】

在一轮牛市或一轮熊市中，在日线、周线甚至月线上面都会出现“正反点水”的特征，图2-71中MACD红柱三堆走宽拉长。因此，运用点水这种战法完全可以抓住牛熊市中的主浪行情。

【经验分享】

笔者在前面讲过，技术分析中有好几种系数都与“三”有关系。MACD三堆红柱与三堆绿柱也一样，走完之后行情不是探顶就是磨顶，或者是进入修整的阶段。

连续三堆柱中，第二堆比第一堆更长、更宽，就代表第三堆也会顺势递增（比第二堆更长、更宽）。同理，如果第二堆比第一堆更短、更窄，那么第三堆就会递减（比第二堆更短、更窄）。通常，在三堆“递增”中，均会走出“点水”的特征。

【图形说明】

图2-72为运用“MACD正反点水——0上正点水”的周K线案例图。

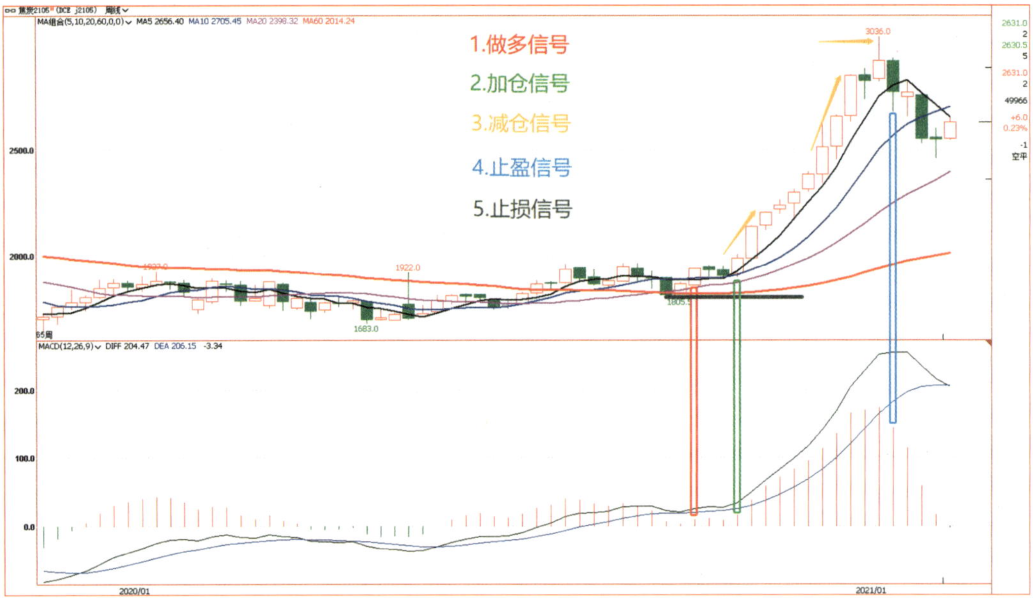

图2-72　MACD点水战法——0上正点水（周线图）

【经验分享】

进到周K线图来看，就更简洁明朗了。凡是在正点水的过程中，量能都会出现缩量阴，可通过量能技巧在缩量阴收线前后10秒内开多单。相反，在反点水的过程中会出现缩量阳，是开空单的信号。

【图形说明】

图2-73为运用“MACD正反点水——黄金正点水”的日K线案例图。

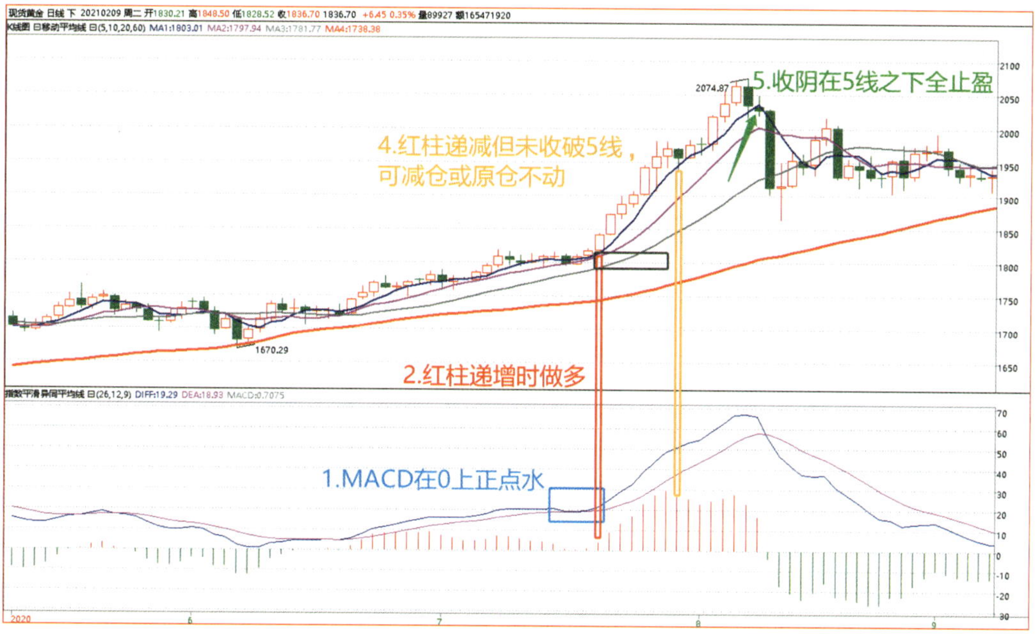

图2-73 MACD正反点水——黄金正点水（日线图）

【经验分享】

由于国际黄金和原油的交易是全天连续的，市场成熟、行情活跃，所以在各周期图中常能见到点水特征，甚至月线、年线中都能看到。正反点水这一招基本适用于全球市场，是不是很轻松？

越大的周期，震荡行情越少，走势也越简洁醒目，技术的成功率更高；越小的周期，震荡频率越高，走势也更复杂，各种技术的成功率也就较低；但是在横盘震荡中出现的点水可以忽略，因为这些属于无效的点水。

【图形说明】

图2-74为运用“MACD正反点水——原油反点水”的日K线案例图。

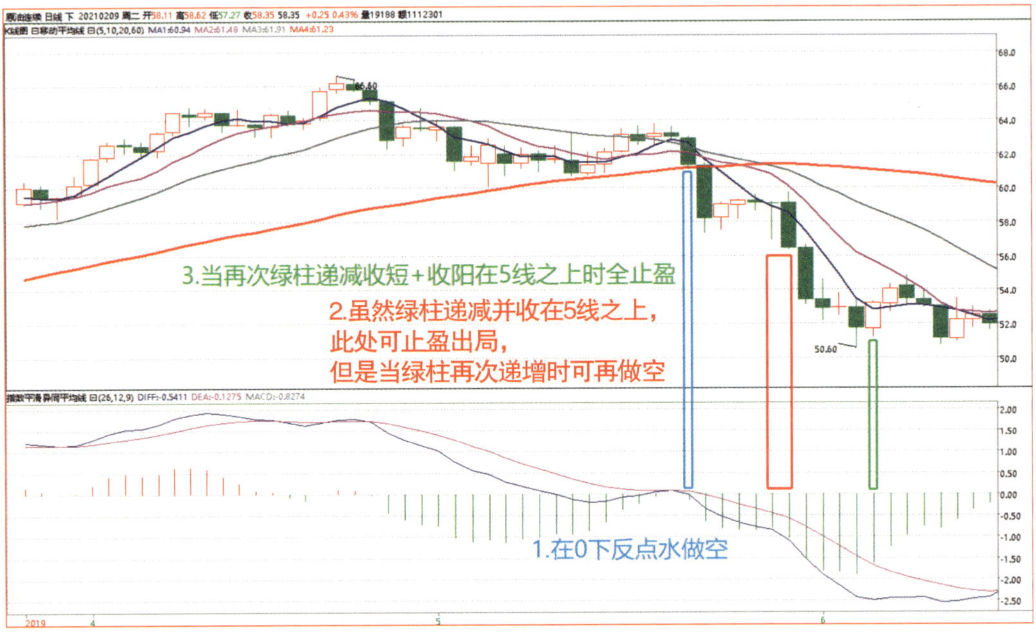

图2-74　MACD点水战法——原油反点水（日线图）

【图形特征】

图2-74是在下跌中继后产生的反点水，所以后面也是阶梯式下跌。若是在60线之下首次出现反点水，下跌就会更顺畅、更持久。

【经验分享】

当原油日线级别出现“反点水”时，期货市场的趋势是不是也该向下？此时，是不是去找期货日线级别看空信号，寻求做空的位置？所做的空单是不是该波段持有？在大趋势下去做小级别行情是很不划算的。

【图形说明】

图2-75为运用非标准“MACD正反点水”的60分钟周期案例图。

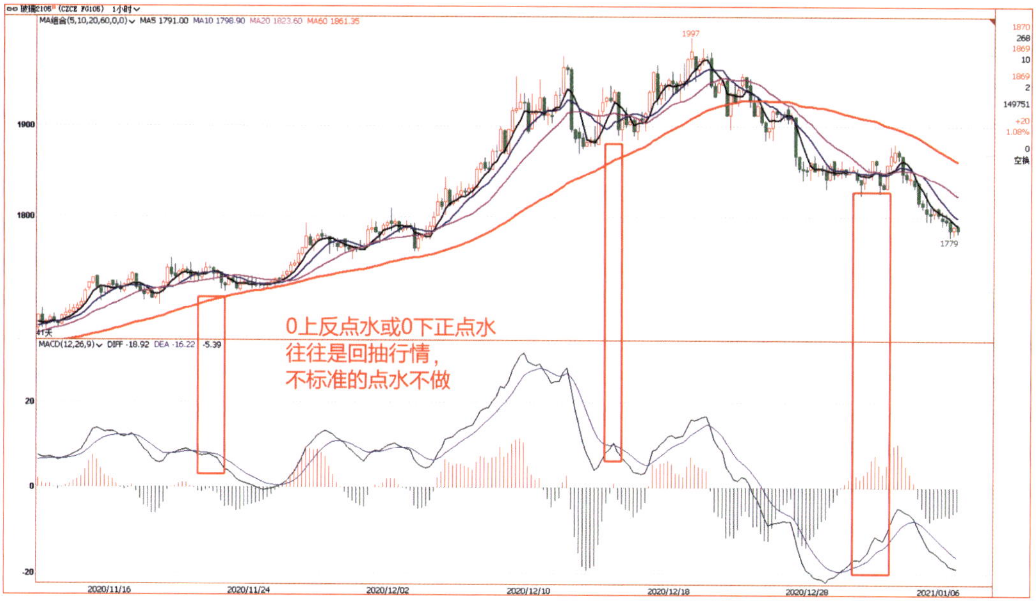

图2-75 非标准点水（1小时图）

【图形特征】

非标准的点水是指在0轴之上的反点水和在0轴之下的正点水，虽然有效，但并不是最强烈的；或者在0轴之上死叉后再金叉，0轴之下金叉后再死叉，相比之下，其作用效果均打了一定的折扣。

【经验分享】

选择期货品种和周期也有一定的技巧，例如可以选择交易活跃的品种，在该品种中再去选择走势最顺畅的周期，然后锁定该品种的周期并固定下来，长期做这个品种的这个周期。

举例来讲，工业品当中大多数品种的盘子较大，小周期走势比较复杂，中大周期走势较顺畅；而农产品当中大多数品种的盘子较小，小周期走势也就比较顺畅。

没有研究过量化程序的朋友可能不知道，同样的量化策略在不同品种和不同周期中去测试，效果都是不一样的，所以要去挑选效果最好的那个品种和它的某个固定周期进行量化。

在学好技术技巧之后，还要找到最适合的品种和周期，才能将技术价值最大化，运用起来更顺手。

【图形说明】

图2-76为运用“MACD正反点水”变相型的日K线案例图。

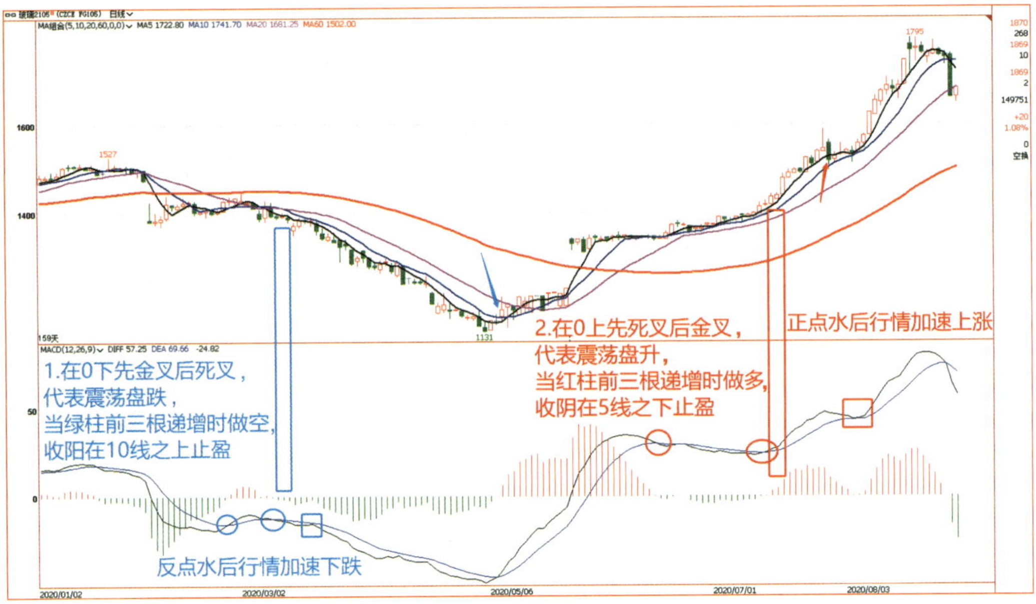

图2-76　变相点水日线图

【图形特征】

变相型的点水通常出现在横盘走势中，此时不能以它为主要分析对象，而要结合K线形态现处的阶段位置与其间的量能关系综合判断。

自习作业

给大家布置一道自习作业：请将前面案例图中针对“正反点水”讨论的开仓点、止损点、持仓依据、减仓点和止盈点，分别写在笔记本上。笔者不在此重复列述，这作业还得你们自己去做一遍，才能加深印象。

【图形说明】

图2-77为盯盘观察“MACD正反点水”的多品种多周期实操案例图。

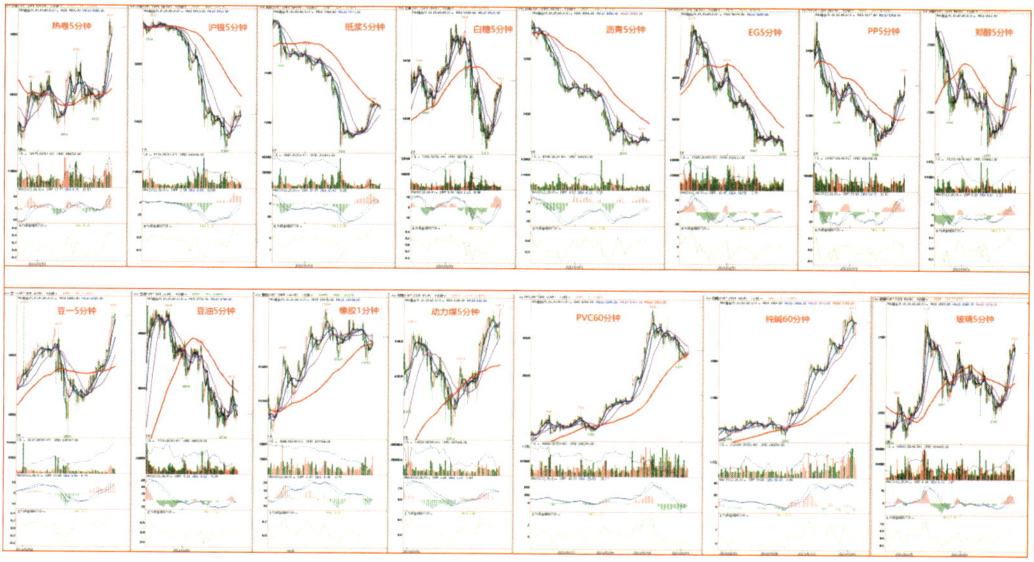

图2-77　多品种多周期实操图

【图形运用】

将文华软件扩大拉满四个屏幕，再新建页面划分成多个小窗口，每个窗口显示一个品种的一个周期，接着再新建页面设置同品种的其他周期，平时只需切换页面就可将这些品种的各个周期走势情况尽收眼底。为了做精正反点水，哪个品种的哪个周期有符合点水的条件，就去交易哪个品种。如果投资者只是单屏幕，同样也可以划分几个小窗口，或者将电视作为显示器，放大会看得更醒目。若不会设置多窗口，可联系笔者领取教程。

【经验分享】

另外笔者编写了“MACD正反点水”的条件预警公式，一旦符合条件就会自动弹出预警，这样就不用再去盯盘了。（详细介绍请看本书的附录）

【图形说明】

图2-78为综合运用“MACD柱堆”的日K线案例图。

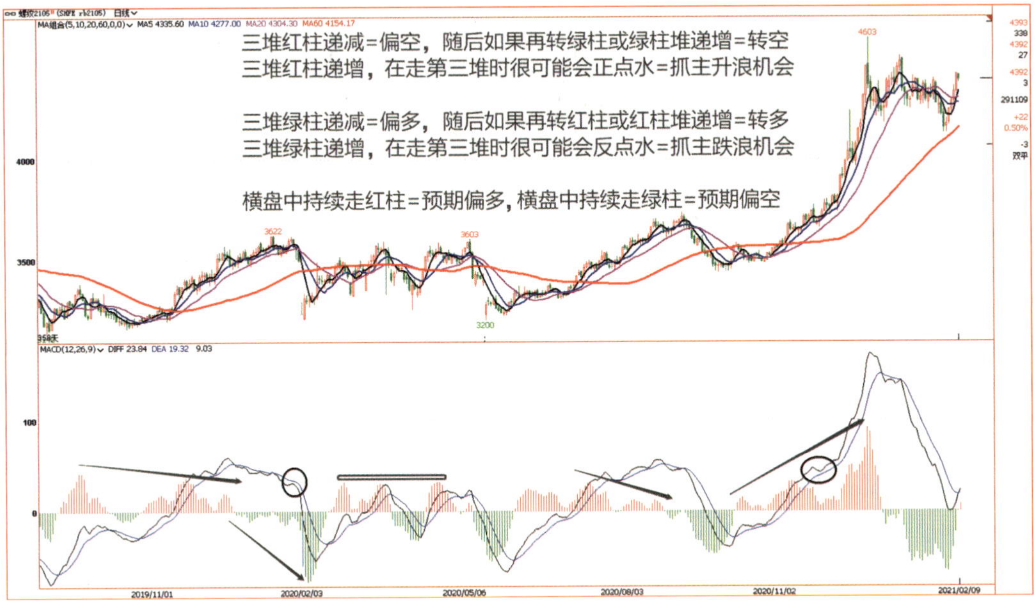

图2-78　MACD点水战法综合运用（日线图）

【经验分享】

MACD的柱堆递增与点水的共振时，一定会产生大行情，务必认真对待，好好把握机会。

另再补充几点：

三堆红柱间接性递增时，中间夹有绿柱堆要递减，才有利于多头的发展；

三堆绿柱间接性递增时，中间夹有红柱堆要递减，才有利于空头的发展。

三堆红柱间接性递减时，中间夹有绿柱堆要递增，才有利于空头的发展；

三堆绿柱间接性递减时，中间夹有红柱堆要递增，才有利于多头的发展。

间接性是指先出现一堆红柱，再出现一小堆绿柱，然后出现一堆红柱，接着再出现一堆绿柱，最后出现一堆红柱，或者一二堆相连、二三堆相连。

【图形说明】

图2-79为综合运用“MACD顶底背离”的15分钟周期案例图。

图2-79 MACD顶底背离（15分钟图）（1）

【图形特征】

顶背离：K线价格高点上移，但MACD两条线下移，代表多头减弱，在酝酿空头。

底背离：K线价格低点下移，但MACD两条线上移，代表空头减弱，在酝酿多头。

【经验分享】

（1）背离次数常见的是三次，也有少见的两次或多次。

（2）在由高而下或由低而上的首轮反转行情后的背离容易失效，在背离中很可能走修整行情，而不是反转行情，只有极高的位置出现顶背离和极低的位置出现底背离，成功率才高。首轮反转行情属于启动浪，在启动浪后的顶背离往往会走向失败。

失败的信号：例如图2-79右边最后一根箭头的前面，两线条与红柱堆都在下移，但随后上涨中的红柱堆超过前一堆红柱的高点时，顶背离失败（空单止损位置）。

（3）背离都是在盘升或盘跌中产生，在急涨后的盘升中出现“顶背离”、急跌后的盘跌中出现“底背离”时，更容易成功。因为急涨代表已经释放了多头，盘升代表多头在减弱，相反也一样。

【图形说明】

图2-80为综合运用“MACD顶底背离”的15分钟周期案例图。

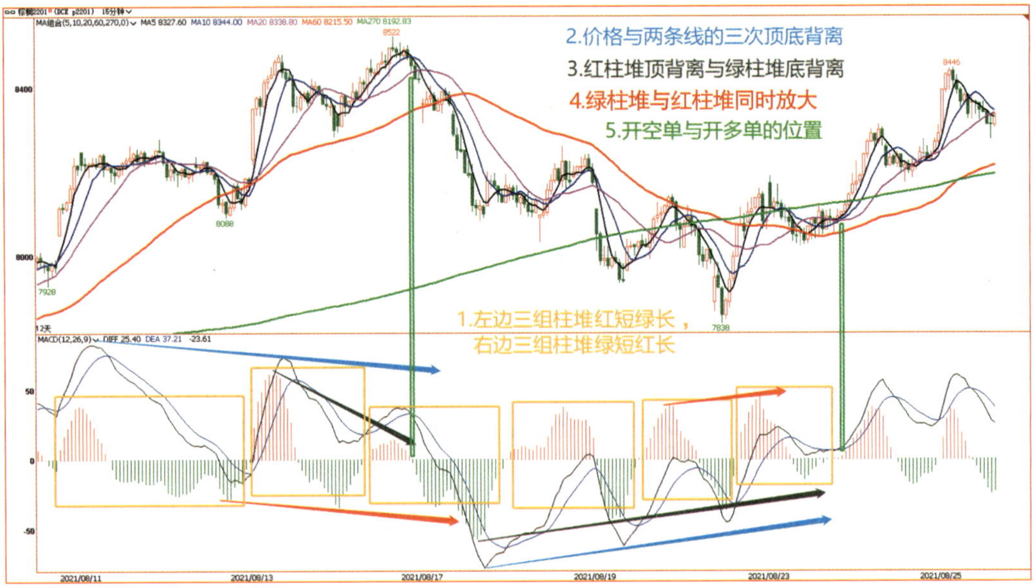

图2-80　MACD顶底背离（15分钟图）（2）

【图形特征】

在一轮上涨下下跌行情的过程中，大多数类似走势均可通过MACD识别出来，例如图2-80中左边三个框与右边三个框，先是红术递减、绿柱递增，代表下跌趋势还在延伸。当第三堆绿柱递增后又开始递减，在绿柱递减过程中红柱又在递增，代表行情在构底酝酿多头。

【经验分享】

MACD是趋向型指标，也是可预见性的指标。除了前述的高概率条件之外，还有一种“双背离”成功概率更高——两条线（DIFF/DEA）背离和柱堆同步共振。如图2-80中的底背离时，两条线三次上移，同时三堆绿柱缩短、三堆红柱放大。

用百分比来衡量的话，前面讲到的柱堆与点水的成功率均在90%以上。所以，建议读者朋友们把笔者书中和“志尚投教”平台课程中成功率较高的技巧摘取出来，然后去深入研究、反复操练，做精其中一两种。

MACD是很好的“左侧”分析和预判指标，量能和四线是很好的“右侧”分析开平仓与持仓依据。希望在学完本书之后，你能建立一套完整的交易体系。

【图形说明】

图2-81为综合运用“MACD交叉0轴”的15分钟周期案例图。

图2-81　MACD交叉0轴（15分钟图）

【图形特征】

上穿0轴：两条线长时间在0轴之下反复交叉多次之后，DIFF（快线）或DEA（慢线）上穿0轴，往往预示着上涨行情还能持续。

下穿0轴：两条线长时间在0轴之上反复交叉多次之后，DIFF（快线）或DEA（慢线）下穿0轴，往往预示着下跌行情还能持续。

【经验分享】

（1）长时间在0下或0上运行，容易引发反转行情，也只有在这种情况下交叉后的成功率才高，其他各种情况交叉的成功概率都较低。

（2）如果以DIFF（快线）交叉0轴（也正是出现第一根红/绿柱时）为开仓信号，可以买在拐点线中，但有时容易失败。如果以DEA（慢线）交叉0轴（此时也代表两条线都已交叉0轴）为开仓信号，属于追涨/追跌，成功率虽高但盈利幅度缩小了。

（3）建议在中大周期中运用，可避开一些繁杂的震荡行情，稳定性更强。若在中小周期中运用，则开仓后赚1根K线就收。

【图形说明】

图2-82为综合运用“MACD形态”的30分钟周期案例图。

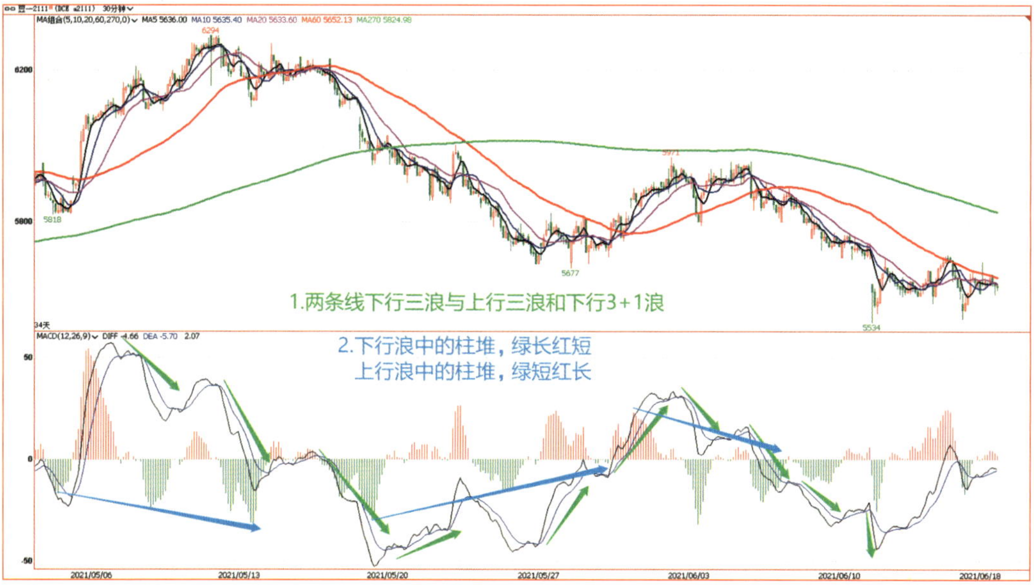

图2-82　MACD战法综合运用（30分钟图）

【图形特征】

前面图2-79我们看到了MACD两条线走出头肩顶底形态，这张走出了波浪形态，但从K线图中看不出来有形态的特征。若要从MACD图中看出形态，就要有缩小图形的习惯。

【经验分享】

运用MACD当中的点水、交叉和形态时，一定要结合柱堆分析，理解及灵活运用柱堆，活学活用。

本节综述

MACD做单成功概率最高的条件：

（1）红柱堆第二堆比第一堆长，预计第三堆会比第二堆长，第三堆出红柱时可做多。

（2）红柱堆第二堆比第一堆短，预计第三堆会比第二堆短，走完第三小堆后出绿柱时可做空。

（3）绿柱堆第二堆比第一堆长，预计第三堆会比第二堆长，第三堆出绿柱时可做空。

（4）绿柱堆第二堆比第一堆短，预计第三堆会比第二堆短，走完第三小堆后出红柱时可做多。

（5）两条线持续3~4次底背离时可以做多，或结合绿柱堆收短、红柱堆放大的共振条件做多。

（6）两条线持续3~4次顶背离时可以做空，或结合红柱堆收短、绿柱堆放大的共振条件做空。

（7）两条线在0轴之上向上正点水做多，在0轴之下向下反点水做空。

（8）两条线长时间在0下运行后上穿0上做多，长时间在0上运行后下穿0下做空。

以上在短中长周期图中都适用。

第六节　SUPL战法

SUPL指标属于主力资金线指标，是K线副图中的指标。可用于1周左右甚至更长周期的辅助分析，主要使用方法是分析其与K线的背离。运用场景包括高位盘升、低位盘跌、中继平台、箱体横盘、V形反转等。

本节所讲的SUPL指标是笔者的独创，可能会在一些软件中看到这个名称，但指标的含义是不一样的。在分析股票、期货、国际市场中的现货黄金、原油、外汇时，该指标都很实用。若读者朋友们需要该指标，可以联系笔者领取。

【图形说明】

图2-83为综合运用“SUPL指标背离与反转力度”的5分钟周期案例图。

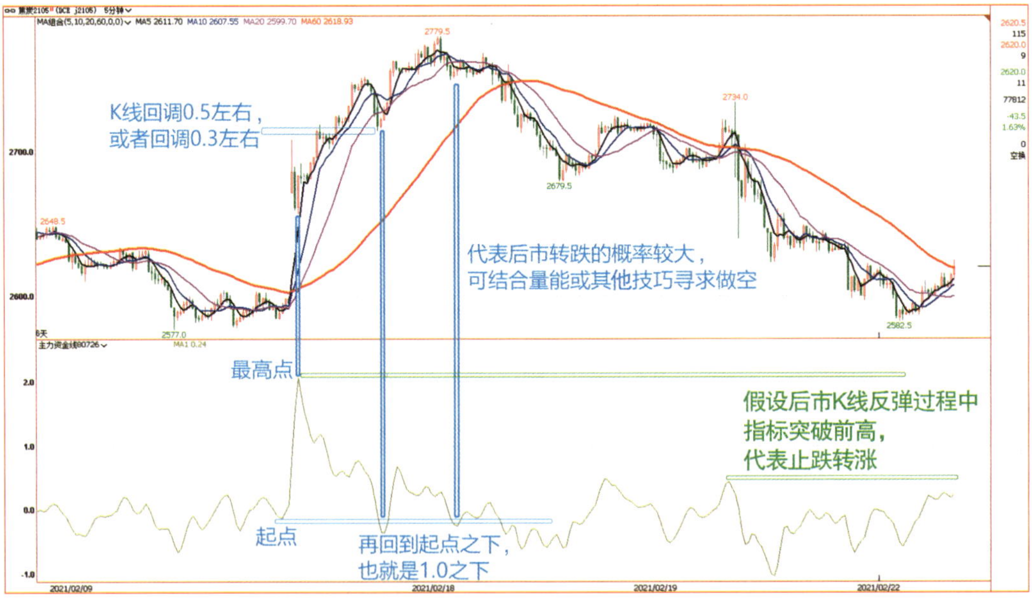

图2-83　SUPL指标背离与反转力度（5分钟图）

【图形特征】

与前面我们对MACD指标背离的理解一样，SUPL主力资金线与K线价格反向背离，代表即将反转。

【经验分享】

在一轮单边上涨的起点后，SUPL指标会直线拉高，可以在起点和最高点向右画一条横线。随后在行情盘升后回调时，例如回调的幅度在0.5以内（假设前面上涨100点，那么就是回调50点以内），而SUPL指标却回到了起点横线之下（即回到1.0之下），代表主力资金线的顶背离，预期看跌。若如期下跌之后构底回升，再没有突破前面的最高点横线，代表仅是反抽或反弹而已，不代表反转的趋向。相反也一样。

【图形说明】

图2–84为综合运用“SUPL指标背离与反转力度”的60分钟周期案例图。

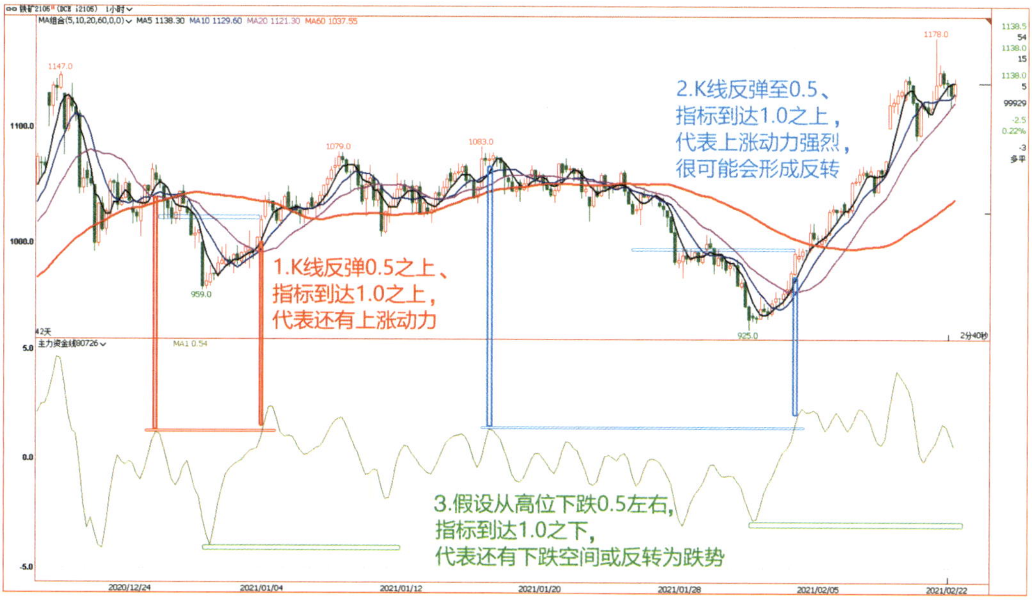

图2–84 SUPL指标背离与反转力度（1小时图）

【图形特征】

图2–84中两个较为明显的V形底之后都迎来一波不错的回升行情。如何才能预判回升幅度？如何预判接下来行情是反抽、反弹还是反转？SUPL突破点就是关键信号依据。

【经验分享】

在SUPL指标的起点与最高点向右画一条横线，其后运用起来也就简单明朗了。

假设在SUPL指标的起点到最高点之间主力大单买进1000万资金，当K线价格回调至前轮涨幅的一半位置左右，SUPL指标却回到了起点之下或左右时，就代表主力大单1000万的资金已经全部出来了，也就是说，空头资金大于/等于1000万。但此时通过K线图是看不出来的，毕竟回调的幅度并不大，甚至有时只回调三分之一（0.3）时，SUPL指标就已经回到起点1.0左右了。

通常回到1.0或超过1.0后，均会有一个回抽的过程，此时正是开仓的位置。例如，反弹回升到黄金分割的0.3~0.5之间时，SUPL指标却已超过1.0或之上，随即会有1~3根缩量的小阴线，此时是开仓多单的最佳位置，如图2–84最左边和最右边在突破1.0后的小阴线。

【图形说明】

图2–85为综合运用“SUPL指标背离与反转力度”的日K线案例图。

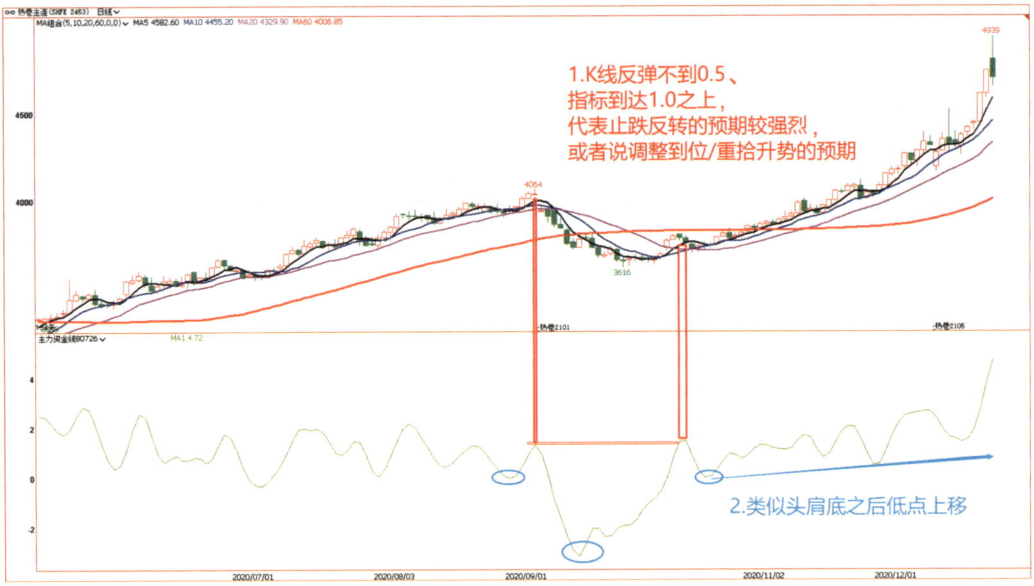

图2–85 SUPL指标背率与反转力度（日线图）

【图形特征】

SUPL指标也能出现形态特征，就图中的头肩底来讲，头底后的V形回升力度与高度，决定着后面的成功率。如图2–85中的红色横线处，V形上去突破前高点，代表是有力度的上涨，并且右肩没有低于左肩再次起涨，说明头肩底形态成立。后期价格盘升中，SUPL指标高低点上移，代表是良好的健康上涨，直接探出主升浪后才完成本轮涨势。

【经验分享】

从图2-85中的右肩位置对应的K线和MA指标中，是看不出有任何上涨的预期的，毕竟还处在60线之下。而SUPL指标已经连出两个看涨的预期信号，一个是头底V形的高点，另一个是右肩的起点。

SUPL指标比MACD指标还要超前一些，例如有时SUPL指标出现三次顶/底背离了，MACD指标才出现两次顶/底背离。

【图形说明】

图2-86为综合运用“SUPL指标背离与反转力度”的周K线案例图。

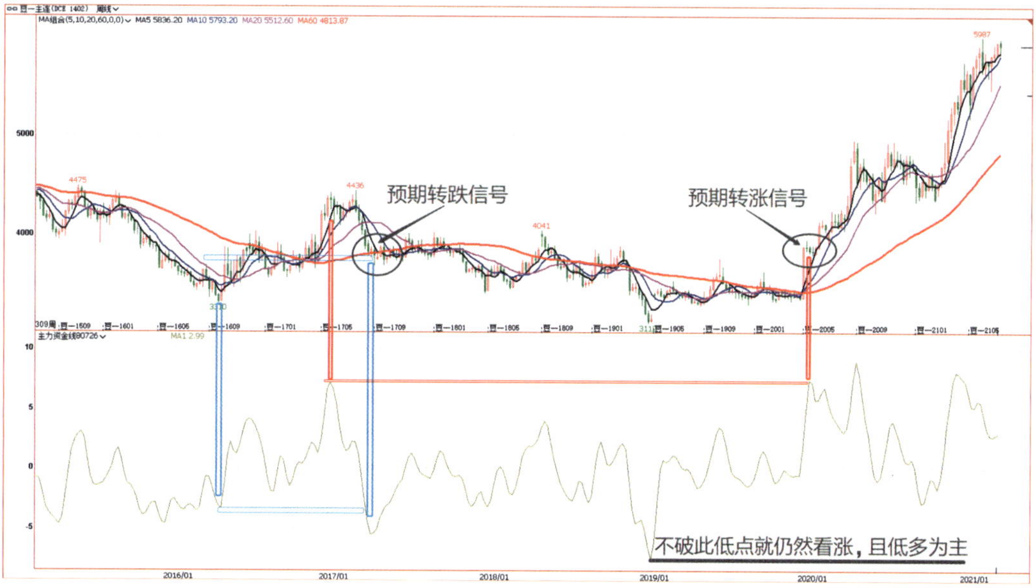

图2-86 SUPL指标背离与反转力度（周线图）

【图形特征】

当K线价格下跌时，我们从SUPL前轮上涨行情的起点向右画横线，不下破1.0就继续看涨并低多，下破1.0就寻求高空。

当K线价格上涨时，我们从SUPL前轮上涨行情的最高点向右画横线，不上破1.0就继续看跌并高空，上破1.0就寻求低多。

【经验分享】

在图2-83至图2-86中，不妨细看横盘走势时SUPL指标的变化。例如横盘中SUPL指标向上移代表看涨，向下移代表看跌。横盘中方向不明时，该指标能起到极大的预判作用。

【图形说明】

图2-87为综合运用“SUPL指标背离与反转力度”的原油60分钟周期案例图。

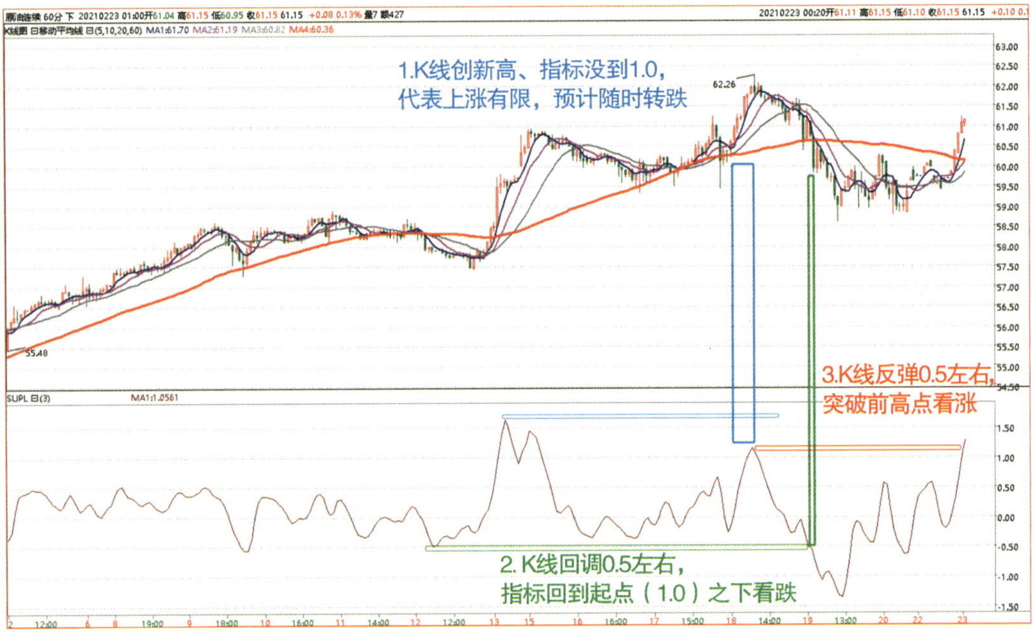

图2-87　SUPL指标背离与反转力度（原油小时图）

【图形特征】

当懂得MACD与价格行情走势的顶底背离后，再来看SUPL的顶背离，也就不难理解了，都是相同的原理，也都是趋向型指标。

【经验分享】

图2-87中标记3的位置，K线在60线之下并处于横盘中，SUPL指标已经在向上移，属于主力资金线底背离。虽然价格还没有到达前高点之上，但SUPL指标就已经到达前高点（1.0）之上，所以预期继续上涨。

K线走势复杂多变，但市场中的主流资金一直会有稳定的趋向，这股暗中的力量便可通过SUPL指标来识别。长期运用时，还能慢慢发现指标与K线运行的速度快慢，例如K线上涨的快但指标上移的慢；又如价格只回调0.3，但指标已经回到0.5；再例如价格只回调至黄金分割线的0.3，但指标已经回到黄金分割线的0.5。

【图形说明】

图2-88为综合运用“SUPL指标背离与反转力度”的黄金日K线案例图。

图2-88 SUPL指标背离与反转力度（黄金日K线）

【图形特征】

在股票市场中常常能看到主力挖坑、填坑的图形，在期货市场也常看到深V走势。V形右侧的力度决定后市上涨的高度。如图2-88中标记1的位置，右侧三根阳线就突破SUPL指标前高点，由此后市也迎来一轮大幅上涨行情。相反，也是一样的道理，图中标记2的位置，同样三根阴线就将SUPL指标打破到前一个起涨点之下，此后行情便开始盘跌。与前面上涨节奏一致，盘升后再转急升，同样在盘跌后再转急跌的可能性也较大。

【经验分享】

我们可以通过对原油的预判来分析期货市场，也可以通过对黄金的预判来分析沪金和沪银。

SUPL资金流指标可以弥补MACD背离的滞后性，但在起涨首浪与转跌首浪后的中继修整阶段，顶/底背离也是容易失效的，此时可观察MACD红绿柱和量能进行综合分析。

本节综述

SUPL指标反映主力资金变化，属于趋向型指标。在各周期中均可使用，对大小趋势分析起到辅助作用，运用方法如本节所述，也非常简单、实用。学到此处，各位是不是越看越有劲、越读越兴奋？这些都是干货，是笔者多年的经验心得，毫无保留地分享给大家。成功率不高的、较复杂的、作用不大的、容易误导的，笔者都不在书中提及。

第七节　橡胶战法

上海期货交易所天然橡胶合约的交割等级为国产天然橡胶（SCR WF）和进口3号烟胶片（RSS3），其中国产天然橡胶（SCR WF）通常也被称为5号标准胶，执行国家市场监督管理总局、中国国家标准化管理委员会发布实施的《天然生胶　技术分级橡胶（TSR）规格导则》GB/T 8081—2018的各项品质指标。进口3号烟胶片（RSS3）执行国际橡胶品质与包装会议确定的《天然橡胶等级的品质与包装国际标准（绿皮书）》。

一、橡胶的用途

由于天然橡胶具有一系列物理化学特性，尤其具有优良的回弹性、绝缘性、隔水性、可塑性等特性，并且经过适当处理后还具有耐油、耐酸、耐碱、耐热、耐寒、耐压、耐磨等性质，所以其具有广泛的用途。例如日常生活中使用的雨鞋、暖水袋、松紧带，医疗卫生行业所用的外科医生手套、输血管、避孕套，交通运输中使用的各种轮胎，工业上使用的传送带、运输带、耐酸和耐碱手套，农业上使用的排灌胶管、氨水袋，气象测量用的探空气球，科学试验用的密封、防震设备，国防中使用的飞机、坦克、大炮、防毒面具，甚至连火箭、人造地球卫星、宇宙飞船等高精尖科学技术产品都离不开天然橡胶。目前，世界上部分或完全使用天然橡胶制成的物品已超7万种。

二、橡胶的供需

1. 天然橡胶的供给

天然橡胶树属热带雨林乔木，种植地域基本分布于南北纬15度以内，主要集中在东南亚地区，约占世界天然橡胶种植面积的90%。主要生产国有泰国、印度尼西亚、马来西亚、中国、印度、越南、缅甸、斯里兰卡等，以前三国为主，其产量占世界产量的60%以上，且所产天然橡胶的绝大部分用于出口，其中，泰国和印度尼西亚的出口量占产量比超过了90%。泰国、印度尼西亚和马来西亚的割胶期一般在4月到次年2月。

2. 天然橡胶的需求

天然橡胶的需求主要分为配套需求、替换需求以及出口。配套需求取决于汽车市场景气程度，其中包含乘用车、商用车以及重卡；而替换需求挂钩基建，取决于国家宏观经济；出口则看国外需求以及国际经济关系。

三、橡胶的季节性

橡胶价格的季节性规律：

（1）5—8月是供应旺季，12月至次年3月是供应淡季。在开割季及供应旺季，橡胶价格下跌；在停割期间及供应淡季，橡胶价格上涨。每年4—5月是割胶初期，大量胶乳被制作成乳胶，烟片胶、颗粒胶产量并未明显增加，所以这段时间会有上涨行情。

（2）橡胶的主要用途是轮胎制造，所以不仅需要关注橡胶价格自身的季节性规律，还要看下游汽车的季节性规律。汽车有两个产销旺季，分别是2—4月和10—12月；有两个产销淡季，分别是5—9月和1—2月。

四、期货橡胶品种的特点

期货橡胶品种每5元一个跳点，每个跳点50元，波幅大，属于国际大品种，比较活跃，盈亏幅度也较大，具有短平快的特征，更适合作为买卖股指期货之前的练手品种，不适合新手和小资金投资者参与。正因如此，对于技术爱好者、短线交易者、喜欢高风险的交易者来讲，其是较好的选择。因为不需持单太久，哪怕只做小周期中的一根K线，也能获得满意的收益。

【图形说明】

图2–89为“橡胶浪形交易战法”的1分钟周期案例图。

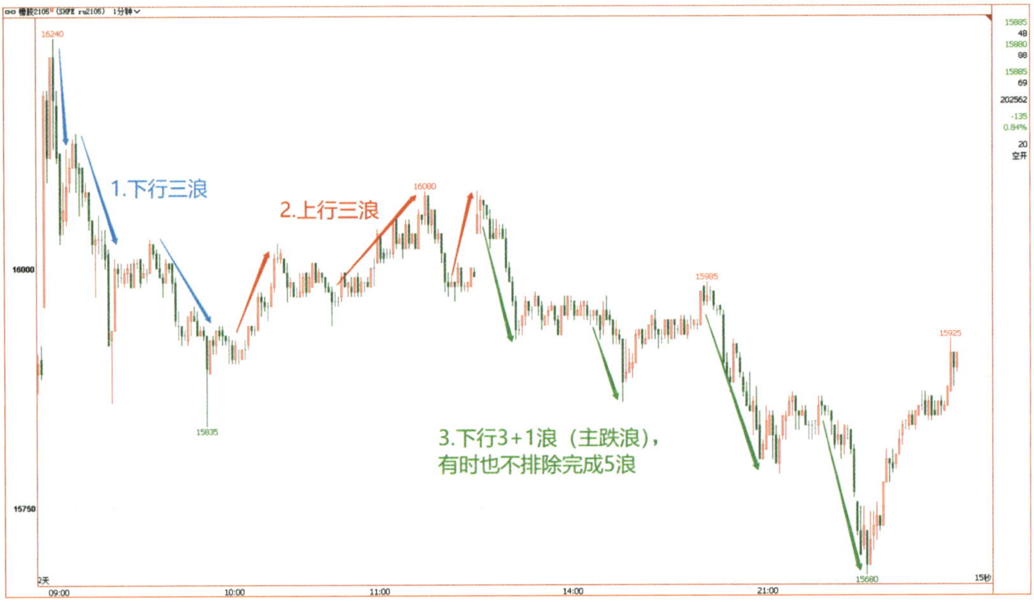

图2-89　橡胶浪形交易战法（1分钟图）

【经验分享】

为什么选择1分钟周期？因为做波段只适合做最小的周期，稍大的周期波段一般人难以抵抗得住它的波幅，没有必要将盈亏幅度扩太大。做1分钟周期的止损幅度都在100元或以上，扫损一单就损失1000元/手。

越是国际大品种，行情走势也就越成熟、越稳定、越有规律。长时间观察会发现，几乎每天都能在1分钟周期图中看到波浪形，例如上行三浪和下行三浪。每天只需做两三单波浪中的第三浪即可。下跌超100元止损，上涨超100元止盈，若运用恰当，每单开1手、每天2~3单即可赚取2000~3000元的利润。

通常有了第二浪后就必然会有第三浪出现，后再有第四、五浪的情况比较少见。至于“波浪3+1”的运用技巧，在此不过多讲述。建议通过《一张K线图赢遍全球市场》和“志尚投教”平台中的36节通用形态视频课程深入学习，还可以进入笔者的抖音学习“波浪理论”。

【图形说明】

图2-90为“橡胶量能交易战法”的5分钟周期案例图。

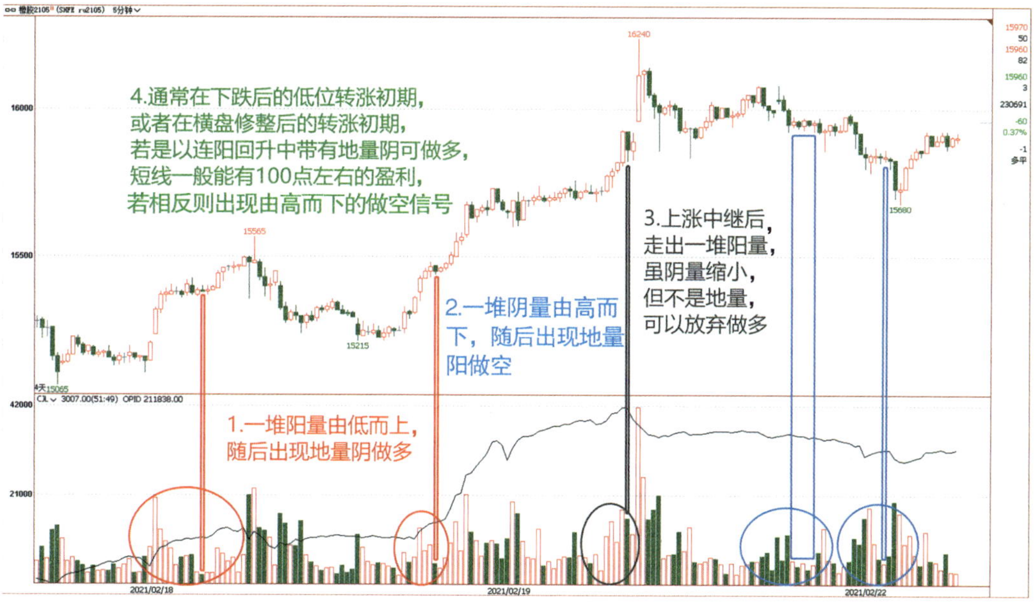

图2-90 橡胶量能交易战法（5分钟图）

【图形特征】

由于橡胶波幅较大，所以笔者牧童列出此图案例。建议按右侧顺势交易为宜，从顺势中去寻找可开仓的信号。例如，在沿MA5线之上单边上涨中的“缩量阴”开多，在沿MA5线之下单边下跌中的“缩量阳”升空，短线均能获得收益，且成功率也高。

【经验分享】

在前面有关量能战法中讲到常用与通用的方法，即是多头排列中的缩量阴开多、空头排列中的缩量阳开空，或者一堆阳量后出一根缩量阴开多、一堆阴量后出一根缩量阳开空。

我们可以同时盯1分钟和5分钟两个周期（两个窗口），有时缩量信号会在1分钟图中出现，然后又会在5分钟图中出现，有时在1分钟图出现的比较标准，有时在5分钟图中出现的比较标准。

不管有没有浪形特征，只要1分钟或5分钟产生一波段行情，就会出现缩量的特征。运用此技巧，每天每一个波段都能抓住顺势短线单。做多前提下当阳量递增放大时止盈，当阴量递增时止损；做空前提下当阴量递增放大时止盈，当阳量递增时止损。

【图形说明】

图2-91为“橡胶浪形+量能交易战法”的1分钟和5分钟周期案例图。左图为1分钟周期的下行三浪，右图是5分钟周期对应1分钟的三浪。

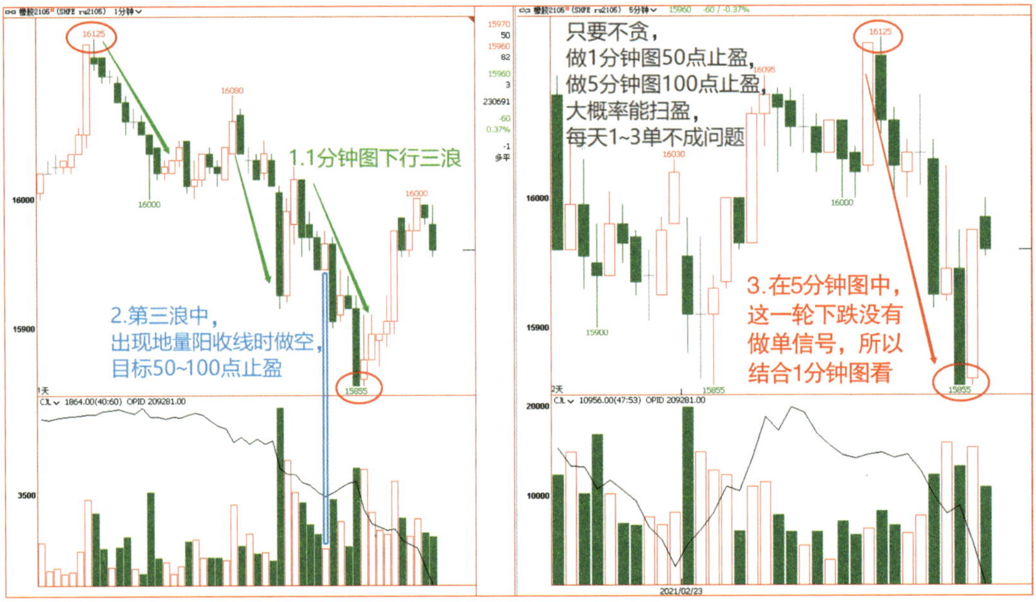

图2-91　橡胶浪形+量能交易战法（1+5分钟图）

【经验分享】

如果要做精橡胶的短线交易，就锁定1分钟和5分钟两个周期，并结合浪形和量能来分析。切记：做橡胶千万不要贪婪，要见好就收。因为你可能难以承受它的盈亏波幅，并且1分钟和5分钟周期讲究的就是短平快。

【图形说明】

图2-92为“橡胶浪形+量能交易战法”的60分钟周期案例图。

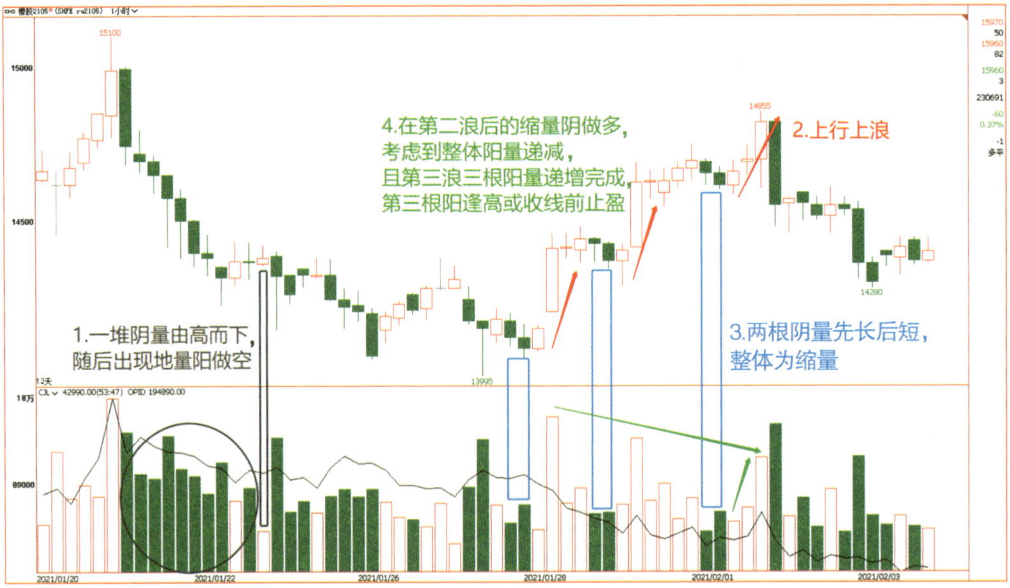

图2-92　橡胶浪形+量能交易战法（1小时图）

【图形运用】

在熟练运用前面讲到的1分钟和5分钟周期后，同样的技巧方法也可以运用到稍大点的周期中，获取更大的利润空间。

【经验分享】

收益与风险永远成正比，小周期小损盈、大周期大损盈。通常当小时图的反转与趋势形成时，都会走延伸行情，此时可利用前述的浪形和量能技巧去获取更多利润。细看图2–92中的两个顶部，都是长阴吞没伴随着爆阴量，中间的底部先是爆阴量再爆阳量。国际市场中的成熟大品种浪形规律特别明显，所以前面讲到的波浪理论一定要学透。

【图形说明】

图2–93为“橡胶量能交易战法”的日K线案例图。

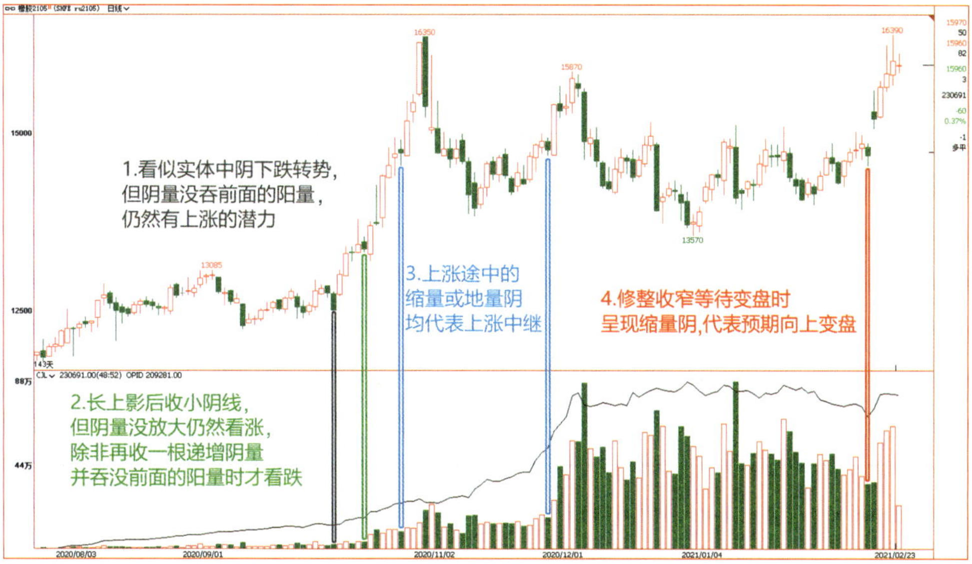

图2–93 橡胶量能交易战法（日线图）

【图形特征】

前述中的顺势缩量技巧，同样可运用在日K线图中，虽然日K线缩量没那么明显，缩小的幅度也没小周期那么小，但仍然有效。不过针对橡胶不建议做日K线，因为止损幅度太大。

【经验分享】

越是大周期，浪形规律就越少见，但量能技巧还是适用的。因为每一轮单边行情中都会出现缩量信号。

当大周期处于横盘震荡阶段时就做小周期，当大周期走单边时就要把握大周期的机会。即使不做大周期，在看懂大周期的方向后，再在小周期中顺应大周期做顺势单就如同顺水推舟。橡胶交易不建议使用MACD和SUPL指标，因为趋势单经不起震幅。

本节综述

全球天然橡胶主产国集中在东南亚地区，在国际贸易中，以美元计价已经成为惯例。1997年东南亚发生金融危机，东南亚各国货币纷纷贬值，导致国际市场上天然橡胶价格暴跌。所以要更加关注泰国、马来西亚以及印度尼西亚的汇率变动。

为什么把橡胶单独列一节来讲述？因为笔者之前做过较长时间的橡胶期货交易，在期货实盘群中也受到投资者的认可。任何一个品种连续交易一段时间后，慢慢都会发现它的独特规律。所以，做期货时不建议同时做太多品种，做精1~3个品种即可。还有，当某个品种做一段时间后，总是不顺手、总是亏钱，说明对该品种的规律还不熟悉，或者投资方法与技巧不适合在这个品种、这个周期中使用，那就应该放弃这个品种。

第八节　金属战法

金属又可细分为贵金属（沪金、沪银）、有色金属（沪铜、沪铅、沪锌、沪铝、沪镍、沪锡、国际铜）和黑色金属（螺纹钢、铁矿石、热卷、不锈钢、线材、硅铁、锰硅），三者都有各自的板块指数。有色金属与黑色金属的供需状况主要取决于国内与国际的经济状态。

【图形说明】

图2–94为日K线周期的“沪金+沪银”组合战法案例图。

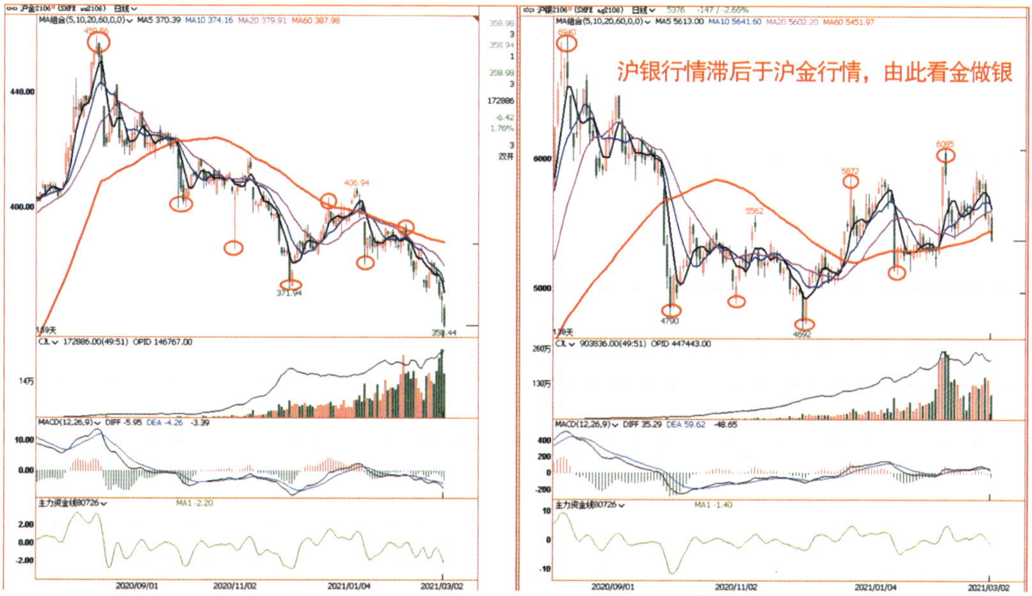

（a）沪金日线　　（b）沪银日线

图2–94　金属战法组合（沪金+沪银）

【图形特征】

图2–94（a）是沪金的日K线图，图2–94（b）是沪银的日K线图，两图中的圆圈标记处是对应同时间的行情高低点。

【经验分享】

沪金的行情要领先于沪银，波幅比沪银要顺畅一些。沪银的走势要坚挺一些，震幅比沪金要大一些。用买卖股票的思路来看，沪金就相当于大盘股，沪银相当于中盘股，沪铜相当于小盘股。

比较的目的是了解标的的习性、特征与规律，但行情也不是一直固定不变的，也有沪银领先、走势比沪金更顺畅的时候。

【图形说明】

图2–95为日K线周期的“伦敦金+沪金+沪银”组合战法案例图。

图2–95　金属战法组合（伦敦金+沪金+沪银）

【图形特征】

用图2–95中的圆圈位置的行情对照图2–94相应位置的行情，就会发现沪金与伦敦金的走势一致。

【经验分享】

伦敦金属交易所是全球最大的现货黄金与白银交易场所，所以交易黄金需要参照伦敦金的走势分析。黄金的涨跌与美元指数相反，美元的涨跌又与美债有关联（美债收益率与经济增长期、经济衰退期和利率升降有着直接的关系）。美债、美元、原油、大宗商品这四者相互关联影响，期货交易者平常只需多关注美元指数和原油价格趋向即可。

【图形说明】

图2-96为日K线周期的“美元+伦敦金+沪金+沪银”的组合战法案例图。

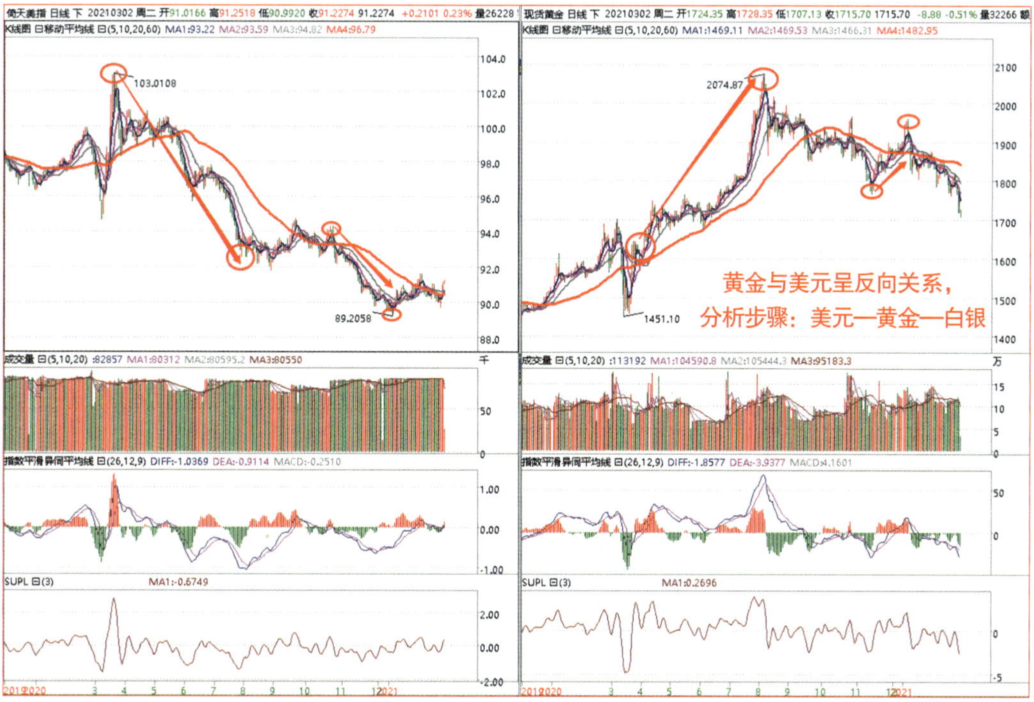

图2-96 金属战法组合（美元+伦敦金+沪金+沪银）

【图形特征】

从图2-96中的箭头和圆圈标记来看，黄金与美元呈反向关系。

【经验分享】

只需通过美元的60分钟以上的中大周期去分析，就可判断黄金白银未来的趋向。没必要实时盯着美元的小周期图去做黄金白银交易，这样会很被动，有时在美元的小周期图中两者可能不会完全同步反向。所以盯盘时只看大势，忽略小势。

另外，要注意美元议息会议和每月第一个周五晚上的“非农”数据，这会对美元和黄金有较大的影响。有关“非农”前后的操作技巧和数据解读，笔者在《现货白银做精实盘手法》中有详述，不过这本书已成为绝版，很难买到。如果有做外汇/黄金的读者需要学习这本书的知识，可以联系笔者。

由于国际黄金白银交易连续，期货交易不连续，所以频现跳空开盘走势。甚至还会出现国际盘有顺畅行情时，国内期货市场处于休市中的情况，当国内期货跳空开盘后又没有顺畅行情可交易了。所以沪金和沪银不适合短线交易，只适合做大波段或中线交易，避开跳空的影响。

【图形说明】

图2-97为日K线周期的“沪铜+沪铝+沪锌”组合战法案例图。

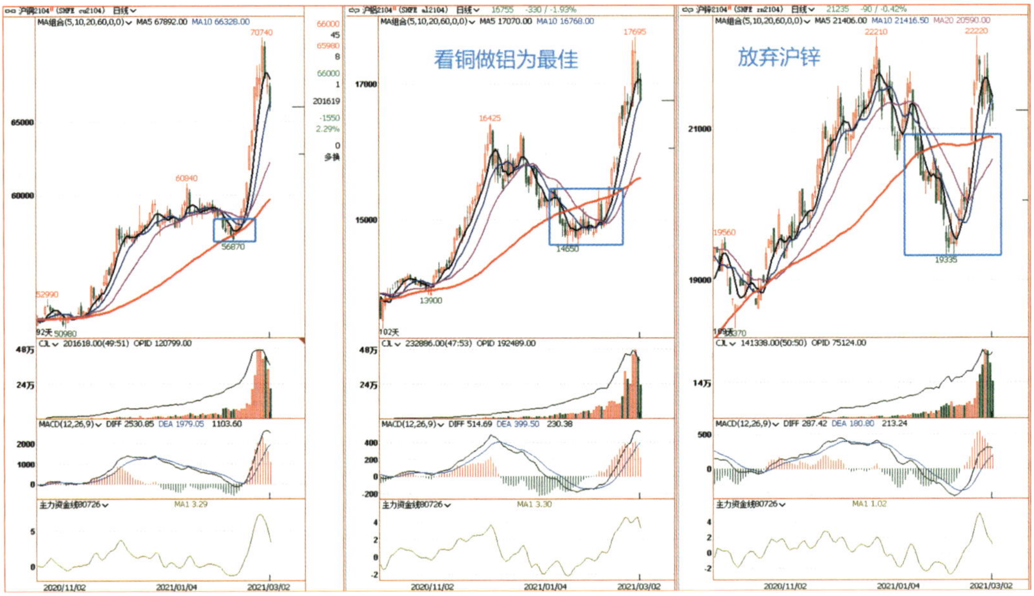

（a）沪铜日线　　（b）沪铝日线　　（c）沪锌日线

图2-97　金属战法组合（沪铜+沪铝+沪锌，日线图）

【图形特征】

同样的周期与同样的MA指标，通过对比，一眼就能看出同类品种中，哪个行情最顺畅，哪个最容易上手。

【经验分享】

在做分析时，可以去找一个参照物，作为风向标观测。例如，做沪铜就看黄金白银的大趋向，做沪铝就看沪铜的趋向。图中三者行情同向运行，为了更方便参照，建议“看铜做铝”。并且，铜一向较少出现震荡行情，波段性特征比较显著。所以，一旦铜反转信号出现、波段趋势形成时，完全可以通过“志尚四线理论”技巧去从头抓到尾。

【图形说明】

图2-98为日K线周期的“沪镍+沪锡+沪铅”组合战法案例图。

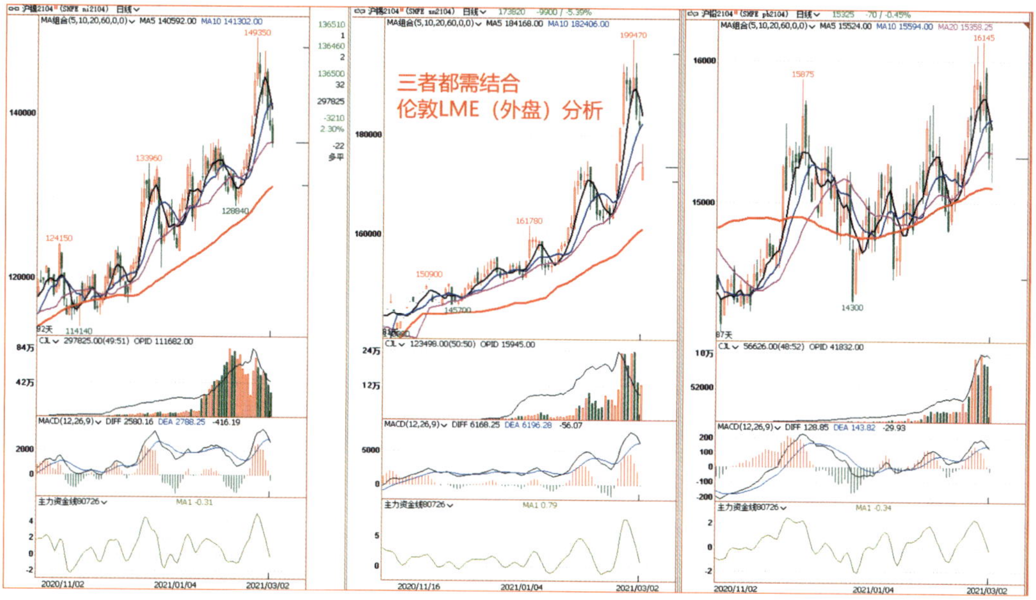

（a）沪镍日线　　（b）沪锡日线　　（c）沪铅日线

图2-98　金属战法组合（沪镍+沪锡+沪铅，日线图）

【图形特征】

对比三张图可以看出，沪锡的走势更为顺畅一些，但这三者都与国际盘相关品种有直接的联动关系。

【经验分享】

可先对比日线或周线等中大周期图，区分哪个品种走势最顺畅、哪个品种最有规律。然后观察挑选出来的品种小周期，去看哪个小周期更好把握，固定用这个周期做交易。另外，还需注意金属类品种的夜盘交易时间（收盘时间不一样）。

中信期货有限公司利用数学模型，研究了汇率波动对我国商品期货价格的具体影响。研究结果表明，主要商品期货的价格变动与汇率水平变化存在显著的负相关关系。具体来讲，若美元升值10%，将导致铜和大豆的价格下调大约2%，小麦价格下调2.3%，对铝价的影响最小，仅下调1.2%。

本节综述

金属类期货的涨跌趋势与经济周期有直接联系，也属于周期性的行业板块，并且周期性较长，一旦一轮周期形成就能持续延伸。所以，长期做金属类期货的投资者，一定要读懂宏观经济与经济周期，金融类期货更适合做中长线投资。对短线而言，可以忽略对基本面的解读。

第九节　能源化工战法

能源期货包括原油、燃料油、天然气、轻油、柴油、热油等，中下游化工衍生品期货包括沥青、天然橡胶、20号胶、塑料、短纤、尿素、纯碱、甲醇、PVC、EG、PP、EB、PTA等。它们之间的联动性及如何比较与搭配组合是本节要讲的重点。

一、供求关系

商品供求关系对期货商品价格有重要影响，在其他因素不变的情况下，任何供求关系的变化都可能影响商品价格。影响供给变化的因素有进口量、生产量、经营者库存和政府储备。影响需求变化的因素有出口量、国内消费情况、国际市场供求状况等。当供过于求时，期货的价格就会下跌；反之，期货的价格会上涨。

石油是许多化工产品的原料，也是运输业和许多生产过程中所需的主要燃料。世界经济发展水平的高低影响着产业结构的变化，产业结构的变化影响石油消费强度，进而影响石油消费水平。因此，石油消费量一般随经济发展而增加，石油需求与经济增长正相关。

二、价格形成机制

国际石油市场经过多年的发展，已经形成了比较完善的现货市场和期货市场体系。以三大期货市场（纽约商品交易所、伦敦国际石油交易所和东京工业品交易所）与五大现货市场（西北欧市场、地中海市场、加勒比海市场、新加坡市场、美国市场）为主的国际石油市场的格局决定了其定价机制，国际市场石油交易大多以各主要地区的基准油为定价参考，以基准油在交货或提单日前后某一段时间内现货市场或期货市场价格加上升水/贴水金额作为原油贸易的最终结算价格。

三、政治因素

期货市场对国际国内政治气候变化非常敏感，国际政治事件的爆发、商品协议的签订、国家政策等都会引起期货价格的波动，当这些现象出现时，会导致正常经济秩序的改变，甚至影响经济秩序的运行。各国政府制定的一些政策和措施也会对期货市场产生不同的影响。

由于世界石油地域分布不平衡，消费区域与资源区域严重错位。目前，沙特阿拉伯、伊朗、科威特等中东国家的石油储量占世界石油总储量的60%以上。从历史上的三次石油危机来看，中东地缘政治紧张是影响油价变化的因素之一。

四、金融货币因素

在经济发展过程中，各国通货膨胀、货币汇率和利率的波动已经成为经济生活中的普遍现象，给期货市场带来了越来越明显的影响。利率调整是政府收紧或扩大经济的宏观调控手段。汇率是本国货币与外国货币的比率。利率和汇率的变化将直接影响商品期货价格的变化。

国际石油期货已成为全球最大的商品期货品种。期货交易量和实际供应量与需求分离。世界石油市场从现货市场发展到期货市场，再到衍生品市场，以至最新的各种合约的交易市场，石油期货价格已成为现货价格的先导和参照标准，并将石油市场和金融市场连接在一起。国际市场原油以美元标价并以美元结算，美元作为国际油价的基价，其币值波动成为油价波动的重要因素之一。美元走势与油价存在明显的负相关关系。

五、经济周期

商品价格波动通常与经济波动周期密切相关，期货市场也不例外。由于期货市场是与国际市场紧密相连的开放市场，因此期货市场价格的波动不仅受国内经济波动周期的影响，也受世界经济波动的影响。一个国家的经济状况总会呈现出周期性，当经济处于上升或繁荣阶段时，就业率和生活水平会提高，消费需求和投资需求也会相应增加，从而导致商品价格上涨和通货膨胀率上升；当经济不景气时，社会生产也会下降，人们的需求也会下降，通货膨胀率也可能下降，期货的价格也会相应出现下跌。

由于国际经济发展水平不一致，加上石油作为不可再生资源的局限性，以及石油资源生产和消费的地域分布不平衡，石油资源已成为国际政治、经济的焦点因素，甚至是军事斗争的导火索。国家战略资源地位日益突出，同时，石油价格也受到供需、金融投机和结算货币价值等复杂因素的影响。

六、原油储备量

2003年，中国开始筹建石油储备基地。初步规划用15年时间分三期完成油库等硬件设施建设。2017年12月29日，国家统计局发布数据显示，至2017年年中，中国已建成舟山、舟山扩建、镇海、大连、黄岛、独山子、兰州、天津及黄岛国家石油储备洞库共九个国家石油储备基地，利用上述储备库及部分社会企业库容，储备原油3773万吨。①

2020年受到疫情冲击，国际油价处于历史低位，中国抓紧机遇进口了大量的原油，国家战略石油储备得到了迅速的提升。根据金联创计算，2020年中国原油的理论储备量为6290万吨。

七、交易量

目前中国原油期货交易量已跃居全球第三，从国际上看，中国原油期货市场有效性良好。中国作为全球最大的石油进口国之一，随着原油需求量对外依存度的不断提升，国内原油现货和期货市场的影响力都在不断加大，而国内期货市场包括期货的定价权也是在此基础上逐步建立起来的。国内原油市场夜盘较为活跃，日盘相对低迷，这也说明国内原油期货目前对于外盘的依赖依旧存在，但未来的提升空间是不可估量的。

如果国内原油期货日盘逐渐活跃，并且夜盘也能与外盘高度联动，这样就能形成一个完整的全球24小时交易体系，国内期货市场对于亚洲原油市场的定价也会起到很大的主导作用。

八、国内原油期货市场的特征

国内原油期货市场日盘不活跃、夜盘活跃，短线投机交易者比例明显偏高。合

① 《国际油价跌破25美元，中国做好抄底准备了吗？》，https://view.inews.qq.com/wxn/20200318A0TVUY00?tbkt=J&strategy=&openid=o04IBAB4uaSSk8GYClqg52uVeNMY&uid=&refer=wx_hot。

约交易量比较大，理论上表明这里存在更多机构投资者。当负面消息出现的时候，中国的原油期货与国外两个市场的关联程度就会下降。

【图形说明】

图2-99为日K线周期的“美油+中油+燃油”的组合战法案例图。

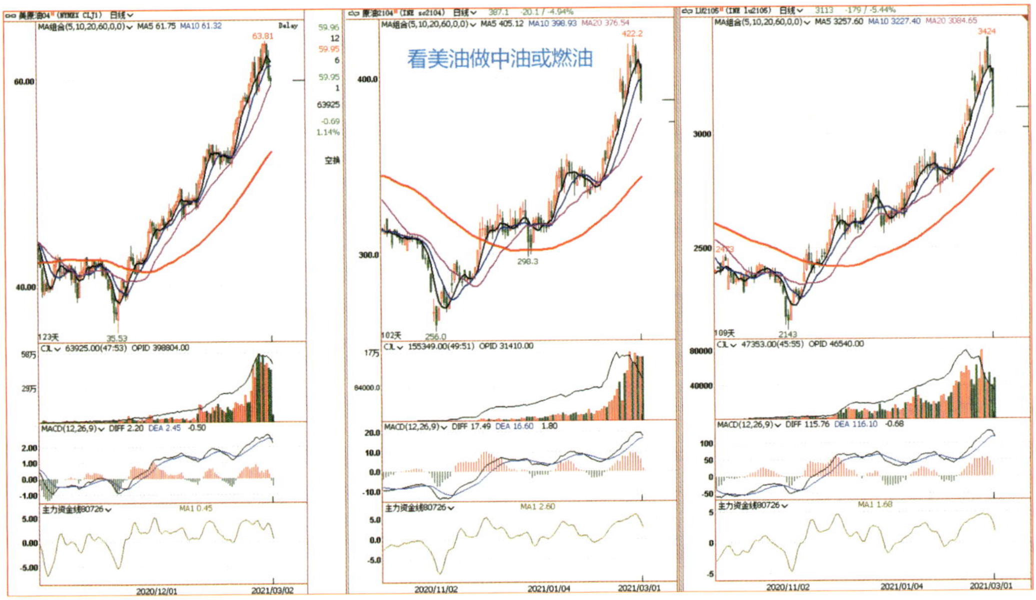

（a）美国原油期货日线　（b）国内原油期货日线　（c）国内燃油期货日线

图2-99　能源组合战法（美油+中油+燃油）

【经验分享】

如图2-99所示，多数人会选择国内燃油来交易，一是走势更顺畅，二是保证金比原油要低且零门槛。而原油期货门槛较高，在申请开通原油期货账户前，需要连续5个交易日账户不低于50万元，还要有10笔以上普通真实交易记录或者20笔以上的仿真交易记录，另外还需参加期货协会的考试且考试成绩需达到80分以上。

原油的价格走势一向趋于平稳，行情运行也比较有规律可循，属于国际成熟的大品种，并且衍生出来的期货品种也较多，所以原油的价格走势对期货市场有极大的影响。交易原油或燃油相比黄金而言，日常的跳空缺口会少一些，行情走势也比较有连贯性。

新加坡普式现货价格（MOPS）是新加坡燃料油的基准价格，也是我国进口燃料油的基准价格，所以MOPS及其贴水状况反映了进口燃料油的成本，对我国的燃料油价格影响更为直接。燃料油是原油的下游产品，原油价格的走势是影响燃料油供需状况的一个重要因素，因此燃料油的价格走势与原油存在着很强的相关性，相关度高达90%以上。

【图形说明】

图2-100为日K线周期的“美油+沥青+乙二醇（EG）”的组合战法案例图。

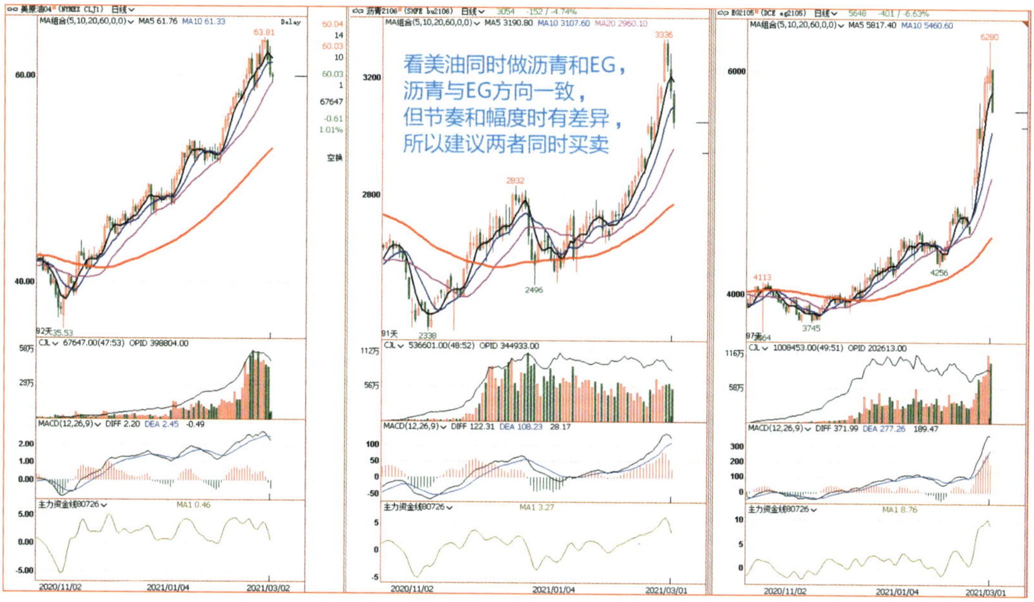

（a）美油日线　　（b）沥青日线　　（c）EG日线

图2-100　化工战法组合（美油+沥青+EG）

【图形特征】

论稳定性选沥青，论活跃度选EG，这两个品种的方向都与原油一致。不过EG与原油的相似度达90%，所以日常笔者更愿意选择EG交易。

【经验分享】

通过每周三原油的EIA原油库存数据和API数据预判方向后，可以对沥青和EG同时开仓，因为两者可以形成互补。例如，有时沥青波幅大或领先，有时EG波幅大或领先。另外，燃油价格与沥青价格有着密切相关性。

【图形说明】

图2-101为日K线周期“美油+PTA”的组合战法案例图。

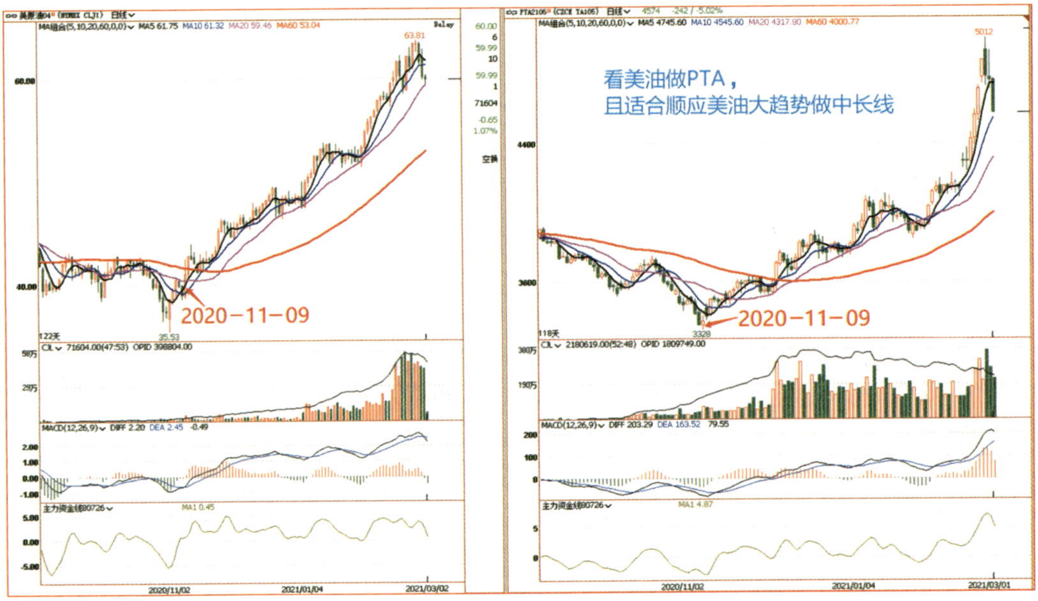

（a）美油日线　　　　（b）PTA日线

图2-101　化工战法组合（美油+PTA）

【图形特征】

PTA的原料源头为石油。PTA是比较温和的品种特征，适合顺应原油的大方向去做波段或中长线交易，从图2-101中日期标记处可以看出，PTA相对滞后一些，因此可将美油作为风向引导。

【经验分享】

PTA有一定的交易门槛，原油、铁矿石、棕榈和股指期货同样也是，新手投资者无法交易。具体开通规则请咨询开户的期货公司，符合条件后再办理开通。

PTA的主要用途是生产聚酯纤维（涤纶）、聚酯瓶片和聚酯薄膜，广泛用于化学纤维、轻工、电子、建筑等国民经济的各个方面，与人民生活水平、纺织品与服装需求量密切相关，进口依存度接近50%。

【图形说明】

图2-102为日K线周期“美油+郑醇+PP（聚丙烯）”的组合战法案例图。

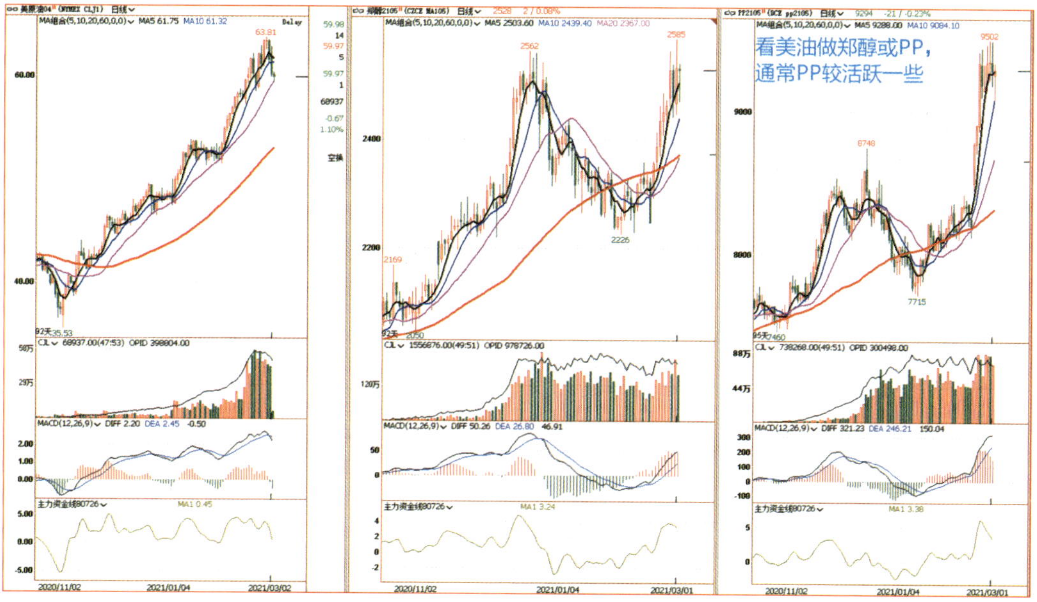

（a）美油日线　　（b）郑醇日线　　（c）PP日线

图2-102　化工战法组合（美油+郑醇+PP）

【图形特征】

郑醇有时也会走独立行情，但大方向还是与原油一致。从活跃度与稳定性来讲，建议选择PP交易。

【经验分享】

PP属于比较温和的品种，保证金也较低，适合新手投资者。2014年2月28日，PP期货合约在大连商品交易所低调上市交易，大连商品交易所开盘2个小时后，在中东地区的迪拜黄金和商品交易所，同一品种也开始挂牌交易。这在国内期货史上尚属首次，在推动国内期货市场对外开放和国际化新形势下，两个交易所的一致行动无疑在全球价格形成和市场国际化发展方面均具有积极意义。中国是聚丙烯最大的进口国和消费国，年600万吨左右的进口量中近一半来自中东，因此两个市场具有较强互补性。两个交易所选择同日上市聚丙烯期货，对于未来两个交易所间套利市场的形成及全球聚丙烯价格新体系建设将会产生积极的影响，也为国内期货市场国际合作和市场对外开放打下了基础。

【图形说明】

图2-103为日K线周期“玻璃+PVC+塑料”的组合战法案例图。

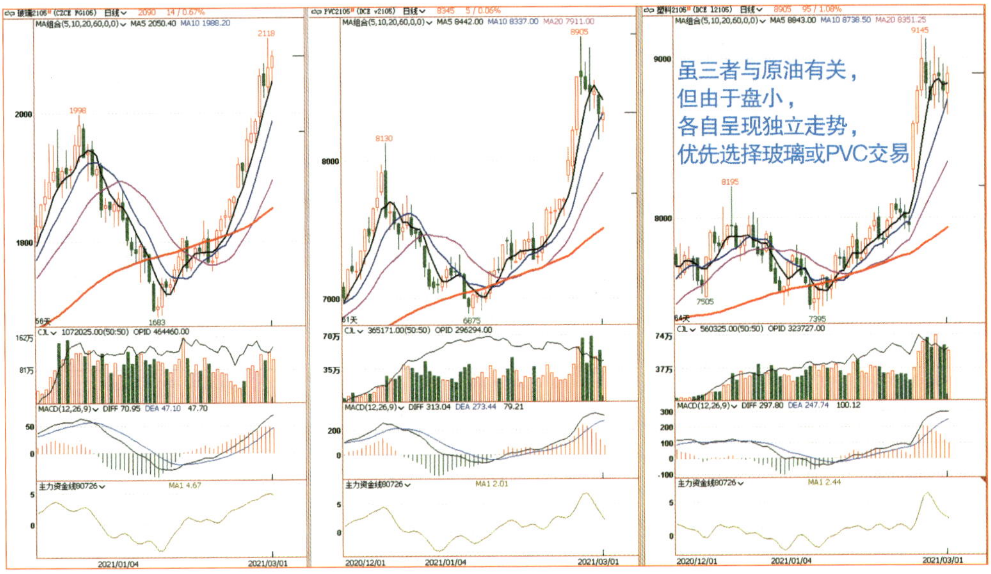

（a）玻璃日线　（b）PVC日线　（c）塑料日线

图2-103　化工战法组合（玻璃+PVC+塑料）

【图形特征】

虽然这三个品种都与原油有一定关系，但三者都有各自的独特规律。由于PVC和塑料的盘子较小，活跃度没有玻璃那么显著，所以建议选做玻璃。

【经验分享】

玻璃的原材料中含有纯碱，因此在做纯碱交易时可以参照玻璃行情。宏观经济的周期循环与玻璃价格的上涨和下跌有直接的联系。

上游需求：原料价格上涨，玻璃成本增加，效益下降；原料价格下跌，效益增加，使得价格有下探空间。纯碱、煤炭、重油、天然气、电等原料与燃料价格上涨以及人员工资等成本增加，导致玻璃企业生产成本不断增加，这也将影响玻璃的价格。

下游需求：玻璃及其加工制品广泛应用于建筑、交通运输、装饰装修、电子信息、太阳能利用及其他新兴工业，其中70%左右的浮法玻璃用于建筑和装饰领域，汽车及新能源领域中玻璃的应用也在逐渐扩大，因此下游房地产行业、汽车以及新能源行业的发展变化对玻璃需求影响较大。

本节综述

总而言之，能看懂美元和原油的大趋势，就能判断商品期货的大趋势，美元指数与期货呈反向关系，原油与期货呈正向关系。在看懂原油的大小趋势后，首先就该联想到选择燃油、沥青、EG、PTA和PP这些品种去交易，并且清楚哪个适合做短线，哪个适合做波段，哪个适合做中长线，每个品种的特征该怎么去做……

第十节　黑色系战法

黑色系商品包括螺纹钢、铁矿石、热轧卷板、不锈钢、线材、板材、硅铁、锰硅、焦煤、焦炭、动力煤等。

按品种分类，大宗工业品可以分为石化、有色金属、黑色系商品、软商品（棉花、橡胶）几大类。其中，多数商品定价权在海外市场，如原油、铜等便是国内相关品种定价的重要指引。相比之下，由钢材、煤炭构成的黑色系商品则属于国内定价，目前并无相对应的海外参考价格。

黑色系商品价格自主度高的特点，也为螺纹钢、板材、动力煤、焦煤等细分产品价格的运行赋予了极大弹性。每当行业供需关系发生改变，或是市场预期扭转时，这类商品价格涨跌幅度都会表现得十分突出。以钢铁为例，其下游就包括了建筑、汽车、造船、消防器材、机械设备和铸造等多个大型行业。

黑色系商品联动性较强，一旦有政策性的影响或在市场炒作带动的作用下，很容易出现全线涨停或跌停的特征，其中也包括焦煤、焦炭和玻璃在内。例如当国家提到大宗商品关键词时，就应留意对这些国内有自主定价权品种的影响。

【图形说明】

图2-104为日K线周期“铁矿石+螺纹钢+热轧卷板”的组合战法案例图。

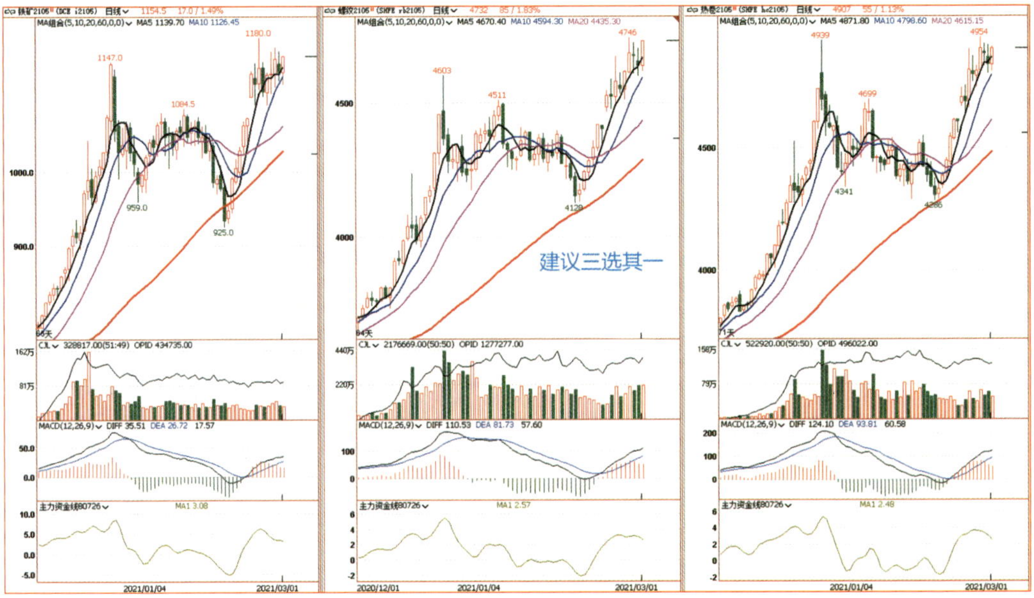

（a）铁矿石日线　　（b）螺纹钢日线　　（c）热轧卷板日线

图2-104　黑色战法组合（铁矿石+螺纹钢+热轧卷板）

【图形特征】

三者走势一致，铁矿石较为领先，其次就是螺纹钢与热轧卷板。从门槛、保证金和手续费的角度来考虑，建议选择热轧卷板交易，因为热轧卷板的保证金和手续费相对低许多。但螺纹钢的人气最高，因为很多大户投资者、老手投资者更热衷于交易铁矿石或螺纹钢，所以螺纹钢具有交易量大的优势。

【经验分享】

这三者都属于大品种，走势较为平稳；顺应政策和经济周期，一旦趋势形成易走大单边行情。所以，建议参照铁矿石或螺纹钢走势，去交易热轧卷板品种。

自螺纹钢和线材期货上市后，我国钢铁产品的金融属性初步显现。期货市场与现货市场的联系日趋紧密，价格相互影响。换言之，现货市场反映当前市场形势的变化，期货市场反映对未来的预期，并与现货市场相互制约。期货价格也成了钢厂定价的一个重要考量因素。从螺纹钢期货与现货市场价格走势看，期货价格与现货价格有着较强的相关性。

【图形说明】

图2-105为日K线周期“焦煤+焦炭+动力煤”的组合战法案例图。

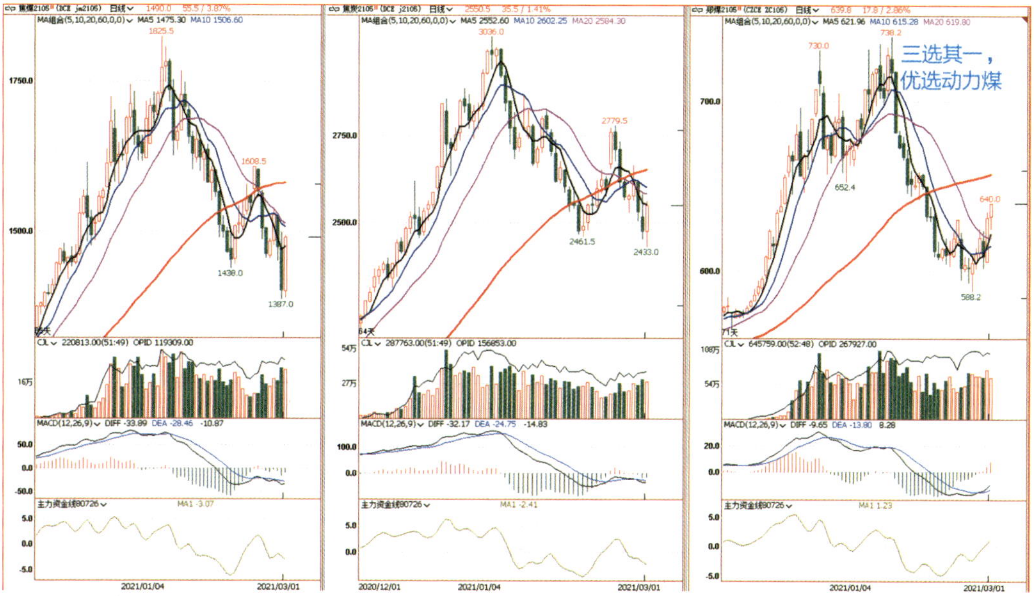

（a）焦煤日线　　（b）焦炭日线　　（c）动力煤日线

图2-105　黑色战法组合（焦煤+焦炭+动力煤）

【图形特征】

从保证金来讲，优选焦煤交易。从盘子大小来讲，动力煤盘子小一些、活跃一些。值得一提的是，三者关联性很高，只需三选一即可。

【经验分享】

焦煤适合短线技术爱好者交易。但是，如果手续费一再上调，就不建议交易了，因为本身手续费就都不低，若再上调对短线来说更不划算。

炼焦煤是焦炭生产的主要原材料，生产1吨焦炭约消耗1.3吨炼焦煤。焦炭和炼焦煤价格走势表明，炼焦煤价格对焦炭需求变化的反应具有一定的滞后性，往往是焦炭价格先涨，过一段时间后炼焦煤价格也上涨，而焦炭价格下跌后再过一段时间炼焦煤价格也相应下跌。

动力煤主要包括褐煤、长焰煤、不黏煤、贫煤、气煤以及少量的无烟煤。动力煤的用途主要表现在火力发电、居民供暖、工业锅炉等。动力煤和焦煤都是煤，只是煤种不同，用途也不同，一个用来燃烧产生动力，一个用来生产焦炭。所以焦煤和焦炭是上下游关系。

在行情分析方面，焦煤、焦炭可归类于钢铁行业，动力煤可归类于能源行业，动力煤的走势会独立一些。

从焦炭消费构成分析可知，钢铁工业是焦炭最主要的消费领域。因此，焦炭消费高度依赖于钢铁工业的运行，钢铁价格与焦炭价格高度相关。从焦炭与钢材的关系来看，钢材是焦炭主要的下游行业，钢材价格变动直接影响焦炭的价格走势。钢铁价格与焦炭价格周期波动存在不同步性，钢价对焦炭价格具有牵引作用，在钢价上涨阶段，钢铁业的景气足以承受较高的焦炭成本压力，焦炭价格表现为上涨；在钢价下跌阶段，钢铁业盈利能力弱化，钢厂可能采取限产、重新议定焦炭价格或延迟付款等措施，此时焦炭价格表现为追随钢价下跌。

【图形说明】

图2-106为日K线周期“硅铁+锰硅”的组合战法案例图。

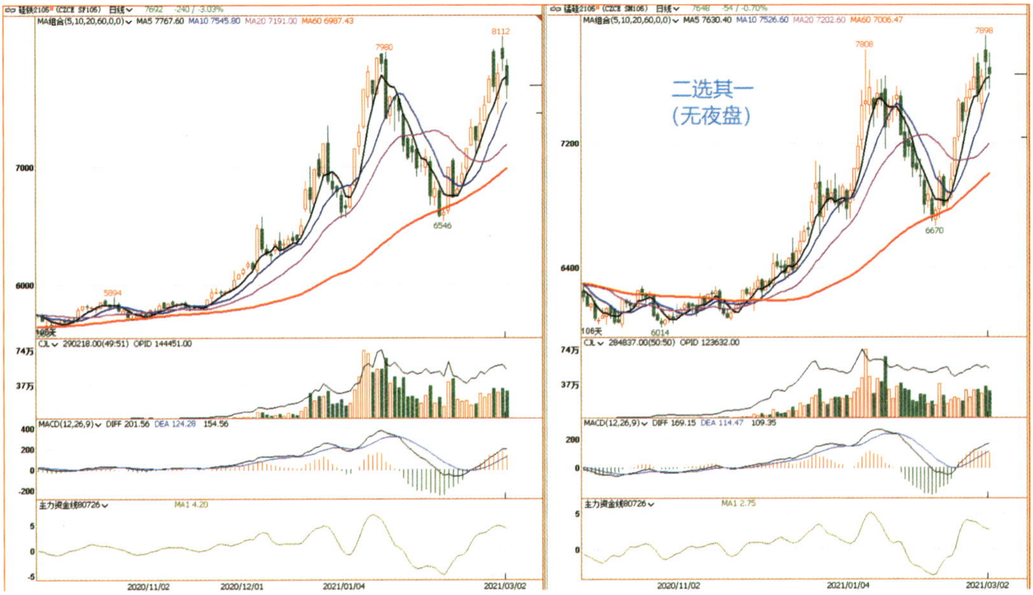

（a）硅铁日线　　（b）锰硅日线

图2-106　黑色战法（硅铁+锰硅）

【图形特征】

对于爱好黑色系商品的散户投资者来讲，这两者是很好的选择，因为保证金和手续费都较低，且没有夜盘。这两者都是比较温和的品种，适合新手投资者练手。

【经验分享】

影响硅铁期货合约价格变动的主要因素有以下几点：

（1）原材料的价格。硅铁是由硅、铁以及焦炭为原料经过加工合成的铁合金，其价格自然受硅、铁、焦炭等原料价格的影响。原材料价格上涨，合成硅铁的成本就会增加，那么硅铁的价格也会跟着上涨。

（2）硅铁产量。硅铁的生产量决定了市场上硅铁的供应量，从而影响硅铁的市场价格。

（3）进出口量。我国硅铁进出口量的多少，也会影响国内硅铁价格的高低。

（4）国家政策。国家出台的一系列相关政策也会影响硅铁的价格，如环保政策、硅铁进出口关税等。

影响锰硅期货合约价格变动的主要因素有以下几点：

（1）原材料的价格。锰硅是由锰、硅、铁等元素经过加工合成的铁合金，其价格会受锰、铁、硅等原料价格的影响。原材料价格上涨，合成锰硅的成本就会增加，那么锰硅的价格也会跟着上涨。

（2）锰硅产量。锰硅的生产量决定了供应量，从而影响锰硅的市场价格。

（3）进出口量。我国锰硅的进出口量，也会影响国内的锰硅价格。

（4）国家政策。国家出台的与锰硅相关联的政策，也会影响锰硅的价格。

本节综述

对于行业类的战法，笔者只解析了行业的性质、特征和如何选择品种，以及影响品种价格的因素。在实操的技术方面，还请结合前述的技术类战法。

第十一节 农产品战法

农产品与人们生活息息相关，农产品分为四大类（谷物、油脂油料、软商品、农副产品），其中油脂油料类品种几乎是同步涨跌，并且农产品指数也与油脂类指数几乎同步。

郑州商品交易所既是我国最早设立的期货交易所，也是农产品上市品种最丰富的市场之一。美国芝加哥期货交易所（CBOT）也是农产品期货的主要集中地。

农产品期货市场至少在三个层面发挥了作用：给农民提供了价格指导，给企业提供了风控工具，给政府提供了数据参考。

前文有讲到，工业品主要看市场经济与市场需求，农产品主要看市场的供应量大小、增产或降产（主要是自然气候影响产量高低）。除此之外，还需明白每个行业品种的定价权属于谁。

一、影响大豆价格变动因素

【图形说明】

图2–107为日K线周期“美豆+豆一”的组合战法案例图。

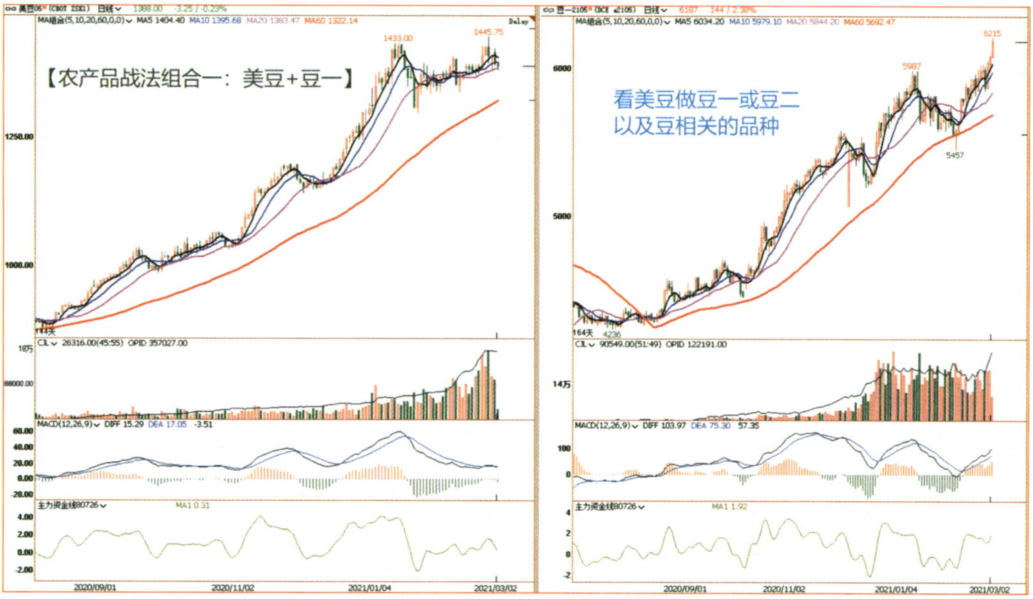

（a）美豆日线　　　　　　　　（b）豆一日线

图2-107　农产品组合战法（美豆+豆一）

【图形特征】

将CBOT的美大豆（美豆）与国内期货大豆一号（豆一）进行参照分析，可以发现豆一盘子较大、人气较高、走势平稳。

【经验分享】

由于美盘交易时间较长，国内交易时间较短且不连续，所以两者行情方向虽较为一致，但走势细节过程存在一些差异，同向相似度达80%。在实操中，仍然离不开对美豆的参考分析。

1. 大豆供应情况分析

（1）国际市场供应情况。

全球大豆以南北半球分为两个收获期，南美（巴西、阿根廷）大豆的收获期是每年的4—5月，而地处北半球的美国、中国的大豆收获期是9—10月。因此，每隔6个月，大豆都有集中供应。美国是全球大豆市场最大的供应国，其生产量的变化对世界大豆市场会产生较大影响。

（2）国内市场供应情况。

作为一种农产品，大豆的生产和供应具有很大的不确定性。首先，大豆种植、供应是季节性的。一般来说，在收获期，大豆的价格比较低。其次，大豆的种植面积每年都在变化，这也会对大豆市场价格产生影响。最后，大豆的生长期为4个月左右，种植期内气候因素、生长情况、收获进度都会影响大豆产量，进而影响大豆价格。

（3）进口量。

我国是国际大豆市场最大的进口国之一。因此，国际价格水平和进口量直接影响国内大豆价格。

2. 大豆需求情况分析

（1）国际市场需求情况。

大豆主要进口国是欧盟国家、日本、中国、东南亚国家。欧盟、日本的大豆进口量相对稳定，而中国及一些东南亚国家的大豆进口量变化较大。1997年，亚洲发生金融危机，东南亚国家的大豆进口量锐减，导致国际市场大豆价格下跌。

（2）国内市场需求情况。

大豆的食用消费量相对稳定，对价格的影响较弱。大豆压榨后，豆油、豆粕产品的市场需求变化不稳定，影响因素较多。大豆的压榨需求变化较大，对价格的影响也较大。

3. 相关商品价格的影响

作为食品，大豆的替代品有豌豆、绿豆、芸豆等；作为油籽，大豆的替代品有菜籽、棉籽、葵花籽、花生等。这些替代品的产量、价格及消费量的变化对大豆价格也有间接影响。例如当大豆价格持续高涨时，市场就会考虑寻找替代品，从而带动替代品的价格上涨。

大豆的价格与它的后续产品豆油、豆粕有直接的关系，这两种产品的需求量变化，将直接导致大豆价格的变化。

4. 与大豆相关的农业、贸易、食品政策

（1）农业政策的影响。

在国际上，大豆主产国农业政策对大豆期货价格影响很大。1996年，美国国会批准新的《1996年联邦农业完善与改革法》，使1997年美国农场主播种大豆的面积猛增10%，成为推动大豆价格大幅走低的因素之一。

国内农业政策的变化也会对大豆价格产生影响。2000年，国家鼓励农民多种大豆，东北地区的大豆种植面积增加，产量增加，导致大豆价格走低。

（2）贸易政策的影响。

贸易政策将直接影响商品的供应量，对商品的本来价格影响较大。在加入世界贸易组织（WTO）以后，我国大豆的进口关税降低到3%。同时，由于大豆进口配额无法实施，未来我国大豆的进口量将保持在较高水平。

（3）食品政策的影响。

20世纪90年代以来，欧洲国家要求美国出口欧盟的大豆分离出基因改良型大豆，并对基因改良型大豆贴上标签。这一食品政策实施，对世界大豆市场，特别是对转基因大豆产生了影响。

5. 大豆国际市场价格的影响

中国大豆的进出口量，在世界大豆贸易量中占有较大的比重，大豆国际市场价格与国内大豆价格之间相互影响。大连商品交易所大豆期货价格与芝加哥期货交易所大豆价格，其价格趋势相同，同时各自还具有自身的独立性。

二、影响豆油价格变动因素

【图形说明】

图2–108为日K线周期“豆油+棕油+郑油”的组合战法案例图。

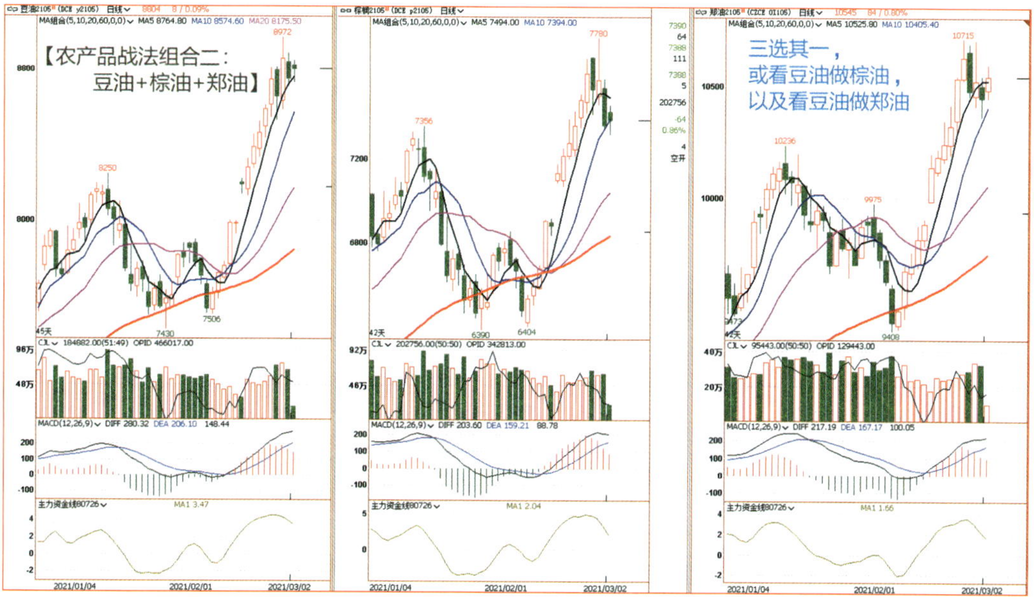

（a）豆油日线　　（b）棕油日线　　（c）郑油日线

图2–108　农产品战法组合（豆油+棕油+郑油）

【图形特征】

这三者都是密切相关的油脂类品种，行情价格走势豆油领先，其次就是郑油和棕榈油。豆油走势较稳，适合新手选择；郑油走势剧烈一些，适合老手选择。

【经验分享】

分析豆油就必须参照美豆油，或者看豆油做郑油。美豆油凌晨2：20收盘，早上8：00开盘，交易时间长、行情走势的浪形规律明显，参照分析并不难。在国内收盘前分析美豆油的趋势是否对自己持仓有利，在收盘后与下个时段开盘前观察美豆油的涨跌，这将决定国内期货农产品指数与油脂类品种开盘的缺口跳空方向。日盘时国内豆类涨跌将影响美盘豆类的涨跌，到了夜盘时美盘豆类又影响国内豆类，所以在日盘参照美盘的意义不大，毕竟美盘交易高峰是在欧盘和夜盘。

如何在开盘跳空时秒杀短线机会？举例：在国内夜盘开盘前5分钟，去看看美豆油在15：00—21：00这段时间的涨跌幅有多大。例如15：00美豆油的价格是60美元，21：00前是61美元左右，在国内休市时美豆油上涨了1美元左右。那么21：00开盘时农产品指数和油脂类都会大幅高开，此时可在开盘直接追多，在一分钟内利用超短线操作赚10~50点问题不大。美豆油是21：30继续开市，所以在21：30之前有持仓需注意开盘影响。在国内休市期间，如果美豆油的涨跌幅小于0.5美元，其影响有限；涨跌幅在1美元左右或1美元以上，其影响较大，在开盘时的超短线机会和空间也就较大。

长期做豆类品种交易的投资者，建议购买开通芝加哥期货交易所的实时行情数据。但要切记，在操作时不能太依赖于美盘行情，这样会很被动，我们只需参照美盘趋势后，再去把握国内品种的细节规律。

1. 豆油的供应情况

（1）大豆供应量。

豆油是大豆加工的下游产品，大豆供应量直接决定着豆油的供应量。正常情况下，大豆供应量的增加必然导致豆油供应量的增加。大豆的供应来源主要有两大部分：一部分是国产大豆，另一部分是进口大豆。

①国产大豆供应情况。

我国的东北及黄淮地区是大豆的主产区，收获季节一般在每年9—10月，收获后的几个月是大豆供应的集中期。近年来，我国大豆年产量维持在1600万吨左右，其中有接近半数的大豆用于压榨。

②国际市场供应情况。

我国是目前世界上最大的大豆进口国。近年来，我国每年从美国、巴西和阿根廷进口的大豆超过2000万吨。

（2）豆油产量。

豆油当期产量是一个变量，它受制于大豆供应量、大豆压榨收益、生产成本等因素。一般来讲，在其他因素不变的情况下，豆油的产量与价格之间存在明显的反向关系。豆油产量增加，价格相对较低；豆油产量减少，价格相对较高。

（3）豆油进出口量。

随着中国经济的快速发展，人们生活水平的不断提高，豆油的消费量逐年增加，其进口数量也逐年增多，豆油进口量的变化对国内豆油价格的影响在不断增强。2006年以后，随着进口豆油配额的取消，国内外豆油市场将融为一体，豆油进口数量对国内豆油价格的影响将进一步增强。

（4）豆油库存量。

豆油库存量是构成其供给量的重要部分，库存量体现着供应量的紧张程度。在多数情况下，库存短缺则价格上涨，库存充裕则价格下降。由于豆油具有不易长期保存的特点，一旦豆油库存增加，豆油价格往往会走低。

2. 豆油的消费情况

（1）国内需求状况。

我国是一个豆油消费大国。近年来，国内豆油消费高速增长，保持了12%以上的年增长速度。

（2）餐饮行业景气状况。

目前，我国植物油生产和消费量位居全球前列。近年来，随着城镇居民生活水平的提高，在外就餐的人数不断增加，餐饮行业的景气状况对豆油需求的影响非常明显。

3. 相关商品、替代商品的价格

（1）大豆价格。

大豆价格的高低直接影响豆油的生产成本。近年来，我国许多大型压榨企业选择进口大豆作为加工原料，使得进口大豆的压榨量远远超过国产大豆的压榨量，从而使豆油价格越来越多地受到进口大豆价格的影响。

大豆压榨效益是决定豆油供应量的重要因素之一。如果大豆加工厂的压榨效益一直低迷，那么，一些厂家将会停产，从而减少豆油的市场供应量。

（2）豆油与豆粕的比价关系。

豆油是大豆的下游产品，豆油价格与豆粕价格存在着密切的联系。根据笔者多年的经验，多数情况下，在豆粕价格高涨的时候，豆油价格会出现下跌；在豆粕出现滞销的时候，大豆加工厂会降低开工率，豆油产量就会减少，豆油价格往往会上涨。

（3）豆油替代品的价格。

豆油价格与大豆和豆粕的价格具有高度相关性，菜籽油、棕榈油、花生油、棉籽油等豆油替代品对豆油价格也有一定的影响。如果豆油价格过高，精炼油厂或者用油企业往往会使用其他植物油替代，从而导致豆油需求量降低，促使豆油价格回落。

4. 农业、贸易和食品政策的影响

（1）农业政策。

国家的农业政策往往会影响农民对种植品种的选择。近年来，国家通过调整相关产业政策引导农民增加大豆播种面积，从而直接增加了国产大豆产量。2018年6月以后，我国实行了新的植物油标准，提高了对植物油的产品质量和卫生安全要求。这些政策对豆油价格产生了一定的影响。

（2）进出口贸易政策。

从历年的情况看，国家进出口贸易政策的改变对我国豆油进出口总量有着较大的影响。例如：1994年国家税务总局对进口豆油关税税率进行调整，关税税率从20%调至13%，同时花生油、棕榈油等其他植物油的关税税率也进行不同程度下调，导致了豆油等植物油进口量大增，豆油的供应量快速增加。

（3）食品政策。

近几年，随着禽流感、疯牛病及口蹄疫的相继发生以及考虑到转基因食品对人体健康的影响，越来越多的国家实施了新的食品政策。这些新的食品政策通过对食品、餐饮行业的影响进而影响了豆油的消费需求。

三、影响豆粕价格变动因素

【图形说明】

图2-109为日K线周期“豆粕+菜粕”的组合战法案例图。

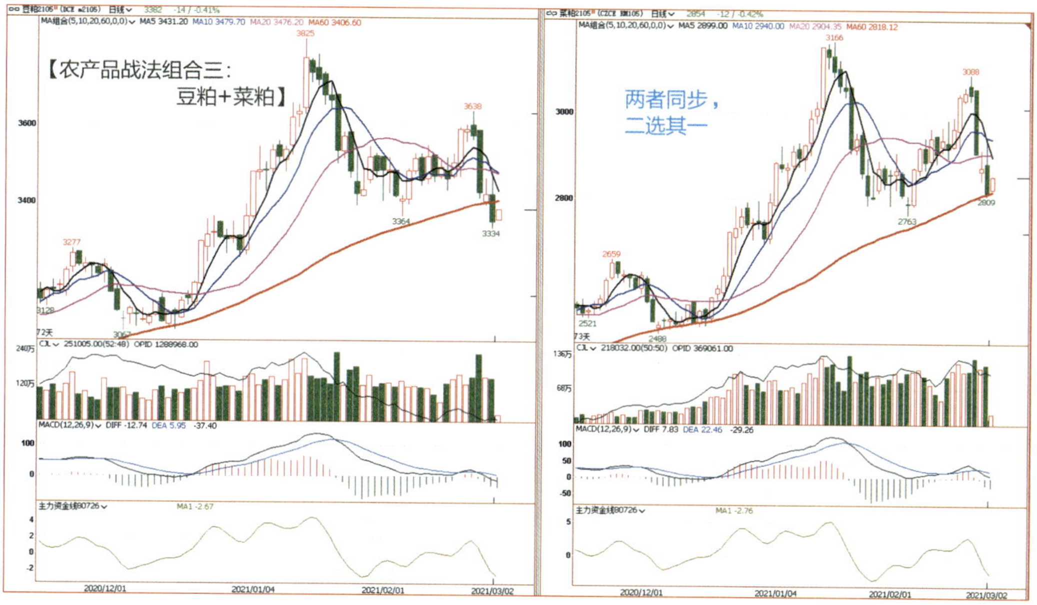

（a）豆粕日线　　（b）菜粕日线

图2-109　农产品战法组合（豆粕+菜粕）

【图形特征】

豆粕和菜粕俗称“双粕”，行情走势接近同向，但各自的用途却不一样。豆粕主要用于养殖猪、牛、鸡等，菜粕主要用于养鱼，二者本质上会有所区别，但都属于小盘品种，人气不高。

【经验分享】

笔者不建议做“双粕”，要做就只选其中一种做。在农产品中笔者更偏好于豆油、郑油以及白糖，主要原因是这几个品种的行情比较有规律。做豆粕参考美豆粕的意义不大，而是要看美豆。有时“双粕”走势并不完全一致。论涨跌，豆粕的波动幅度在80%的时间里都比豆一要大。

1. 豆粕供给因素分析

影响豆粕供给量的主要因素有以下三个：

（1）前期库存量。它是构成总产量的重要部分，前期库存量体现了供应量的大小，供应短缺则价格上涨，供应充裕则价格下降。

（2）当期生产量。豆粕当期产量是一个变量，它受制于大豆供应量、大豆压榨收益、生产成本等因素。

（3）豆粕的进口量。我国加入WTO后，豆粕市场的国际化程度越来越高，近几年我国已经成为豆粕主要进口国，国际市场对国内豆粕市场的影响也越来越大。因此，应尽可能及时了解国际市场，了解国际价格水平、进口政策和进口量的变化。美国是主要的豆粕出口国，每周四美国农业部发布出口销售报告，其中就有美国豆粕出口数据，包括美国对中国的出口数据，有比较重要的参考价值。

在分析豆粕供求情况时，要特别注意的是，豆粕储存时间较短。在南方，豆粕的储存时间一般为3～4个月，而在北方可储存8个月左右，因此豆粕在现货市场上周转很快，贸易商都希望能在短期内完成交易。一旦储存时间过长，豆粕质量发生劣化，厂家只能降价销售。豆粕储存时间短的特点，决定了一旦出现集中供货的情况，豆粕的区域性价格就会立即下跌。例如，进口豆粕集中到货，会影响进口口岸周边地区的供求关系，导致豆粕价格下跌。豆粕储存时间短，一方面促进了豆粕的市场流动，另一方面造成豆粕价格波动频繁。

此外，影响豆粕供给的其他因素还有国内大豆加工能力、替代品的相对生产成本等。

2. 豆粕需求因素分析

豆粕需求通常受国内消费量、出口量、期末商品结存量及其他因素的影响。

（1）国内消费量并不是一个固定不变的常数，而是受多种因素的影响而变化。影响豆粕国内消费量的主要因素有：国内饲料工业发展情况，消费者购买力的变化，人口增长及结构的变化，政府鼓励饲料工业发展的政策等。

（2）出口量。在产量一定的情况下，出口量的增加会减少国内市场的供应；反之，出口量减少会增加国内供应量。

（3）期末商品结存量。如果当年年底存货增加，则表示当年商品供应量大于需求量，期货价格就可能会下跌；反之，期货价格会上升。由于豆粕的存储时间较短，期末结存量数据对豆粕价格影响较小。

（4）影响豆粕需求的其他因素：①国际市场的供求变化，特别是东亚、东南亚国家的需求变化。亚洲国家的消费者食用禽肉、猪肉较多，养殖业、饲料业比较发达，对豆粕的需求量较大。亚洲国家的经济景气状况对豆粕的需求有较大的影响，经济不景气，亚洲地区的进口量就少；经济复苏、增长，豆粕进口量就会增加。②消费者的购买力。③消费者偏好。④替代品的供求状况。⑤人口变动情况。⑥商品结构变化。⑦其他非价格因素。

3. 豆粕与大豆、豆油的价格关系

豆粕是大豆的副产品，豆粕的价格与大豆的价格有密切的关系，每年大豆的产量都会影响豆粕的价格，大豆丰收则豆粕价跌，大豆歉收则豆粕涨价。同时，豆油价格与豆粕价格之间也存在相互关联。豆油价好，豆粕价格就会下跌；豆油滞销，豆粕产量就将减少，豆粕价格将上涨。大豆压榨效益是决定豆粕供应量的重要因素之一，如果油脂厂的压榨效益一直低迷，那么一些厂家会停产，减少豆粕的市场供应量。

4. 猪肉与豆粕的价格关系

（1）猪肉价格过低→猪肉供应过剩→养猪过多→豆粕需求增加→豆粕价格上涨。

（2）猪肉价格过低→猪肉供应过剩→杀的猪多了、剩的猪和新养的猪少了→豆粕需求减少→豆粕价格下跌。

国内的豆粕属于卖方市场，定价权掌握在国内几家大的油厂手中，主要有中粮、中纺、益海、九三等几家企业。饲料企业通常是价格的被动接受者，议价能力较弱。

5. 豆粕价格变化的季节性因素

通常每年11月大豆收获后的几个月是豆粕的生产旺季，4—8月是豆粕的生产淡季，而豆粕的需求一般从3月开始到10月逐步转旺，在此期间，豆粕的价格波动会很大。豆粕价格还随豆粕主产区的收购量、库存量变化而波动。

6. 国际市场价格的影响

近几年，豆粕进出口贸易非常活跃，进口豆粕占国内消费量的比例越来越大，国际市场豆粕价格（特别是CBOT豆粕期货合约交易价格）已直接影响到国内市场。目前饲料用豆粕的质量标准执行《饲料原料　豆粕》（GB/T 19541—2017）。进口豆粕的品质均一性好，进口豆粕按国标定级后，一般除粗纤维指标只能符合国标三级标准外，其他指标都能达到国标二级以上要求。由于运输时间长，进口豆粕的新鲜度一般会比国产豆粕差，赖氨酸等指标比国产豆粕稍低一些。因此，在现货贸易中，进口豆粕的价格比国产豆粕要低大约100元/吨。由于进口豆粕到货量大且比较集中（一般每船3万~5万吨），所以，每次货船进港都会造成短暂的供大于求的局面，当地豆粕价格也会随之下跌。

7. 相关的农业、贸易政策

国家的农业政策往往会影响农民播种的选择。如近几年国家通过调整相关产业政策引导农民加大对大豆的播种，从而直接增加了国产大豆产量；又如国家鼓励饲料行业及养殖业的发展直接扩大了对豆粕的需求等。

从历年的情况来看，国家进出口政策的变化对我国豆粕进出口总量有着较大的影响。如2002年国家税务总局对豆粕出口关税进行调整，使得国内豆粕在国际市场的竞争力增强，对促进我国豆粕的出口产生了非常明显的影响。

四、影响玉米价格变动因素

【图形说明】

图2–110为日K线周期“美玉米+国内玉米+淀粉”的组合战法案例图。

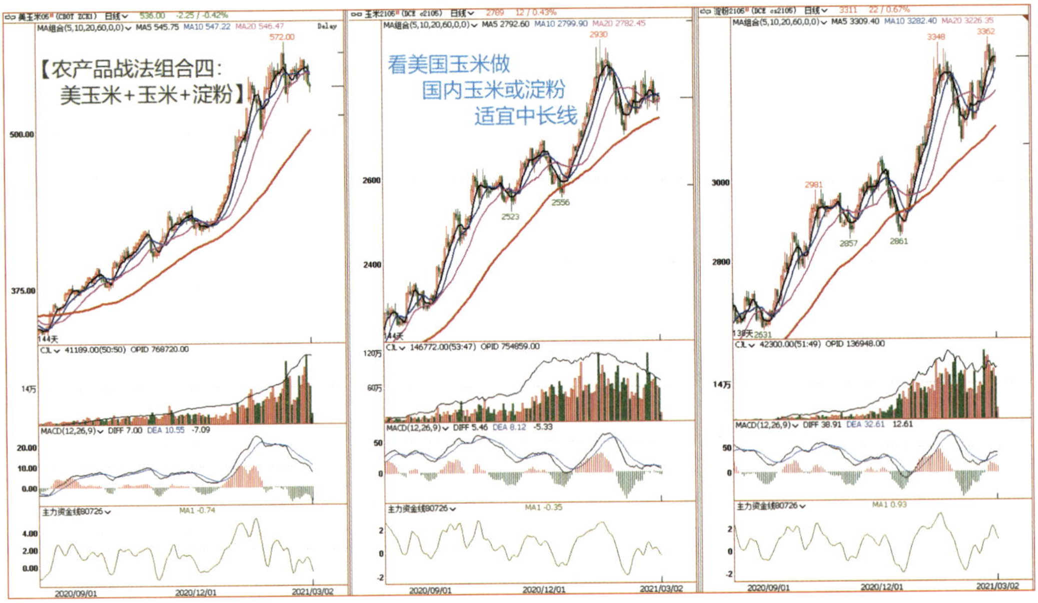

（a）美玉米日线　　（b）玉米日线　　（c）淀粉日线

图2–110　农产品战法组合（美玉米+国内玉米+淀粉）

【图形特征】

玉米与淀粉的相似度达90%，玉米的定价权在美国，所以需参照美玉米的走势分析。两者都属于中盘品种，人气不高、保证金低、波幅较慢，适合新手投资者练手。

【经验分享】

玉米与豆粕是重要的饲料原料，其中玉米在配合饲料中所占比重为60%左右，其价格波动对饲料企业影响很大。另外，由于淀粉中包含玉米淀粉，所以淀粉与玉米走势很密切。2004年9月22日玉米期货品种在大连商品交易所上市，这是自1998年中国期货市场清理整顿以来，玉米期货的再次推出。玉米期货是国内现货市场规模最大的农产品期货品种。

1. 玉米的供求情况

（1）玉米的供给。

从历年来的生产情况看，国际玉米市场中，美国的产量占到了40%以上，中国的产量占到了近20%，南美洲的产量占到了大约10%，这几个地区已成为世界玉米的主产区，其产量和供应量对国际市场的影响较大，特别是美国的玉米产量成为影响国际供给的最为重要的因素。其他各个国家和地区的产量比重都较低，对国际市场的影响很小。

相对于大豆等农产品，我国的玉米生产具有相对独立性，每年进口量较低，出口量相对稳定，每年的国内产量成为影响国内供给的主要因素。一般而言，国内玉米在10月底开始陆续上市，这时正是玉米现货价格走低的时候，到次年5—6月玉米供给量开始走向紧缺，价格开始走高，到7—8月价格达到顶峰。

（2）玉米的需求。

美国和中国既是玉米的主产国，也是主要消费国，对玉米消费较多的还有欧盟、日本、巴西、墨西哥等国家和地区，这些地方消费需求的变化对玉米价格的影响较大，特别是近年来，各主要消费国玉米深加工工业迅速发展，大大推动了玉米的消费需求的增加。

从国内情况来看，玉米消费主要来自饲料和加工业，由于受国际市场和疫情的影响，历年来畜牧业一直处于波动中，直接影响了畜牧业对饲料的需求，进而影响了行业对玉米的需求，从而影响了玉米的价格走势。近年来玉米深加工的发展使玉米需求增加，供给趋紧，成为其价格上涨的直接推动力。

（3）玉米库存的影响。

在一定时期内，一种商品库存量直接反映了该商品供求情况的变化，是商品供求状况的内在体现。因此，研究玉米库存量变化有助于了解玉米价格的运行趋势。一般地，在库存量增加的时候，玉米价格走低；在库存量减少的时候，玉米价格走高，结转库存水平和玉米价格存在负相关关系。

（4）相关商品的价格。

与玉米关系最密切的粮食品种包括饲料小麦和饲料稻谷。历年的价格表明，上述粮食品种在消费过程中具有一定的替代作用。例如饲料小麦和饲料玉米的正常价格关系约为0.9∶1，如果两者价格关系超过这一水平且幅度较大，则会使两种商品在使用上出现替代情况。因此，饲料小麦和饲料稻谷的价格成为影响玉米价格走势非常重要的因素。

此外，由于玉米现阶段主要用于饲料生产，因此同样用于饲料生产的豆粕价格的变动也会在很大程度上影响玉米的价格。尽管两者间不能相互替代，但是在目前国内豆粕供给充裕的情况下，豆粕价格的涨跌常常是市场饲料产量和需求量增减的直观反映，因此玉米价格也会受到饲料需求量变动的影响。

2. 天气的影响

玉米作为农产品，无论现货价格还是期货价格都会受到天气因素的影响。在播种和生长期，天气情况的改善会使玉米产量由减产转为增产，并导致供求心理预期的变化，玉米价格随之产生下跌压力。反之，玉米价格会因为长期干旱或其他不利天气因素而诱发供给紧张预期，并产生推动价格上涨的动力。

由于美国是全球最大的玉米生产国和出口国，因此，不仅我国天气的变化会对我国玉米期货价格的变化产生影响，美国的天气变化情况也会对我国玉米价格产生较大的影响，其他玉米主产国如南美洲，天气的变化也会对我国玉米价格产生一定的影响。由于美国和中国处于同一纬度，两国玉米的种植与生长周期基本相同，每年4—9月是对两国玉米播种面积和天气（主要反映作物的生育状况）炒作的时候，10月至次年3月的南美洲玉米产区天气情况就成为期货市场关注的要素之一。一般情况下，玉米价格在收割期供应量达到最高时开始下跌，在春天和初夏供应紧缺及新作产量不确定时达到高点。夏天的中期到晚期时，新作产量情况会逐渐明朗，但也是产量最受天气影响的时期。至收割期前玉米价格会下跌，因此，应该重点关注这种情况。玉米价格对天气变化的反应程度最终取决于市场总体的供需情况。

3. 经济周期

世界经济是在繁荣与衰退的周期性交替中不断发展的，经济周期是现代经济社会中不可避免的，是现代经济的基本特征之一。在经济周期中，经济活动的波动几乎发生在所有的经济部门。因此，经济周期是总体经济而非局部经济的波动。衡量总体经济状况的基本指标是国民收入，经济周期也就表现为国民收入的波动，并由此引发了产量、就业、物价水平、利率等的波动。经济周期在经济的运行中周而复始地出现，一般由复苏、繁荣、衰退和萧条四个阶段构成。受此影响，玉米的价格也就会出现相应的波动。从宏观面进行分析，经济周期是非常重要的影响因素之一。

4. 货币的汇率

无论以人民币还是以美元作为玉米价值的货币进行衡量，货币实际币值的波动必然会对玉米的现货价格产生影响，同样也会对期货价格产生影响。由于金融资产与商品期货之间有着一定的联动性，所以总的来说，当货币贬值时，玉米期货价格会上涨；当货币升值时，玉米期货价格会下跌。因此，货币汇率是除了供给量、需求量、经济周期等影响玉米期货价格的主要因素之外的另一个重要的影响因素。从2002年以来美国CBOT玉米等商品期货品种走势与美元走势的关系可以看出，美元贬值是推动商品期货价格上涨的主要因素之一。

【图形说明】

图2-111为日K线周期"苹果+红枣+棉花"的组合战法案例图。

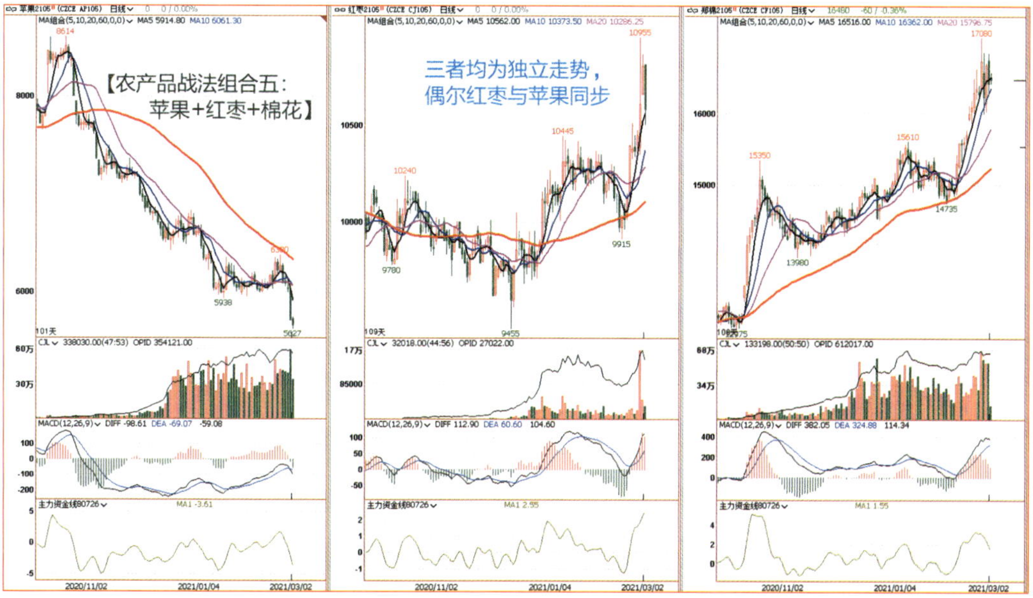

（a）苹果日线　　（b）红枣日线　　（c）棉花日线

图2-111　农产品组合战法（苹果+红枣+棉花）

【图形特征】

三者都是走独立行情，特别是棉花走势更为独立，苹果与红枣偶尔还能走同向行情。在操作方面可以参照美棉走势做国内的棉花。苹果与红枣没有夜盘交易，与外盘也没有关联性，所以价格主要受国内供需与气候的影响而变化。

【经验分享】

从图中走势来看，苹果与棉花的走势稍顺畅一些。

五、影响苹果价格变动因素

苹果期货是全国推出的首个鲜果类期货品种，苹果期货市场的价格给现货市场的价格提供了参考。

就商品期货的基本面而言，分析内容主要涵盖供给、需求、生产成本、国家政策；单就农产品来讲，还需考虑到天气和季节性的问题；就能源方面而言，还需考虑到政治问题。此处着重讲述苹果价格的影响因素。

1. 供给

供给端由当年鲜果产量和冷库存量组成。一般来说，供给量和价格呈负相关关系。

2. 需求

需求端受人均收入、消费者数量和消费偏好影响。首先，人口数量增加带来潜在消费者数量增加，苹果消费需求增加；随着人均收入提高，人们的消费能力提升，苹果及其深加工产品的消费需求增加，促使苹果价格上升；但当人均收入达到一定水平时，苹果在消费构成中的地位发生了转变，变成了普通必需品，之后苹果消费需求基本保持稳定或小幅增长。

此外，苹果生产周期长，加上存在库存，总供给不太可能在1~2年内急剧增加或减少。也就是说，供给端对需求量变动的反应存在滞后性，供给弹性较小，在价格变化上体现为短时间内不会出现大幅变动，但一定时间段内有惯性波动。

3. 生产成本

苹果的主要成本包括种植成本和冷藏存储费用，其中种植成本又包括人工成本、化肥农药费用、果袋费用、机械折旧等，而且这些成本近年来呈上升趋势。成本上升，售价反而一直下跌，这种情况下很容易出现“丰产却不丰收”的状况，极大地打击苹果生产积极性，导致未来供给逐渐下滑，直至价格再次上涨。

4. 天气状况

商品期货市场有句话叫作“工业品看需求，农产品看供给”，而天气作为影响农产品供应量的主要因素，历来是预测农产品价格走势的一大参照指标，不可控的天气因素对苹果的产量影响很大。

苹果的生产主要受温度和光照两个因素影响，若当年温度适宜，光照充足，那么不仅产量会增加，苹果品质也能得到提升。若天气条件恶劣，遇上自然灾害如霜冻、干旱等情况，苹果产量很可能会直线下降，虽供给不足会使市价提升，但提升的价格往往无法弥补减产给果农带来的巨大经济损失，还会打击果农来年的种植积极性。

5. 季节性特征

我国苹果主要为晚熟品种，因而苹果主要在秋季集中上市，苹果消费也主要集中在秋季和冬季。由于早熟苹果严重短缺，加之苹果贮存并不便利，因此春夏季节苹果供给量比较短缺，是苹果消费的淡季。

6. 国家政策

国家政策对苹果价格的影响体现在两方面。一方面是经济整体状况下的国家政策。当经济发展形势较好时，宏观政策较宽松，苹果市场的生产积极性相对较高，苹果价格随通胀有一定增长；若经济低迷，采取紧缩宏观政策，苹果价格也会相应下降。另一方面则是农业政策的变化，例如针对果农的补贴和减免税收等政策。一般有利的农业政策出台会增强果农生产苹果的积极性，果农加大投产力度，供给量相应增加，虽价格会下跌，但因为存在补贴和减免，仍能在一定程度上保障果农利益。

除此之外，苹果及深加工产品的进出口量变动、提升生产效率与品质的新技术的出现，以及以线上“速递”“直播带货”为代表的供给模式去除了地域带来的限制，这些也是影响苹果价格变动的因素。

六、影响红枣价格变动因素

影响红枣价格的因素分多方面，主要为供给因素、需求因素以及其他因素。其中，供给因素包括生产成本、价格预期、产量、农业科学技术。需求因素包括消费者购买力、替代品、加工需求、季节因素。其他因素包括流通成本、宏观经济形势、投机行为、产业政策等。红枣的产量直接决定红枣的供给量并影响其价格，产量越高，供给量越多，价格越低；相反，如果产量越低，供给量越少，价格则越高。消费者购买力一般以收入来衡量，即消费者的收入越高，其购买力也越强。

世界上90%以上的红枣都由我国供应，我国是世界上主要的红枣生产国和出口国。影响红枣供给的因素主要为成本因素，成本因素包括生产成本、加工成本、储存成本和运输成本。

红枣具有耐储藏性质，可以被囤积，不过政府没有相应的收储计划，并且市场规模较小，通过相对较少的资金就能够实现对整个市场的控制，因此比较容易被投机者控制。投机者能够在较短的时间内将红枣价格推升到一个相当高的水平。这种由投机者所抬高的价格由于没有基本价值和基本面信息的支撑，只是暂时的，难以为继。一旦投机者撤出，价格将不可避免地出现暴跌。

七、影响棉花价格变动因素

1. 供给因素

（1）前期库存量。它是构成总供给量的重要部分，前期库存量体现了前期供应量的紧张程度，供应短缺价格上涨，供应充裕价格下降。

（2）当期生产量。在充分研究棉花的播种面积、气候状况和生长条件、生产成本以及国家的农业政策等因素的变动情况后，我们对当期生产量会有一个较合理的预测。

（3）进口量。实际进口量往往会因政治或经济因素而发生变化。因此，应尽可能及时了解和掌握国际形势、价格水平、进口政策和进口量的变化。

另外，影响供给的一般因素还有生产能力、生产商的总数、替代品的相对生产成本、社会风俗习惯、国家宏观政策等。

2. 需求因素

（1）国内消费量。国内消费量并不是一个固定不变的常数，受多种因素的影响而变化。主要有消费者购买力的变化、人口总量及结构的变化、政府收入与就业政策等。

（2）出口量。在产量一定的情况下，出口量的增加会减少国内市场的供应量；反之，出口减少会增加国内市场供应量。

（3）期末结存量。这是分析棉花价格变化趋势最重要的数据之一。如果当年年底存货增加，则表示当年供应量大于需求量，价格就可能会下跌；反之，则上升。

影响需求的因素还有消费者的购买力、消费者偏好、替代品的供求情况及价格、人口变动、商品结构变化、其他非价格因素等。

当然影响棉花价格的因素还有很多，如经济波动周期、金融货币因素（利率、汇率）、政治因素、政策因素、自然因素、心理因素等，但这些因素最终都是通过供求情况影响价格的。

八、影响食糖价格变动因素

【图形说明】

图2–112为日K线周期“欧白糖+中白糖”的组合战法案例图。

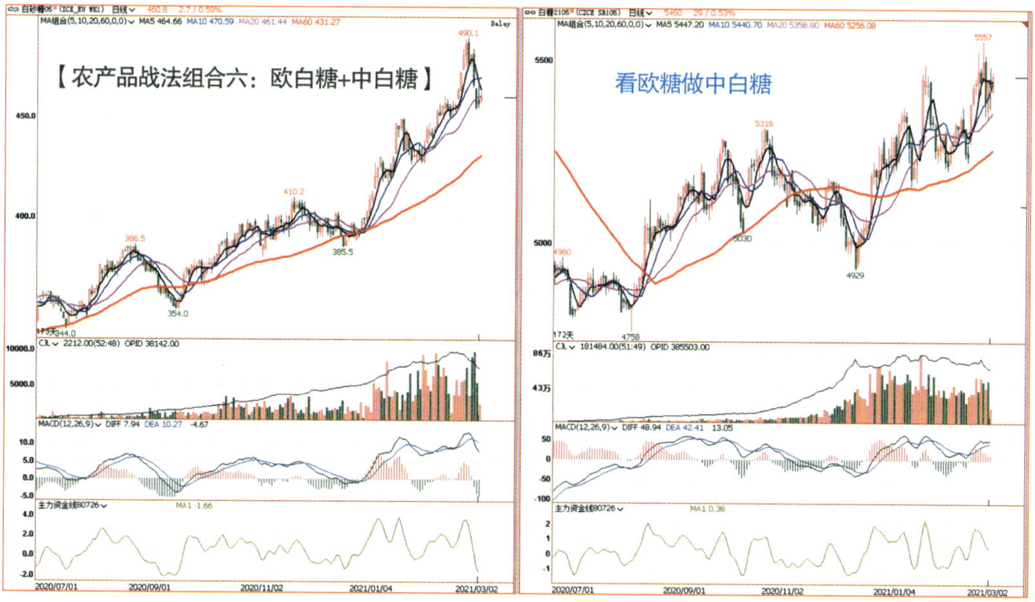

（a）欧白糖日线　　（b）中白糖日线

图2–112　农产品组合战法（欧白糖+中白糖）

【图形特征】

中国是世界上重要的产糖国之一，但由于交易时段的关系，投资仍然可以参照欧白糖的走势。

【经验分享】

食糖适合做波段或中线交易，有时会受农产品指数的影响，有时又能走独立行情。所以笔者建议，要么选择参照性很强的品种，要么选择能走独立行情的品种。

1. 食糖现货市场供求关系

一般来说，对于供给而言，商品供给的增加会引起价格的下跌，供给的减少会引起价格的上涨；对于需求而言，商品需求的增加将导致价格的上涨，需求的减少导致价格的下跌。食糖的供求也遵循同样的规律。

（1）食糖的供给。

世界食糖年产量超过1000万吨的国家和地区包括巴西、印度、中国、欧盟等，其中巴西年产量超过2000万吨。巴西、泰国、欧盟是世界食糖主要出口国家和地区，其产量和供应量对国际市场的影响较大。特别是巴西，作为世界食糖市场最具影响力和竞争力的产糖国，其每年的糖产量、货币汇率及其政府的糖业政策直接影响国际食糖市场价格的变化走向。中国是世界上重要的产糖国之一，近年来食糖产量维持在1000万吨左右。

（2）食糖的需求。

世界食糖年消费量约1.24亿吨，消费量较大的国家和地区包括印度、欧盟、中国、巴西等。从近几年消费情况来看，印度食糖年消费量维持在1900万吨左右，欧盟食糖年消费量维持在1500万吨左右，中国食糖年消费量增长至1100万吨左右，巴西食糖年消费量在950万吨左右。

（3）食糖进出口。

食糖进出口对市场的影响很大。食糖进口会增加国内供给量，食糖出口会导致国内需求总量增加。对食糖市场而言，要重点关注主要出口国和主要进口国的有关情况。世界食糖贸易量每年约为3700万吨，以原糖为主。主要出口国和地区为巴西、欧盟、泰国、澳大利亚、古巴等。主要进口国和地区为俄罗斯、美国、印度尼西亚、欧盟、日本等。主要进口国（地区）的消费量和进口量相对比较稳定，而主要出口国（地区）的生产量和出口量变化较大，出口国（地区）出口量的变化对世界食糖市场的影响比进口国（地区）进口量的变化对世界食糖市场的影响大。

我国食糖处于供求基本平衡的状态，略有缺口，进口食糖以原糖为主。

（4）食糖库存。

在一定时期内，一种商品库存量的高低直接反映了该商品供求情况的变化，是商品供求状况的内在反映。因此，了解食糖库存变化有助于了解食糖价格的运行趋势。一般地，在库存量增加的时候，供给宽松；在库存量减少的时候，供给紧张。结转库存量和食糖价格常常呈现负相关关系。

就我国来讲，国家收储、工业临时收储以及糖商的周转库存在全国范围内形成了一个能影响市场糖价的库存体量。在糖价过高（过低）时，国家通过抛售（收储）国储糖来调节市场糖价。预估当年及下一年的库存和国家对食糖的收储与抛售对于正确估测食糖价格具有重要意义。

2. 气候与天气

食糖作为农副产品，无论现货价格还是期货价格都会受到气候与天气因素的影响。甘蔗在生长期具有喜高温、光照强、需水量大、吸肥多等特点，因此，对构成气候资源的热、光、水等条件有着特殊的依赖性。干旱、洪涝、大风、冰雹、低温霜冻等天气对生长期中的甘蔗具有灾害性的影响，而且这种影响一旦形成便是长期的。如1999年底在我国甘蔗主产区发生的霜冻，不仅导致1999—2000年制糖期白糖减产200多万吨，还因霜冻使宿根蔗的发芽率降低，2000—2001年制糖期的食糖再次减产，致使供求关系发生变化，糖价从1900元/吨上升为4000元/吨左右。

除关注我国的气候和天气外，还应关注食糖主要出口国的气候和天气变化。比如巴西气候受海洋气候影响，全球气候异常对巴西的影响较大，而甘蔗产量与气候变化息息相关，2000年巴西旱灾，其食糖产量亦大幅减少200万吨左右。

3. 季节性

食糖是季产年销的大宗商品，在销售上就有其固有的、内在的规律。在我国，每年的10月至次年的4月为甘蔗集中压榨时期，由于白糖集中上市，短期内白糖供给十分充足；随着时间的推移和持续不断的消费，白糖库存量也越来越少，而价格也往往随之变化，具有季节性特征。

4. 政策因素

国际食糖组织的有关政策、欧盟国家对食糖生产者的补贴、美国政府的生产支持政策等，对全世界食糖供给量均有重要影响。各国食糖进出口政策和关税政策也是不容忽视的因素。如美国实行食糖的配额制度管理，按照配额从指定国家进口食糖，进口价格一般高于国际市场价格。美国不出口原糖，但大量出口由原糖精炼而成的食用糖浆。因此，产糖国若向美国出口，必须首先获得美国的进口配额。巴西、古巴、独联体成员国用控制种植面积的方法，有计划地控制产糖量。印度、菲律宾、泰国政府则依据国内市场情况控制出口数量，随时调整有关政策。由于政府的干预，国内和国际糖价既有一定的联动性，又经常背离。

我国已经全面放开了食糖市场，但食糖一直是受国家宏观调控管理的重要商品之一。国家采取以下措施进行宏观调控：一是产区政府实行甘蔗收购价与食糖销售价挂钩；二是建立中央和地方两级食糖储备；三是出台食糖指导价和自律价；四是食糖进口由国家发改委统筹安排。目前与糖业管理有关的主要政府部门及组织有国家发改委、商务部、农业农村部及中国糖业协会。

5. 替代品

甜味剂是食糖的主要替代品，主要包括淀粉糖、糖精和甜蜜素。它的使用减少了食糖的正常市场份额，对糖的供给、价格有一定的影响。

6. 节假日

在一年中，春节和中秋节是我国白砂糖消耗最大的节假日。两个节假日前一月由于食品行业的大量用糖，糖的消费进入高峰期，这个时期的糖价往往比较高。两个节假日之后的一段时期，由于白砂糖消费量的降低，糖价往往会回落。8—9月也是用糖高峰期，月饼、蜜饯、饮料、饼干的生产都需要糖，会拉动、刺激食糖消费。

7. 国际期货市场的联动性

随着国际一体化进程的发展，世界上主要食糖期货市场价格的相互影响也日益增强。中国是世界上主要的食糖生产、消费和进口国之一，国内食糖现货价格同国际食糖现货价格相关性很强，国内食糖期货价格同国际食糖期货价格在变动趋势上具有一定的趋同性。

8. 国际、国内经济形势

世界经济景气与否是决定商品期货价格的重要因素之一。当经济景气时，生产扩张，贸易活跃，从而引起商品需求的增加，推动期货价格的上涨；反之则降低。

国内经济形势的变化，特别是国民经济主要指标的变化，将直接影响农产品期货价格的变化。当国内消费指数偏高时，投资者要考虑未来走势；当国家宏观经济政策宽松时，社会发展稳定，资金供应量较为宽松，经济发展速度加快，投入期货市场的资金也增多，反之则减少。

9. 经济周期

经济周期是市场经济的基本特征，一般由复苏、繁荣、衰退和萧条四个阶段组成。在经济周期中，经济波动几乎发生在所有的经济部门。受此影响，白糖的价格也会出现相应的波动。从宏观层面进行分析，经济周期是期货价格非常重要的影响因素之一。

10. 其他因素

一些突发事件如禽流感、“非典”等对食糖的价格会产生一定的影响；利率、汇率、通货膨胀率、消费习惯、运输成本及其难易程度等因素的变化也会对食糖价格产生一定的影响；市场投机力量的变化及心理因素也常常会影响食糖价格的走势。

九、影响生猪价格变动因素

【图形说明】

图2-113为日K线周期“美猪+国内生猪”的组合战法案例图。

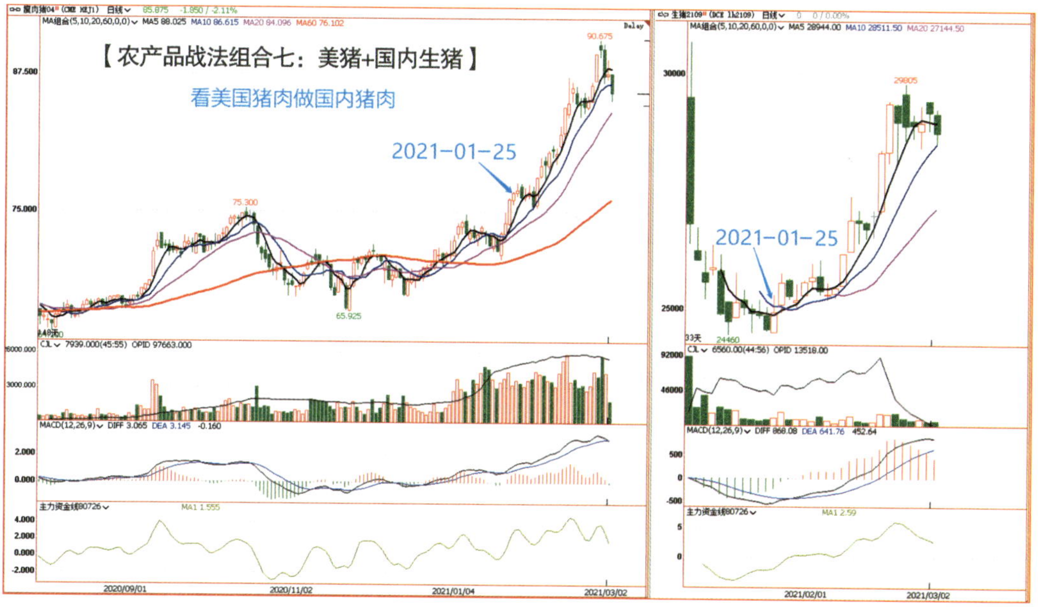

（a）美猪日线　　　　（b）国内生猪日线

图2-113　农产品战法组合（美猪+国内生猪）

【图形特征】

两者的同向相似度为50%左右，参照依赖性不大，以横向震荡行情为主，不适合做中长线交易。

【经验分享】

2018年底，非洲猪瘟的暴发将生猪价格推向高峰，但生猪自2021年1月8日在大连商品交易所上市后，价格从4月一直单边下跌至年底。由于涉及民生问题，生猪价格必受国家管控，终会将价格管控在一定范围内维稳。从美猪的历年行情走势中可以看出，大部分时间都是走横向震荡行情。即使因猪瘟影响供应关系，价格走出大幅单边上涨行情，一年半载后也会跌回原形。

猪肉在中国的食用肉类结构中占比最高。由于需求偏刚性，是消费者物价指数的重要构成部分，所以猪价的剧烈波动对人们的生活成本有较大影响，研究生猪价格的波动规律很有意义。

生猪作为一种商品，其价格波动和其他商品一样主要受生猪的供需因素影响。生猪的供给分为国外供给（猪肉的进口部分，占比很小）和国内供给，国内供给的影响因素包括生猪存栏量、生猪养殖成本和利润、进口肉数量、国储肉投放量、生猪疫病等。生猪的需求分为国外需求和国内需求，国外需求也就是出口的一部分，目前其占比很小。我国生猪需求主要还是以国内需求为主，国内生猪需求的影响因素有：人均可支配收入、消费习惯、人口总量、季节性因素等。

1. 生猪供给的影响因素

（1）存栏量。

由于猪的生长繁殖有一定的周期性，所以影响未来生猪供给的就是当下不同年龄段的生猪存栏量。生猪市场供给量短期看出栏量，中期看仔猪的补栏量，长期看能繁母猪的存栏量。

短期市场生猪供应主要受到目前生猪的出栏量以及出栏体重两方面影响，供应量是两者的乘积。从生猪的生长周期看，能繁母猪一般需要经历4个月的妊娠期才产下小猪，在仔猪哺乳1个月后，便可断奶向市场提供仔猪。由于仔猪需要再经历4~5个月的育肥后才能达到105~115千克的出栏标准，成为市场的生猪供应量，所以仔猪的补栏量可以影响未来4~5个月的生猪供应。因此，根据繁母猪存栏可很好地预测未来9~10个月的市场商品猪的供应情况。

值得一提的是，生猪出栏期可能随价格预期的走势而变化。正常商品代育肥猪以105~115千克作为标猪出栏标准，但受养殖企业对猪价的预期以及饲料成本的影响，养殖单位可选择压栏，即增加出栏体重，如2016年夏季猪价达到周期高位，养殖户预期价格继续上涨，有惜售心理将生猪养成“牛猪”。另外，如果预计近期生猪价格会下跌，养殖户会提前出栏生猪（90千克<出栏体重<105千克），如2018年底非洲猪瘟疫暴发，养殖户想尽快出栏脱手，导致猪价大跌。

（2）养殖成本和利润。

由于猪的生长期较长，在生猪的养殖成本中，饲料成本占到了总成本的60%，另外，仔猪成本占总成本的30%。猪饲料主要由玉米和豆粕组成，玉米主要提供能量，用量占比60%~65%；豆粕主要提供优质蛋白，用量占比20%。两者价格对生猪养殖成本有较大影响，也正是因为这些因素，生猪产业可以看成玉米、豆二的下游产业，其价格在整个养殖产业链中具有传导作用，玉米和大豆价格的变化直接影响了生猪的养殖成本。

决定养殖企业生产经营决策的还有养殖利润这一关键指标，生猪价格和养殖成本都会影响养殖利润，需要综合考虑。当养殖利润增加时，养殖企业在高利润的刺激下会增加仔猪的补栏量，同时可能会偏向压栏出售生猪。当养殖利润下降，甚至出现亏损时，养殖企业会偏向尽快出栏生猪，对于仔猪的补栏也会偏向谨慎，这样会减少5个月后的市场生猪供给量。

（3）进口肉。

虽然我国上市的猪肉绝大部分是国内养殖，进口部分占比小，但作为分析框架的一部分，进口肉也是需要了解的一部分。2019年开始由于非洲猪瘟疫的影响，国内猪肉供需缺口较大，猪价高企，进口猪肉有利可图，猪肉的进口量也屡创新高。海关数据显示，2020年1—10月我国累计进口猪肉362万吨，较2019年数据翻倍。不过由于新冠肺炎疫情的影响，国内进口冻肉也出现问题，进口猪肉的检测成本提高，港口滞留时间也延长。

（4）国储肉投放。

由于猪肉是国民重要的食用肉类来源，和国家石油储备、粮食储备一样，为了能在特殊时期保障市场供给和平抑市场猪肉价格的大幅波动，国家也有一套猪肉的储备系统。储备肉的投放和收储政策也对市场价格产生影响，特别是当猪价处于极端高价或低价时。国储肉虽然投放量小，但政策导向作用明显。根据华商储备商品管理中心公告，2020年10月之前，每周投放一次国储肉，后来在猪价出现明显回落后停止投放，进入11月猪价反弹明显，国家再次启动国储肉投放，于2020年12月17日、24日、30日三次共投放储备冻猪肉7万吨。

（5）生猪疫病。

突发性的疫病是养殖业面临的最大风险，一旦发现染上疫病的生猪，可能整个养殖场的生猪都会被扑杀灭活。疫病的发生不仅影响目前生猪的出栏量，还会影响养殖户的补栏热情，从而影响未来的生猪供给量。如2018年底暴发的非洲猪瘟疫，暴发初期非洲猪瘟疫快速蔓延，养殖户出于恐慌心理加快出栏速度，猪肉价格大跌。同时，由于生猪养殖风险高、白条肉价格低迷，规模较小的养殖企业和养殖户仔猪补栏意愿不够，这也导致了2019年开启的猪肉价格大牛市。

2. 生猪需求的影响因素

国民的人均可支配收入、消费习惯和人口总量共同决定了猪肉的总消费量。中国人获取蛋白质的主要来源是大豆制品、蛋类和肉类，由于肉类价格最贵，所以往往只有在居民的人均收入增加时，居民肉类摄入量才会增加。

中国居民的消费习惯决定了猪肉在居民肉类食物摄入中的占比占绝对高位，不仅远远高于牛羊肉的食用量，也高于禽类、水产类等大类肉食的数量。不过，随着居民消费水平的不断提高，猪肉消费占比有下滑趋势，人们不再限于过去只吃猪肉、禽肉、鱼类的饮食习惯，开始尝试更多肉类来源，如进口海鲜和牛肉等。这部分肉类虽然量小，但是消费占比上升较快。

如果说人均可支配收入和社会消费习惯共同决定了猪肉的人均消费量，那么人口总量的变化则直接影响猪肉消费总量的变化。目前中国人口结构逐步进入老龄化，虽然生育政策放开，但这也无法改变未来人口出生率逐渐走低、社会人口总量逐步下滑的局面，人口总量是长期影响需求的因素，在短中期是相对稳定的。

由于生猪总需求量=（人均可支配收入的影响+消费习惯的影响）×总人口数，可以看出每年国人对生猪的总需求量是比较稳定的。当然可能会因为国民收入水平越来越高而增加消费，但这个过程较为缓慢，并且受到消费习惯和人口总量的制约，因此猪肉全年的总消费量相对稳定。

虽然每年猪肉的消费量变化不大，但受天气与节假日的影响，猪肉需求的季节性特点十分明显，猪价也因此有明显的季节性波动特点。生猪的养殖受季节性影响很弱，和农产品生长周期不同，生猪养殖具有持续性，所以应主要关注季节性变化对生猪需求的影响，生猪价格的季节性变化也主要由需求的变化引起。

由于中国南方有腌腊肉、北方有做灌肠的习俗，所以每年猪肉需求的高峰开始于12月，早于其他农副产品的备货时间，年后需求又逐渐回落。除了春节备货，猪肉需求的次高峰是有中秋和国庆假期的9月、10月，由于夏季的炎热慢慢退去，人们饮食中肉类的比重又开始增加。通常一年之中需求最少的是3月、4月，春节后猪价回落，第二季度达到低点。

根据猪肉需求的波动，总结历年来猪价的季节性波动规律：春节后下跌，清明节见底，劳动节后上涨，中秋节年度最高，之后下降到春节前夕再度上涨。

3. 生猪与饲料原料的价格关系

（1）如果玉米、豆粕价格处在高位，增加生猪养殖的成本，生猪价格会随之上涨，市场对猪肉的需求就会减少，猪肉的替代品（牛、羊肉等）的消费需求会增加。

（2）如果生猪价格在高位，豆粕价格一般也在高位。因为如果生猪价格在高位，一般意味着生猪供给不足，饲养主如果随之大量补栏的话，会刺激玉米、豆粕的需求上升，价格也会上升。

（3）如果生猪价格在低位，豆粕仍然有很大可能会是高价位。因为生猪价低迷，大部分时候意味着生猪供给较多，豆粕的需求量比较大，促进豆粕的消费，由于豆粕是豆油的副产品，豆油的库存也会增加，可能会导致豆油的价格下跌，间接增加生产豆粕的成本，进一步推高豆粕的价格。

（4）如果生猪价格在低位，且引起恐慌心理，大家在市场上抛售生猪的话，会导致生猪存栏量的减少，抑制玉米、豆粕的需求。

十、影响鸡蛋价格变动因素

【图形说明】

图2–114为日K线周期“鸡蛋+花生”的组合战法案例图。

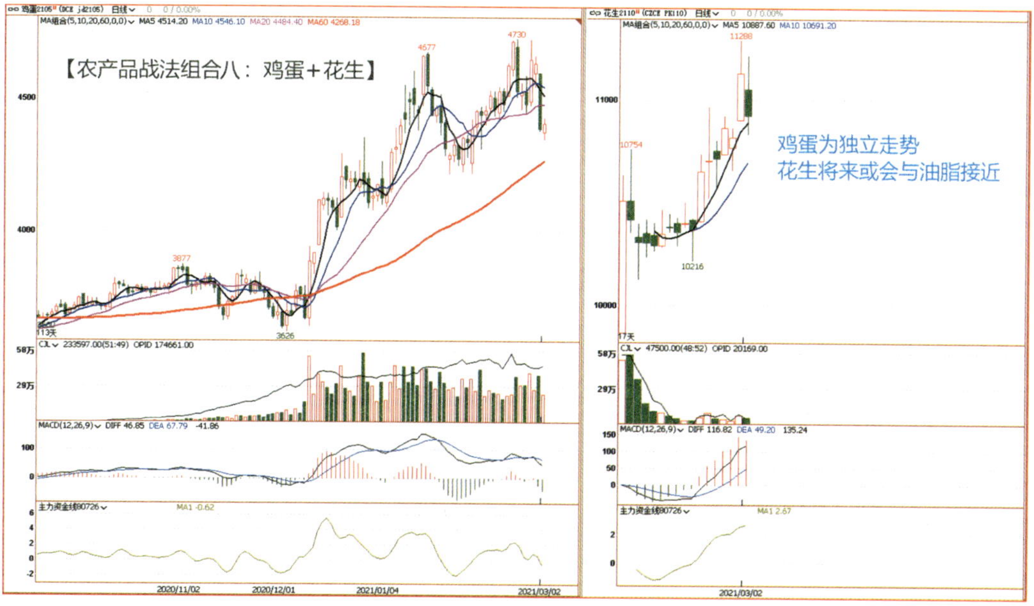

（a）鸡蛋日线　　（b）花生日线

图2–114　农产品战法组合（鸡蛋+花生）

【图形特征】

鸡蛋与花生都没有夜盘交易，鸡蛋经常在盘中或开盘出现跳空现象，花生属于新上市的小盘品种，并且不活跃。

【经验分享】

鸡蛋只适合做右侧顺势行情，不建议在左侧潜伏埋单，因为随时可能在不经意间就突变中长K线。鸡蛋更适合做小周期图形，在突变行情后顺势短线参与，或者顺应“节假日规律”做波段机会。

1. 政策

每一项商品的价格都会受到国家政策的影响，小到鸡蛋，大到房子，都不例外。鸡蛋属于农产品，有关它的政策一般涉及农产品收储、农产品进出口等。

2. 供给

任何商品的价格都受到供给因素的影响，供给多则价格下跌，供给少则价格上涨。而在蛋鸡养殖行业，养殖户对于供给的情况是基本可以把握的。当发现养殖户都在疯狂补栏的时候，就要想到，将来价格下跌是肯定的。

3. 需求

如果消费者对鸡蛋的消费需求减少了，那么鸡蛋销量肯定下降，价格也会随之下降。

4. 成本

鸡蛋价格最本质上是由成本决定的，所以鸡蛋的实际销售价格只会在成本价上下浮动，不可能高出太多，不然会有大量补栏加大供给把价格拉下去；也不可能低出很多，因为价格太低的话养殖户会减少养殖量，供给少了，价格自然又会涨上去。

5. 节日

鸡蛋价格短期看节假日需求，中期看蛋鸡存栏量，长期看养殖利润、禽流感疫情大小。鸡蛋在每年至少会存在一波小牛市和一波小熊市，基本特征是中秋节之前上涨，中秋节之后下降；春节之前上涨，春节之后下降。

本节综述

工业品经济周期性特征较明显，农产品气候季节性特征较明显。大资金或中长线爱好者主选工业品，小资金或波段爱好者主选农产品。农产品多为中小盘品种，易受主力炒作、投机性强烈，无论是波段还是短线的机会均较多，但对于一些交易低迷的品种则可以放弃，所以有部分品种笔者没有在书中提及。

第十二节　股指期货战法

一、股指期货概述

股指期货，英文简称SPIF，全称是股票价格指数期货，也可称为股价指数期货、期指。股指期货是指以股价指数为标的物的标准化期货合约，双方约定在未来的某个特定日期，可以按照事先确定的股价指数的大小，进行标的指数的买卖，到期后通过现金结算差价来进行交割。期货可以大致分为两大类——商品期货与金融期货。作为期货交易的一种类型，股指期货交易与普通商品期货交易具有基本相同的特征和流程。

二、股指期货合约

在具体交易时，股指期货合约的价值是用指数的点数乘每个指数点所代表的金额来加以计算的，如标准普尔500指数期货合约的交易单位是每指数点250美元，中国香港恒生指数期货合约的交易单位是每指数点50港元等。股指期货合约交易一般以3月、6月、9月、12月为循环月份，也有全年各月都进行交易的，通常以最后交易日的收盘指数为准进行结算，最后交易日为合约到期月份的第三个周五（遇国家法定假日顺延）。

三、股指期货交易

股指期货交易的实质是投资者将其对整个股票市场价格指数的预期风险转移至期货市场，其风险是通过对股市走势持不同判断的投资者的买卖操作来相互抵销的。它与股票期货交易一样都属于期货交易，只是股指期货交易的对象是股票指数，是以股票指数的变动为标准，以现金结算，交易双方都没有持有股票，买卖的只是股指期货合约，而且在任何时候都可以买进、卖出。

四、股指期货和商品期货的不同点

由于影响股指现货与商品现货的因素不一样，两种期货的研究方法也有很大的差异。为了分析商品期货的走势，投资者需要对影响商品现货走势的供求状况进行深入的调查。而对股指期货来说，投资者需要更多地关注宏观经济、行业动态以及对股指现货走势有较大影响的权重股的走势。

从期货特性上讲，股指期货同商品期货的主要区别在于到期日结算方法的不同。商品期货合约持有到期时必须进行实物交割，一方给付货款，另一方交付货物。由于股指现货股票指数的特殊性，世界各国推出的股指期货均采用现金交割的方式。一般的做法是以最后交易日收盘前一段时间指数现货价格的加权作为未平仓指数期货合约的结算价格。

五、股指期货开户条件

1. 个人投资者开户条件

个人投资者要交易股指期货一般有以下几个要求：

（1）申请日前连续5个交易日每日的结算后的期货账户可用资金不能低于50万元人民币；

（2）需要登录中国期货业协会投资者适当性知识测试平台参与“期货交易基础知识测试”，测试分数不能低于80分；

（3）不能存在严重的诚信记录，不能存在违反法律法规以及交易所相关规定的情形。

另外，还需具备以下交易经历之一：

（1）仿真的股指期货交易经历：申请的前一日需要具有累计10个交易日、20笔（含）以上的境内期货交易所的股指期货交易合约的仿真交易记录。

（2）境内真实经历：近3年有10笔（含）以上的商品期货交易成交记录。

注意：只有期货公司才有资格为客户开通股指期货账户，小心上当受骗。

2. 机构投资者开户条件

机构投资者要交易股指期货需具备以下条件：

（1）净资产不低于人民币100万元；

（2）申请开户时保证金账户可用资金余额不低于人民币50万元；

（3）具有相应的决策机制和操作流程；

（4）相关业务人员具备股指期货基础知识，并通过相关测试；

（5）具有累计10个交易日、20笔以上的股指期货仿真交易成交记录，或者最近3年内具有10笔以上的商品期货交易成交记录；

（6）不存在严重不良诚信记录，不存在法律、行政法规、规章和交易所业务规则禁止或者限制从事股指期货交易的情形。

六、风险规避功能

股指期货的风险规避是通过套期保值来实现的，投资者可以通过在股票市场和股指期货市场反向操作达到规避风险的目的。股票市场的风险可分为非系统性风险和系统性风险两个部分，非系统性风险通常可以采取分散化投资的方式将这类风险的影响减到最低程度，而系统性风险则难以通过分散投资的方法加以规避。股指期货市场有做空机制，股指期货的引入为市场提供了对冲风险的工具，担心股票市场价格会下跌的投资者可通过卖出股指期货合约来对冲股票市场价格整体下跌的系统性风险，有利于减轻集体性抛售对股票市场造成的影响。

七、价格发现功能

股指期货具有价格发现功能，投资者在公开、高效的期货市场中的竞价，有利于形成更能反映股票真实价值的股票价格。股指期货之所以具有价格发现功能，一方面在于股指期货交易的参与者众多，价格形成当中包含了各方对价格预期的信息。另一方面在于，股指期货具有交易成本低、杠杆倍数高、指令执行速度快等优点，投资者更倾向于在收到股票市场新信息后，优先在期货市场调整持仓，也使得股指期货价格对信息的反应更快。

八、资产配置功能

由于股指期货交易采用保证金制度，交易成本很低，因此其被机构投资者广泛用作资产配置的手段。例如一个以债券为主要投资对象的机构投资者，认为这段时间股市可能出现大幅上涨，打算抓住这次投资机会，但由于投资于债券以外的品种有严格的比例限制，不可能将大部分资金投资于股市，此时该机构投资者可以利用少量的资金买入股指期货，从而获得股市上涨的平均收益，提高资金总体的配置效率。

【图形说明】

图2-115为股指期货盯盘分析页面图。

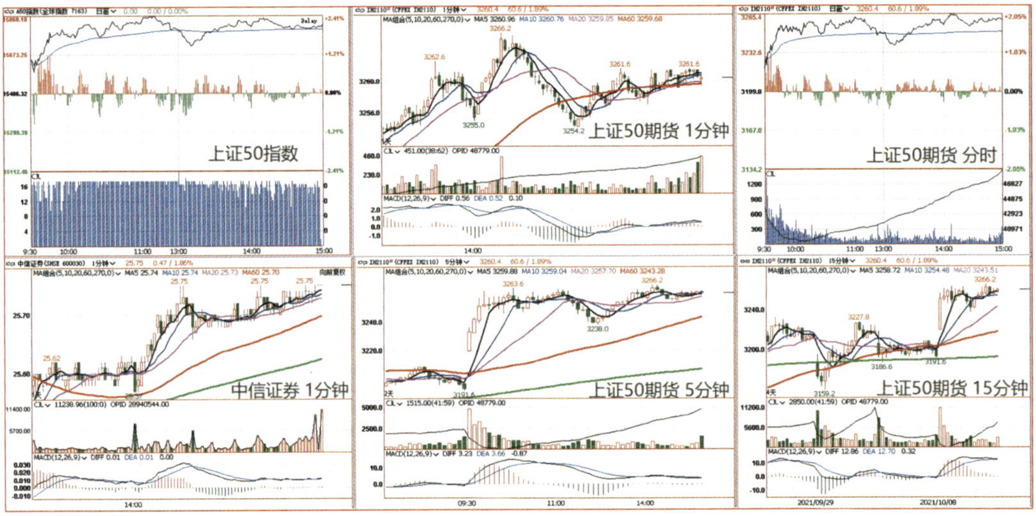

图2-115　股指期货盯盘分析图

【经验分享】

这是文华财经软件的页面设置，建议各位在股票行情软件也这么设置。如果做上证50股指期货，那么可观察它的1分钟、5分钟、15分钟小周期图寻找各种共振信号条件，同时，还需看上证50指数的2日分时图，可以看到近2日的整体曲线。另外，还需看以券商股为代表的中信证券（600030）的1分钟图，因为券商股、银行股、保险股和地产股容易引发大盘指数的迅速涨跌。如果1分钟图出现长阳或长阴突变或1分钟图和5分钟图走势趋强时，往往会出现波段性行情，毕竟券商股的人气较高，稍有风吹草动，很快就会引发跟风盘。这样的组合排列，更有利于观察实时的行情关联变化。

【图形说明】

图2-116为涨跌家数盯盘分析页面图。

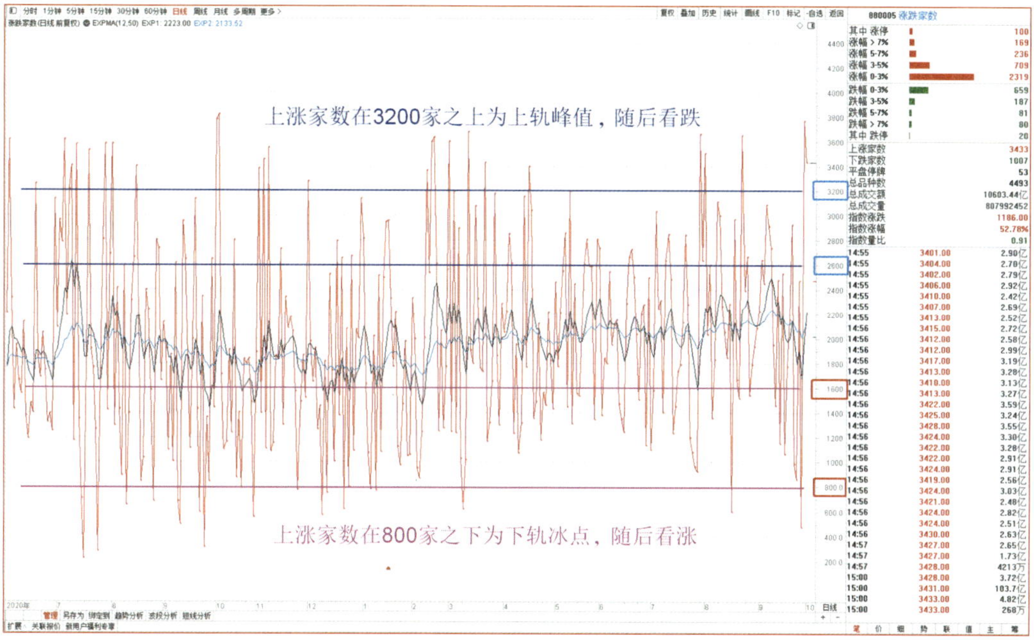

图2-116 涨跌家数盯盘分析图

【经验分享】

在通达信行情软件中输入880005就能看到涨跌家数统计图，它代表A股每天涨跌家数的曲线走势，也是代表市场整体的情绪指标，对实际交易具有一定的参考意义。

运用起来也非常简单，当上涨家数在3200家之上（目前有超过4000家上市公司）时，代表当天属于普涨现象，老股民都知道“普涨难以持续三天”，所以可以在上涨家数在3200家之上时（以收盘前2分钟为准）做空股指，随后当上涨家数在1600家之下时再止盈。相反，当上涨家数在800家之下时（以收盘前2分钟为准）做多股指，随后当上涨家数在2600家之上时再止盈。

但需注意，当指数的日线处在变盘后的突破行情时要谨慎，这种方法或许会失效，因为行情刚突破后的回调幅度有限。在上涨趋势中逢1000家之下低多，在下跌趋势中逢3200家左右时高空，在横盘趋势中就更加灵活，信号更多，但上下轨的家数幅度也会收窄。总之，各位需先复盘历史规律后再去适当运用，毕竟市场中的规律是物极必反。另外，股指期货一般都以做日内短线为主，建议不要持仓过周末或过长假。

笔者曾经用这种方式在2个月内公开给出10单信号提示，全部盈利。可惜的是，在文华财经软件上无法实现量化自动交易，因为没有涨跌家数的函数程序，只能人工把握。若读者有交易股指期货，可联系笔者交流更多心得。

对于股民投资者来讲，建议不要在上涨家数达3000家去追涨买入个股，以防次日后回调，特别是对同步随指数走势的个股，当上涨家数在3000家之上时理应进行减持或短线止盈，走独立行情的个股除外。

本节综述

本节主要讲述股指期货的基础知识与盯盘分析技巧，对于实盘操作中的条件信号，可参照前述中的技术战法技巧，通用有效。

第十三节　短线战法

短线交易最忌讳的是没有固定的章法，随心所欲的交易。例如一会超短线，一会短线变波段；一会看这个周期，一会又看那个周期；一会以这种技巧或指标开仓，一会又用那种技巧或指标开仓；一会仓位轻，一会仓位重……

因此，笔者建议从本书中挑选其中一两种成功率最高的、最容易理解的方法去做固定模型交易体系。将一两个品种、一两个周期、一两种战法技巧，坚持做精。

做短线对行情分析能力的要求特别高，由于开平仓速度较快，看得越清楚越有利于开平仓。如果只做成交量和四线技巧，那么就可以不用看别的指标，将成交量副图放大，将四线加粗，增强敏感度。看的指标越多、副图越多，看的周期越多，就越容易混乱，越容易错失最佳信号。所以，建议大家只采用简单的一两种技巧，一切都会明朗许多，越明朗就越便于执行。

期货短线固定模型交易要素有：

（1）固定的品种。

例如，选择固定2个保证金相当、波幅跳点相当、盈亏比相当、活跃的、一直在60线上或线下运行的品种。

（2）固定的周期。

例如，只做分时图或只做5分钟图，以开仓信号+1分钟为平仓信号。通常需要锁定三个周期图，一个分析趋势的周期图，一个作为发现买卖信号的周期图，一个寻求买卖点位的周期图。一般短线最大只能做到15分钟周期，至于是选1分钟图、3分钟图、5分钟图或10分钟图，根据个人偏好去选择。

（3）固定的战法。

交易战法有成交量战法、MACD战法、四线战法、浪形战法、共振战法、原油API战法等，从中挑选一两个方法去做精，再分别明确买卖、损盈、加减仓的信号点位依据。

（4）固定的止损幅度。

每一个战法的止损幅度都应固定。

（5）浮动的止盈空间。

盈利空间一定要大于止损幅度，应尽量将利润最大化。

（6）固定的交易时间。

开盘20分钟与收盘20分钟不交易，只做其他时间的交易，因为开盘收盘这20分钟的行情不稳定。

（7）固定的仓位。

每开仓一单的仓位或者占总仓的比例都应固定。

（8）固定的净收益。

设定好每单或每天交易的盈利目标，完成即可收工，尽量降低交易频率。以小积多、积沙成塔，加上持久后复利倍增，也能有很惊人的收益。盈利目标越小，就越容易达成，信心也就更容易增加，学习起来也就更有劲，久而久之会越来越有感觉、越来越有成就。

（9）做短线的盈利模式。

每单盈亏幅度相当，但盈利的次数会大于亏损次数，所以一定要设固定的止损点数，盈利后千万不要贪婪，小赚或保本也是值得的。先把每个交易日的盈利目标定低点，才能慢慢地进入状态，并且信心也随之增加。

再次强调，做短线一定要用固定的一种开平仓条件去交易，收益才会稳定，成功率才会更高，即使做错一单也能错得明明白白。至少要交易100单以上才会慢慢适应，开始进入状态，还要练习反应能力和手速。另外，有时在走完大单边行情进入修整收窄时，短线与波段都是最难交易的，很容易被扫损，当持续被扫损两三单后，建议休息一段时间再交易，因为这说明当前的行情比较复杂，不易把握。

本节综述

建议有技术原则的、理性的技术派交易者坚持做短线。只有使用各种固定化的模型，盈亏比才会均衡，不会出现大亏小赚。

第十四节 波段战法

做波段交易时要耐心等待时机，通过趋势型的指标辅助分析，配合两三个周期图的共振条件、拐点信号来确定技巧，中途加减信号技巧，并且在单边行情来临时能捂得住单。

波段交易最忌讳的是误判趋势，例如被诱多诱空、忽略了多条件信号的共振因素、拐点信号没有把握到位等，或者是凭借感觉去做波段单。波段单的止损幅度不会很小，亏损一单很不划算。所以，在波段交易时，一定要把成功概率提高。

笔者对郑油1分钟和15分钟常出现的波段顶底信号进行观察时，发现当波段顶部常出现“长阴反包K线”时波段底部也一样常出现“长阳反包K线”。只要长期做一个品种，跟踪一个周期后，就会慢慢发现其中常见的规律以及如何判断蓄势待发的信号等。

一、期货波段固定模型交易要素

（1）固定的风向标。

做大波段就得参考大宗商品龙头（原油），国际原油以纽约原油期货为风向标；做小波段就以相关指数为风向标。

（2）固定的周期。

做大波段，如果以日线为趋势分析，就要以1小时图为开平仓信号；如果以周线为趋势分析，就要用日线结合小时图为开平仓信号。小波段以小时图为趋势分析，15分钟图和5分钟图为开平仓信号。

（3）固定的战法。

运用MACD战法、浪形战法、成交量战法、SUPL战法、四线综合战法等进行条件共振。例如，量能中最容易识别且成功概率较高的技巧“阴量与阳线都缩短收窄”之后的爆量，爆阳量开多、爆阴量开空，这都是买在波段行情的起点，止损位设在爆量K线的起点处，小时图以内的周期都常见又实用。如何判断预期？例如，量能收窄后阳量突出+地量阴=预期看涨+爆阳量=开多，量能收窄后阴量突出+地量阳+爆阴量=开空，不管在高位或低位阶段都适用。其中的变盘信号就在地量K线，出现后的重心移向很关键。

再例如MACD两条线长时间在0轴之下，运行后向上穿0轴就开多，相反就开空，这也是很容易辨识且成功率高的方法。

也可以结合SUPL指标持续底背离，MA5、MA10、MA20多头排列以及缩量阴去做多波段，相反做空波段。有的多头排列后并不上涨，或者上涨持续空间有限，其原因就是MACD或SUPL指标没出现底背离。既然SUPL指标比MACD指标更具前瞻性，那主要看SUPL指标也是可行的。专注一种或一两种战法做精就可以了。

（4）固定的止损幅度。

每一个战法的止损幅度都要固定。

（5）浮动的止盈空间。

盈利空间一定要大于止损幅度，应尽量将利润最大化。

（6）固定的仓位。

例如，每开仓一单的仓位都是2手以上，才便于减持和盈利放大。再例如，先开1手、盈利后在之后的缩量K线再加仓1手，量能顺势递增或递减时减1手、破沿线或爆巨量时全平。

（7）固定的时间选品种。

例如，小节休市、中午、夜盘收市后扫描小时图和15分钟图，15:00收市后扫描日K线。

（8）做波段的盈利模式。

小亏大赚，亏损次数大于盈利次数。但盈利幅度大于亏损幅度。所以要设固定的止损条件，只要常做一个周期就能让亏损控制在一定范围内，再把成功率提高一些，收益是相当可观的。毕竟，收益最显著的就是波段交易。

（9）在波段交易时设置止损位的技巧。

建议以做单条件的依据去设置，不要以固定的点数设置。例如在阴线吞没起涨的阳线时（收线时）止损多单，在阳线吞没转跌的阴线时（收线时）止损空单。当有了一定盈利后，就设移动止损位。例如做空单，当一轮行情下跌后修整结束，如果行情再下跌，那就把止损位移到中继修整的高点上面。相反，如果做了多单，当一轮行情上涨后修整结束，如果行情再上涨，那就把止损位移到中继修整的低点下面。

（10）在波段交易时设置止盈位的技巧。

可以以5线、10线为依据，三浪或3+1浪走完时、第三次爆量时、MACD正走第三堆柱时……这些都是止盈的信号。如果上述的情况没有发生，那就在远离5线、远离分时图均价线、远离60线时减持或止盈。

二、期货中的逼仓

对于波段交易，应该普及一下逼仓知识。

（1）逼仓是指交易的一方利用资金优势或仓单优势，主导市场行情一直向单边运行。逼仓分为两种：多逼空和空逼多。多逼空是指多头认为市场上可进行交割的货源稀缺，确信空头没有足够的货进行交割，利用资金优势不断增加仓位，最终空头不得不平仓离场的情况。空逼多是指空头在期货市场中大量卖出某种期货合约，使其拥有的空头持仓大大超过多头能够承接实物的能力。

（2）交割制度是指期货交易所为规范不同交易品种的交割，对仓单注册及注销管理、品种交割流程、交割费用等进行规定的制度规范。

（3）多逼空往往会利用交割制度对交割品种的限制，炒作可交割品种数量不足的情形。

（4）通常，在合约即将到期前，主力很可能通过上述逼仓方式炒作一轮。

（5）此外，有时还会发现，行情一涨再涨或一跌再跌，也是类似这种逼仓现象造成的。

本节综述

总之，建议读者朋友们把本书中有关趋势和波段的内容汇总起来，从中挑选、摘取，再糅合成属于自己的“波段战法体系”。另外还需注意，期货往往在走完一个波段行情后，都会有修整的要求，也就是说，当你做完一个波段后建议先休息观望一段时间，再等待下一个波段行情。或者当日线图修整时就做5分钟的波段，当小时图修整时就做1分钟的波段。

第十五节　中线战法

中线交易最讲究的是，有整体大局观思维，包括对行业风向的观察、品种的基本面研究、中大周期的技术分析、耐心等待机会与耐心持仓。

中线交易最大的好处是能避开小周期震荡，也能减少频繁交易和震荡中的扫损，盈利也非常可观，又比较省事。但投入资金至少十万元，仓位1~2成。虽然仓位很轻，但通过杠杆效应并中线持有，长期收益还是非常可观的，有时比短线收益还高。

一、期货中线固定模型交易要素

（1）固定的风向标。

例如，原油是大宗商品龙头，国际原油以纽约原油期货为风向标，特别是OPEC两次大会。

（2）固定的周期。

例如，以周线或月线为趋势分析，以日线为开平仓信号。

（3）固定的战法。

例如，浪形战法、成交量战法、MACD战法、四线综合战法等，还需考虑经济周期、季节、涨降价、政策、贸易等因素。

（4）扭亏为盈。

认定一个趋势时，分批次建仓，中途若被套可通过小周期交易扭亏为盈。

（5）分批止盈。

做周线趋势，平时盯着日线，可通过日线高减低进以及移动设损位来分批止盈。

（6）选择合约。

尽量选择离到期距离2个月或以上的合约。

（7）只有沿线技巧才能捂住单。

例如，价格一直沿5或10周线上行，就一直捂单到收阴在5或10周线之下，再全部止盈，或者在日线中急拉快涨远离5线减持、收阴在10日线或20日线之下全平。

（8）做中线的盈利模式。

要注意分批进出场，提前给自己做好“安全垫”极其重要，先要有一些盈利基础作为保护。例如先轻仓试探性布局，即使行情没按预期运行也是小亏或保本，一旦布局成功且按预期方向运行后，可以每盈利100跳点就加一成仓、止损上移30跳点，后期到达一定极限位置时，每盈利50点减持一成仓，或者每回撤50点减持一成仓。

二、中线交易相关辅助分析内容

（一）欧佩克

1. 欧佩克（OPEC）简介

欧佩克为亚、非、拉石油生产国为协调成员国石油政策、反对西方石油垄断资本的剥削和控制而建立的国际组织，1960年9月14日成立。它的宗旨是协调和统一成员国石油政策，维持国际石油市场价格稳定，确保石油生产国获得稳定收入。总部设在奥地利维也纳，组织成员国共控制全球约三分之二的石油储备。

2. 欧佩克大会

一般情况下欧佩克一年开两次大会，6月一次，12月一次。除了两次大会，其他都是小型会议，因为欧佩克的成员国本质上是独立的国家，只是在原油产销上达成共识，所以成员之间会经常开小型会议和其他联合会议。

3. 欧佩克决策

如果OPEC决定减产原油，原油大趋势看涨。

如果OPEC决定增产原油，原油大趋势看跌。

如果OPEC决定保持产量不变，原油会延续原有趋势，技术分析在此时就非常重要了。

（二）循环周期论

1. 循环周期观点

（1）季节性周期：部分商品期货受季节性影响较大。

（2）长期周期：反映超过一年以上才重复一次的循环周期。

（3）中期周期：以星期作为度量单位，中期周期是指平均6~12个月重复一次的循环周期。

（4）短期周期：以天数作为度量单位，循环低点之间，平均不超过三个月。

2. 循环周期的度量

（1）可度量一个低点到另一循环低点相距的时间。

（2）也可度量一个高点到另一循环高点相距的时间，但准确性不如度量低点可靠。

3. 循环周期的特点

（1）循环周期具有领先作用，它可以引导经济发展随着一定的周期运行。

（2）周期重复出现的次数越多，表明它的可靠性越强。

（三）经济周期论

景气循环（businesscycle）又称经济波动、经济周期，指的是经济景气状况呈周期性循环变动的情况。景气循环的过程可以分为扩张和衰退两个阶段，又可再细分为复苏、繁荣、衰退、萧条四个阶段（图2-117及图2-118）。景气循环的周期长度没有定论，包括40个月、11年、20年、50年等。期货工业品与基建和房地产的周期影响最明显。

（1）繁荣阶段：在经济繁荣阶段，经济活动频繁，需求旺盛，各种盈利的机会

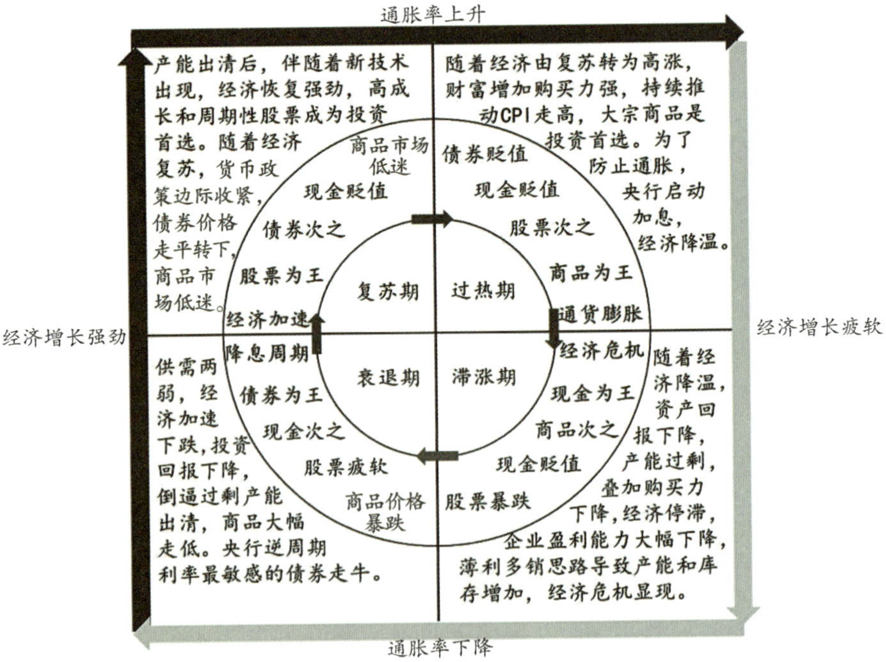

图2-117　美林时钟

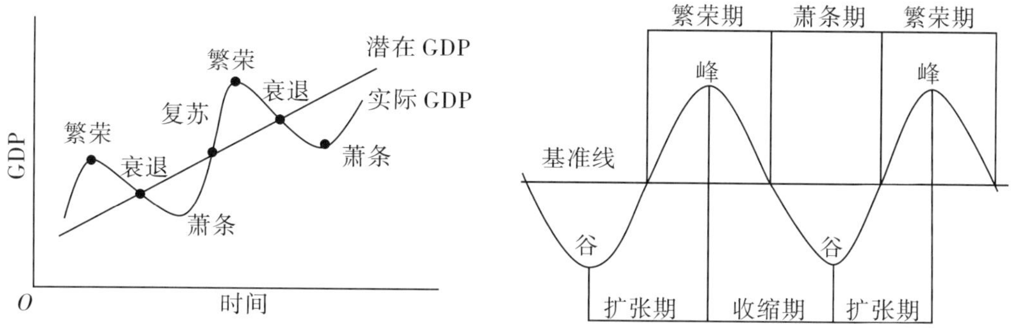

图2-118 经济周期论图解

增多，从而利率上升，就业不断扩大，总产出逐渐达到最高水平。此阶段特征是就业增加，产量扩大，投资增加，信用扩张，物价上涨，公众对未来持乐观态度。

（2）衰退阶段：在衰退初期，生产过剩引起物价下跌，利润减少，从而导致企业减少投资和生产，进而导致失业增加，国民收入水平下降。

（3）萧条阶段：投资减少，产品滞销，物价下跌，企业利润下降，信用紧缩，生产减少，存在大量的失业人口，大批生产能力闲置，工厂亏损甚至倒闭，失业率达到最高，投资和产出都达到最低。

（4）复苏阶段：经济走出萧条并转向上升的阶段。当经营较差的企业被淘汰，只留下优质企业时，经济就开始复苏。在这一阶段，投资开始增加，生产和销售回升，就业增加，价格也有所提高，整个经济呈上升的势头。随着生产扩大和就业增加，价格上升，整个经济逐步走向繁荣阶段，然后开始经济的又一个循环周期。

（四）行业周期论

周期性行业是指和国内或国际经济波动相关性较强的行业，其中典型的周期性行业包括大宗原材料（如钢铁/煤炭）、汽车、房地产、有色金属、石油化工、工程机械、船舶等。周期性行业的特征就是产品价格呈周期性波动，但在经济衰退时，只有防御性产业或许会有实际上涨，例如食品业和公用事业。

周期性行业的周期循环常常沿着产业链按一定的顺序依次发生，通常复苏阶段始于汽车、房地产、基础设施建设、机械、装备制造等下游行业，然后传导至化纤、非金属矿制品、有色金属冶炼压延、黑色金属冶炼压延等中游的加工制造业，最后是上游的有色、石油、煤炭、石化等行业。衰退阶段也是从下游行业开始，依次传导至中游、上游行业。周期循环并非简单的重复，历史背景不同，运行规律也不是一成不变，不能简单地套用历史经验对周期拐点进行判断，而应根据经验和具体情况具体分析。

我国典型的周期性行业包括钢铁、有色金属、化工等基础大宗原材料行业，水泥等建筑材料行业，工程机械、机床、重型卡车、装备制造等资本集约行业。当经济高速增长时，市场对这些行业的产品需求也高涨；而当经济低迷时，固定资产投资下降，市场对其产品的需求减弱。

（五）行业季节性（只具参考意义）

1. 沪铜

每年一季度和三季度沪铜期货的表现较为强劲，二季度、四季度铜价最容易下跌。在经济复苏时，铜的上涨最显著、最持久。

2. 沪锌

受到夏季高温的影响，每年6—8月通常是锌产量下降的阶段，因此促进锌价上涨。

3. 沪镍

每年2月不锈钢产量会出现低位。由于进入2月，不锈钢市场受到春节因素影响，不锈钢厂利润受损，产量维持低位，库存下降对镍价形成支撑。4月菲律宾雨季结束，镍矿进口增加，镍铁产量的提升会增加镍的供应，这种情况会一直持续到10月。11月之后，临近春节，短期需求转弱，即便有进口矿减少的扰动，镍价也很难有大幅上涨的动能。

4. 螺纹钢

螺纹钢价格的季节性规律主要与下游房地产、基建有关。一般来说，每年2—3月是春节后下游工地集中补库的阶段，所以价格有需求上的强支撑；二季度本身属于旺季，但是在涨跌上也跟季节性规律不太相符。5月是“青黄不接”的阶段，预期刚炒完，现实也刚走完（交割结束），这个时候是10月新主力合约，往往也是基差偏大的时候，从基差角度来看，虽然距离10月的交割日期尚早，但可以看到5月基本上是基差收敛阶段，这个时候往往是对盘面过高炒作的一种修复。6—9月是传统高温淡季，于三季度处在“金九银十”的旺季预期以及淡季交叉当中，8—9月则是从买预期到卖现实的转换。10月至11月中旬也是下游开工旺季，当月需求属刚性支撑。12月是传统淡季，次年1月又是冬储集中发生阶段，需求不会差。

5. 热卷

热卷和螺纹钢虽是不同品种，但存在很强的相关性。螺纹钢以方坯为原料，主要用于房地产、基建等公用设施；而热卷以板坯为原料，主要用于汽车、船舶等制造行业。在下游需求方面，汽车产销是影响热卷需求边际效用变化的一个重要指标。所以，虽然热卷供给端与螺纹钢比较一致，但需求的差异导致它与螺纹钢有不一样的季节性。

6. 铁矿石和焦炭

铁矿石和焦炭本身不具备季节性规律，大方向跟随钢材涨跌，阶段性的涨跌更多受到政策以及天气方面的影响，比如铁矿石容易受到海外矿山发运、天气以及矿难事故这些不可控因素影响。焦炭本身依附钢厂，除非有较大的政策影响供应导致供应紧缺，否则价格提涨需要看钢厂利润情况。

7. 白糖

白糖由于甘蔗的种植特性，通常会出现三年牛、三年熊，规律性很强，具体可以关注主产区产量预期、库存、收榨情况。另外目前需要留意原糖，原糖价格降低，国内的白糖就会活跃，供给增加，对国内糖价反弹有抑制作用。我国每年有两个食糖消费高峰期：一是元旦至春节的节日消费期，二是每年5—8月和中秋节的夏季消费期。两个用糖高峰期的前一个月，食品行业的生产需要大量用糖，导致白糖消费进入高峰期，这时白糖价格往往较高。而两个消费高峰期过后的一段时间，白糖消费量降低，价格往往会出现回落。

8. 豆粕

春节过后一个月（2—3月）是畜禽存栏量较低的时期，需求量较低，而一般情况下，豆粕价格在第一季度出现全年低点。3—4月随着气温的回升，国内畜禽补栏量开始增加，对豆粕的需求也开始回升，豆粕价格从全年低点开始回升。8—10月是我国生猪养殖的补栏季节，主要为春节的出栏做准备。因此，4—10月随着饲料需求的回升，豆粕价格也逐渐攀升，进入全年的上行通道。10月以后，随着国内大豆和美国大豆的上市，国内压榨行业进入黄金时代，国内豆粕供应增加，但需求开始逐步下降，豆粕价格也随之回落。

9. 菜粕

每年2—4月，国产菜籽粕库存量较少，水产养殖开始增加，菜籽粕价格一般会出现上涨。每年5—8月，国产油菜籽开始集中上市，菜籽粕新增供给量大幅增加，国内菜籽粕价格常常出现下跌，在新季菜籽粕供应能力最强的6—7月价格往往跌至年内低点。8—10月，国产油菜籽榨季陆续结束，菜籽粕供应能力趋于下降，水产养殖却进入对菜籽粕需求的旺季，呈现供应预期减少和需求显著增加的供需格局，国内菜籽粕价格上涨趋势较为明显。11月到次年2月，水产养殖行业采购旺季结束，国内菜籽粕价格一般稳定或呈现小幅下降。很明显，每年6—7月菜粕价格年内最低，还应关注8—10月的趋势性上涨。

10. 豆油

根据基本面判断，豆油行情夏季较弱，冬季较强；如果从季节性判断各月份价格强弱的话，8月、9月相对较弱，1月、4月、5月、11月、12月相对较强。

11. 棕榈

按照熔点来看，我国目前以进口熔点不超过24℃精炼棕榈液油为主。我国棕榈油的消费以食用为主，其中以24℃精炼棕榈油为主要品种，其占据的市场份额在60%以上。每年对食用精炼棕榈油的需求量占进口量的绝大部分。棕榈油的熔点比较高，因此消费具有一定的季节性，夏季（6—9月）消费量比较大，冬季（11月至次年2月左右）消费量较小。

12. 郑油

从菜籽油季节性角度来分析各月份价格强弱的话，每年10月至次年5月一般是菜油价格表现较强的阶段，6—9月表现较弱。

13. 苹果

每年5月果农会进行苹果的疏果、套袋工作，到6月初就基本完成套袋工作。苹果采摘季节是每年10月5日到11月（红富士占全国产量的70%），早熟的品种从7月到10月都有，但是产量较少，其中2021年10月23日霜降，在霜降前采摘的苹果市场公认是硬度较好的，比较符合交割标准，霜降以后的苹果硬度较差，不太符合交割标准。所以每年全国4000多万吨的苹果产量，其中8—9月只有少量上市的早熟苹果，全国库存较低，实际上数量比较容易估算，大资金甚至可能大量收货形成价格垄断。而到了10月，红富士苹果上市供给就会增加。这些10月、11月出产的红富士苹果会被储存起来一直满足到次年7月的苹果需求。

14. PTA

PTA在每年12月至次年2月、6—8月会出现涨势的概率比较大，而每年4—5月、9—10月出现跌势的概率比较大，一般每年3月和11月会出现震荡行情。出现此规律的原因可能与消费习惯有关，12月至次年2月是冬季棉服消费旺季，而6—8月是夏季衣物消费旺季，而3月和11月是春秋季，衣物消费可能比较少。这样在制定交易策略时，如果能酌情应用这种价格波动规律，比如在12月至次年2月、6—8月做多，4—5

月、9—10月做空，应该可以提高交易的成功率和收益率。

15. 橡胶

天然胶每年有两个多翻空的季节性窗口，首先是4月，主要因为3月底4月初是新胶开割的季节，4月胶价容易受到季节性供应的增加而大幅回落。5月迎来产销旺季，主产区的天气状况频繁，如台风、热带风暴、持续的雨天、干旱、霜冻等都会降低天然橡胶的产量，加上投机因素，引起股价上涨。

第二个多翻空窗口是8月。7月、8月开始进入产胶旺季，8月前后通常会经历一轮季节性下跌。9月，东南亚灾害频发的可能性加大，容易抬升胶价，但是此时往往终端需求低迷，使得胶价上行空间有限。进入12月，国内产区割胶逐渐停止，下游厂家需要补充库存，以满足橡胶停割期间的生产需要，因此国内橡胶期货或会迎来2~3个月的探底上涨行情。

天然橡胶价格上涨概率最大的月份是1月和12月，即春节前橡胶价格往往表现强势。另外，4月进入阶段性空头的窗口，5月的上涨概率达到50%。值得注意的是，5月50%上涨行情中上涨的幅度较大，相对另外50%下跌的行情中回落的幅度较小，最多7%左右。

温馨提示：上述各品种季节的变化，是根据气候规律和历史行情价格的大数据梳理，但实时的大环境影响，也会扰乱这些规律，所以仅供参考。

（六）基本面与技术面的背离

如果基本面偏空，而技术面在上涨，当行情上涨的时候，应选择做多低库存且期货深度贴水的品种，而不是高库存且期货大幅升水的品种。因为前者是基本面与技术面发生共振，而后者是基本面与技术面发生背离，这种交易方法的潜在思想中包含了安全边际的逻辑思维。

此外，针对价格与技术指标的背离，笔者再补充一点：通常大级别的背离可用来判断行情的趋势发展方向，小级别的背离用来帮助我们捕捉买卖点或者进行增减仓。例如笔者多年对现货黄金的盘感为，假设黄金小时图经过一轮大跌后，一定要出现MACD底背离后才会有反转趋势或像样的大级别反弹，否则行情将继续下跌。

三、特别提示

各期货交易所针对不同品种的规定，在合约挂牌之日起、交割月前第一月的第一个交易日起、交割月份的第一个交易日起、最后交易日前二个交易日起，保证金将会由低到高递增上调，手续费也会有相应的调整。此外，合约上市至交割月份前一个月第十四个交易日，非期货公司会员和客户持仓将会有限额机制。对于中线投资者来讲，一定要留意保证金的变化对仓位的影响。

本节综述

总之，做中线交易一定要顺应市场周期和技术特征信号的周期，顺势而为。上述方法中对哪一方面最熟悉、最容易理解，就着重采取该方法并深入研究，然后等日线或周线上买卖信号的出现。

第三章 期货交易纪律

导读

本书第一章为入门基础，第二章为实操干货，而第三章着重回顾与总结前面的内容，整本书贯穿完整的投资交易体系。或者，也可以把第三章内容当作一种心法。学习一招一式容易，成功却很难，要想成功，还要持续不断地修行，直到达到一种境界。

第一节　做有纪律的原则

期货属于杠杆交易，也是一项高风险高收益的金融投资工具。如果不掌握一定的交易纪律和交易原则，将很难在期货市场长期生存下去。所以笔者通过自身的经验，强调一些原则，希望能提醒老手投资者，也能给新手投资者一些忠告。

不建立交易体系、不固定交易模型、不建立交易原则和不严格执行纪律，学再多知识和技巧也等于白学。俗话说“无方不成圆”，凡事都要讲规矩、不可越雷池半步，只有遵守纪律，才会少碰壁、少吃亏、少亏钱，更不会犯大错。

期货交易原则如下：

（1）不要频繁交易，交易次数越多就越容易出错，越无法保持清醒和冷静，还会产生大量手续费。

（2）少做短线预期单，少做埋伏单，少做预期分析，少持仓过夜或少持仓到下个开盘时段，少做不熟悉的品种。

（3）不要对行情有任何的幻想，即不能认为行情理应/应该/必须怎么样。

（4）不要放大止损极限，一单短线最多亏50点，在开仓后，眼里就应该只有止损位和止盈位，在这期间不要做任何分析和判断。可以先设置50点的止损位，然后通过手动在恰当的位置去止损或止盈。如果没有明确的止损位，后果将十分严重、可怕。所以，止损通常有两个标准：一是能接受的风险极限，明确亏多少就必须止损，并且每单都这样固定下来；二是根据行情走势、买卖条件设置技术止损位。

（5）不要按支撑位和阻力位去画线设止损位，不要把止损点位算计得那么死板，因为很多时候行情都是假突破前高点或前低点。应该在固定的极限止损位之间，通过K线组合的变化或均线的破位与交叉，甚至通过量能技巧去手动执行技术性止损和止盈。因为投资者在亏损时，大部分亏损都是通过无效的设损被扫掉的。

（6）不要在60线之上做空、60线之下做多，特别是15分钟以内的周期。因为在小周期中抄顶或抄底并不划算，不仅空间不大还有违背趋势的风险，不如等到60线之下再寻空、60线之上再寻多。

（7）不要在20线之上做空、20线之下做多，特别是15分钟以上的周期。因为15分钟以上的周期，能沿着5线、10线和20线之上或之下运行，都属于顺势通道之内。

（8）不要在回调修整后、盘升或盘跌酝酿之后出现爆量时去做反向单，因为此时行情的拐点启动。只有在行情处于较高或较低的位置时，缩小图形结合整体量能三次递增或递减后才去做反向单。除了箱体震荡之外，通常爆量后出现盘升或盘跌后才会有反转，而且构圆顶或圆底较多，只有在横向震荡中才会出现“V”形的尖顶和尖底。

（9）注意高低点的移向，特别是在60线的上下、分时图均价线的上下移向。例如，在60线之上高低点逐个上移只做低多不做空，在60线之下高低点逐个下移只做高空不做多。

（10）开多单后发现量能阴肥阳瘦时要趁早止损，开空单后发现量能阳肥阴瘦时要趁早止损。

（11）每笔交易的手数和仓位都要控制在一定范围内，这种做法比任何控制风险方法的作用都大。

（12）期货市场中的量化交易量至少占30%以上，再加上投机性较强，很多时候一旦行情转向，行情大概率会继续延伸。因为量化资金能启到助涨助跌的效应，例如5分钟图收一根带量的中长阳线反包前阴线，随即很可能会有不少量化资金开多进场。因此，在这根中长阳线没破低点时，不要在此做空，而是随后再寻求顺势做多的信号。如果在较高位置涨了再涨，此时最容易幻想：“涨得差不多了吧？出了一根阴包阳可以开空单了吧？”，但要明白逼仓的作用和市场中的量化资金助涨性。

（13）很多形态图形都容易失效，其中只有浪形规律在中大盘品种中概率还稍高点，所以不要被各种形态图形迷惑，需严格按照前述中60线和20线的关系，以及在多空排列中多做右侧顺势交易。

（14）做波段或中线投资时，没盈利前总仓位不要超过3成，有一定盈利后可适当将仓位提高到5成。一定要分批建仓和分批止盈。

（15）不要太依赖于外部的分析判断，一定要以交易对象的信号为准。

（16）在止损止盈以及仓位控制方面存在困难的读者，建议阅读《华尔街幽灵》这本书（笔者在“志尚投教”平台中有进行音频解读）。不知道如何建立交易体系的读者，可阅读《交易圣经》这本书（也可参考学习“志尚投教”平台中的

“量化定式模型”课程）。

（17）模拟只适用于练习和熟悉软件的操作，以及适应市场行情的变化速度。但想长见识、长记性和丰富经验，还得通过小资金进行实操。

总之，每一位投资者在进入新市场时，都要交两份学费：一份是教科教材费，另一份是交给市场的费用。所以，初入市时不要投放太多资金，学到的知识和技巧，还需通过实盘操作去加深巩固、纠正完善，反复操练后才能得心应手。因此，这期间有些学费是不得不交的，若想做有生命力的投资者，就得事先明确更多的交易原则和纪律。只有立足于市场，才能累积更多的经验与财富。

第二节　做高概率的交易

在T+0的期货市场中，如果加上杠杆，在放大资金倍数的情况下，每个交易日都可以进出多次，还可以通过中小周期去完成短期的交易，避开诸多时间周期的不确定性风险。

如果你在期货市场中看到的都是风险，你就会感到恐惧、胆怯并厌倦风险，也就很难做好交易，更不适合进入期货市场。相反，如果你有一身本领和技术，有一定的经验、胆识与抗风险力，你就会看到更多的机会。

现在有越来越多的人去尝试研发量化程序交易并且也有越来越多的人愿意参与其中，因为量化交易可以将成功率较高的条件写进程序，长时间只使用这种高概率的技巧去量化自动交易，符合笔者一向推崇的“做精”理念，可以取得较稳定的盈利。

交易本身就是概率获胜的自然机制。试想一下，如果你只采取一两种你最熟悉的、概率最高的交易条件信号，长期只做这一两种交易模型，每单都用固定的仓位和止损位，结果会怎么样？

此时，你就会发现，带杠杆的T+0市场带给你的是更多的机会，而不是更多的风险。再就杠杆来讲，期货品种普遍为10倍左右的杠杆，如果你拥有10%的仓位，也就等于加了1倍的杠杆。若将一种或两三种高概率的做单条件长期做精，就会发现，T+0市场就是赚钱的工具。

在股市中还得看整个大环境，再好的技术在弱市中也无法发挥作用，很多时候因日内不能卖出、不能做空个股，在受到政策、消息、主力操控等因素的影响时，导致被动性的亏损。

总之，在T+0市场中，若想实现财富自由、立于不败之地，那一定要长期做精两三种高概率的做单条件。希望读者朋友们读完本书能有所启发，实现财富自由。

第三节　做成熟的投资者

当你开户入金的那一刻起，你就已经是交易市场中的一位投资者，若想当一位成功的投资者，则首先要做一位成熟的投资者。所谓成熟，就是选择正确的方向，用正确的方式做理性的交易。这句话看似简单，但每个人在成熟的路上有快有慢、有赚有亏、有坚持也有离场。如果自己的悟性高就能早点成熟，悟性低就会“晚熟”或“不熟”，直到最终惨痛离场。

要想成为一个成熟的投资者，以下内容缺一不可，希望能给读者一些启发或启蒙，更希望读者学习后能少走一些弯路，缩短成长周期。

一、了解自己与自我定位

投资大师罗伊·纽伯格的成功投资十原则，第一条就是了解自己，投资者要了解自己的性格、自己的脾气，知道自己适合哪种投资市场与类型，财务状况如何，投资理念是保守还是激进，是否有一定的抗风险能力，目前的投资知识和经验在什么阶段，是否能够应对风云变幻的市场，是否有足够的时间和精力来关注市场和学习，是计划短期做交易还是长期做交易，是否计划将交易作为人生中的重要部分，或是否热爱交易，在参与投资之前，要对自己进行全面的分析，这样才能对自己有正确的定位。

在证券公司和期货公司开户时，填写的问答资料中也体现了这方面的重要性。如果你是激进型的风格，喜欢挑战具有一定刺激感的市场（交易是自己的一种爱好），手中有几万元的闲置资金（不管输赢都不会影响家庭生活），有过风险投资的经历，具有风险意识与抵抗能力，并且知道一些交易常识与一些技巧，对市场有一定的分析能力，也有一些时间看盘与学习，这些特性说明你适合进入期货市场，那么，你的投资偏好定位是：取向为短线交易风格，专攻短线类的交易技巧与知识。

二、做好资金管理

不管你是投资几千元、几万元或数十万元，资金管理意识都与资金量没关系。小资金有小资金的管理方式，大资金有大资金的管理方式。

风险投资实际就是在管理与控制风险，做到这两点，自然就会有利润，而不会因注重利润轻视或忽略了风险。风险意识越高，资金损失的概率就越小。管理资金就等于管理风险，管理好资金也就等于控制住风险。

那么，应该如何管理资金呢？新手可以先用5万~10万元小资金，选择比较温和的、保证金较低的、手续费较低的品种练习交易；短线单1手，波段每单2手，总仓位控制在3成左右；短线每单最多亏损500元，波段每单最多亏损1000元；每天最多只交易5单，每天盈利目标为500~1000元。如果你能在市场生存3~6个月，说明你已经在成熟的路上了。

若涉及整个家庭的资金管理，那就要多学习理财类的知识，去分散和分配资金的各种用途与比重。总之，一定要有风险意识和资金管理意识，简单来说就是要思考这笔资金该怎么投才能将风险降到最低。

三、格局与战略观

真正成熟、优秀的投资者都是非常有格局的，他们不会过分在意短期行情走势和盈亏，而是看得更远、想得更宽，做出的每一个决定，都是为了后面一定时期的收益，因为他们具有战略性的交易意识。

有格局的人“不以盈为喜，不以亏为悲”，能保持良好的心态，即使把本金亏完，他们也会觉得受益了，因为累积了更多的知识。有格局的人会采取长期战略去做精这个市场并具有针对某个品种的交易方法。

四、避开“羊群效应”

很多人都难以摆脱“羊群效应”，即头羊往哪里走，后面的羊就跟着往哪里走。“羊群效应”最早是股票投资中的一个术语，主要是指投资者在交易过程中存在盲目跟从与模仿现象。

例如，听说哪类投资很有“钱”途、看到财经新闻报道某个投资标的有潜力、发现很多人都在投资某个市场或项目，就盲目跟从，没有任何自己的想法。

在期货市场中，最直观、最实用、最及时、最有效的只有K线技术方面的知识。不管基本面、政策面、消息面如何，都会反映在K线图中。对于短线交易者而言，只需注重当前的行情走势，而不用跟随外界的脚步。总之，眼里要只有买卖损盈的条件信号。

五、能学会独立思考

交易中最常见的信心不足、怀疑市场或某种技巧的可靠性等，都是由于自己没有独立思考的意识、独到的见解，太草率地做出各种决策。所以无论教科书或教程中怎么讲，都要学会从中摘取能为己用的部分，千万不要死搬硬套。

交易一定是活学活用，对各种财经新闻、知识、行情等都要有自己的独立判断和思考，还要有适合自己的运用方法。

六、善于从实战中学习

“纸上得来终觉浅，绝知此事要躬行。”新手一旦开始实盘操作，往往会感觉束手无策。这就跟学习开车一样，当新手开到一两万公里时，自然就能慢慢地熟练起来。

在实践中学习是否足够认真、努力，能在市场中生存多久，这些都是很关键的问题。我们可以在电脑边放一个笔记本，对每天或每周的交易进行反思与总结，对每笔交易进行文本统计，实现交易视觉化，以便更好地发现问题。另外还要有一个笔记本专门用来记录平时从书中和课程中学到的知识。总之，站在岸边不下水的人永远也学不会游泳，成功唯一的捷径是在短时间内付出大量的行动。

七、拥有自己的交易系统

经商有道、求财有道、生存有道……各行各业都有各自的“道”。做交易也一样，每个交易市场都有属于自己的一套交易体系。即使学习一样的知识、掌握同样的信息，但各自的交易体系都不一样。

所以，要想在交易市场获得盈利，除了在交易市场上的生存时间要长外，还要有足够完善的交易系统。有搭建交易体系的意识，自然会早早对这方面进行完善。当拥有自己的交易系统时，就说明你已经是成熟的投资者了。

八、能调整好心态，控制好情绪

在实际交易过程中，必须有耐心，更要有纪律性，机会往往是留给有准备的人。不做对自己心态不利的举动，遇到突发行情或者被套后，一定要淡定，只关注在什么位置该平仓，不要慌手慌脚、不要抱怨更不要赌气。不要想着每单交易都要做到盈利，或者这一单一定要把前一单的损失赚回来。

九、具有居安思危的意识

平时在开车到路口时，若第一个路口是绿灯，那么一路开过去都有可能是绿灯；若第一个路口是红灯，那么一路开过去都有可能是红灯。因此，在交易中，不管是新手还是老手，都会面临这样的现象：一段时间很顺，一段时间很不顺，原因在于市场行情的变化和个人思维转化的过程。不顺利时少交易，顺利时多交易，但顺利时要做好不顺的准备，不得掉以轻心和得意忘形。

当盈利为30%以上时，建议只保留10%的利润在交易账户里，其余的盈利转到银行账户落袋为安。

总之，投资好比挖井，千万不要东挖挖西挖挖，结果哪里都不出水。宁愿十年挖一口井，也不要一年挖十个坑。成功不是靠一夜暴富，而是靠日积月累。

第四节 做有智慧的赢家

在交易时，心中要有大格局、大志向，把目光放长远一些。认识真正的自己，并忠于自己，不违背初衷和市场；在交易中保持冷静，冷静是赢家最大的法宝；正确认识失败，学会利用失败，把失败当作成功之母；向赢家学习，向赢家看齐，但不要太依赖他人；学会止损、适当休息观望，才能生存更久，也才能有望成为最后的赢家。

聪明是一种生存的能力，聪明才智是一个人最大的资本。越聪明的人，越有智慧，越容易成为人生赢家。可将聪明人分为两部分：一部分是有小聪明的人，喜欢投机取巧，有时聪明反被聪明误，这说明他们还没真正将聪明化为智慧；另一部分是具有大格局、眼界宽的聪明人，达到了将聪明化为智慧的境界。

在交易中先要明确投资的用意、目的、目标、方向和执行方法。举例来讲：

（1）用意：将钱放在期货市场，用意就是投资，那么就要有投资者的思维。

很多人一旦沉浸在交易中，就忘了投资的初衷。有时需要跳出交易圈，换个角度，用投资思维去观察所有市场，或许会有不同的发现。整天盯着K线买卖交易，时间长了就忽略了真正的投资思维。真正的投资是能持续、稳定地保值与增值，即使是“赌”一把也是用闲散的小钱。

不要认为你有钱投资就是投资人，真正的投资人必须懂得投资的思维、交易的技巧、资金分配管理的方法。

（2）目的：通过巩固学习后，将交易作为人生和理财的重要部分，或者赚点生活费，力争实现财富自由。真正的投资一年即使获得10%~20%收益也非常满足了，或者就当多赚一份兼职工资，再或者每天只赚取一家人的生活费。

很多人都把赚大钱放在第一位，结果大钱没赚到反倒还失去一大笔。试想一下，如果你把月收益定在5%~10%，或者把年化收益定在20%~50%，这些目的如期稳妥地达到了，那么3年后、5年后、10年后的复利倍增结果会是多少呢？

人人都知道滚雪球的原理，也知道只有通过滚雪球的方式才能发家致富。那先累积一个小雪球，然后找到“有雪的下坡”，是不是更容易一些？“有雪”代表本金和本金的安全性，“下坡”代表在有杠杆的T+0市场中去交易所选的品种。

比如，先将目的定在开始每天赚200元、一个月后每天赚500元、再一个月后每天赚1000元，每天完成后就关电脑收工。坚持6个月，这种方法就已经练成一种行为习惯，往后就是慢慢扩大基数的过程，做法上没有变化。

（3）目标：确定投向的目标市场（这个市场是否适合投资）、目标种类（是否是最熟悉和能驾驭的种类），学习什么知识（哪些针对性的知识对投资最有帮助），每天、每周、每月和每年盈利多少（如果不明确就是顺其自然的行为）。

目标越明确，行动就越清晰、越有方向性。比如：第1个月将本书看完，第2个月抄录并记住本书中的重要内容，第3个月开始尝试小量交易，第4个月开始建立自己的交易体系，第5个月完善交易体系，第6个月实现每月5%~10%的收益，第7个月保持稳定，第8个月实现月收益10%以上……

很多人有学习的爱好，但没有进行有针对性的学习。学得太杂、太乱，学习后也不懂得整理和归纳，更不会学以致用并将所学知识转换为属于自己的独特技能。这就与考大学一样，哪一科目欠缺，就得恶补哪一科。要有针对性地学习，并制订学习计划，不要三天打鱼两天晒网、学了后面却忘了前面。

（4）方向：有了前面的基础，接下来是能落地行动。能否落地在于你的逻辑是否通顺。例如，该怎么操作才能实现目标并达成目的？需要填补哪些知识？还需要注意哪些细节问题？

分析逻辑一定要周全，交易逻辑一定要明朗。如果一个人连自己的交易体系逻辑都讲不清楚、讲不明白，再怎么吹嘘也是枉然。例如笔者与同行交流量化程序时，听完对方的讲述后，笔者发现有一些漏洞，如果对方能回答上来且回答得合理，那就说明他的交易程序是具有可行性的，如果对方回答得吞吞吐吐，则说明是不可行的。

建议各位常自问：我的交易体系是怎样的？我的交易逻辑是什么？看看自己讲的是否非常清晰、非常流畅、非常有逻辑。

（5）执行：在任何行业中，执行都是对人极大的考验。特别是对于领导者和投资交易者，没有执行力就等于一切皆摆设。执行中如何克服困难、如何克服自己的短板等，这都在于自控力。交易中可以犯错，但一定是小错，并能及时纠正，不重复犯错。

总之，不要与市场斗争，也不要与他人斗争，要与自己的内心斗争。在聪明的基础上，去做有计划并且能完成的事情，不要只做聪明的人，还要做有智慧的人。

第五节　做到以不变应万变

笔者常常对行外的新人讲：学投资、学交易，可以简单化，也可以复杂化，关键在于你怎么去理解和看待这件事。

不管是哪个市场、哪个品种，对于技术交易、投资理念、分析和交易手法而言，都存在一些“以不变应万变”的环节。

为什么某些时候要“以不变应万变”？因为市场变化多端、复杂多样，做交易稍不留意就会步入误区。我们要将各种不确定性的因素和这些复杂的东西简单化，就需要“以不变应万变”。

例如笔者《一张K线图赢遍全球市场》这本书中所有的图文技巧，适用于全球任何交易市场，这也就代表这些技巧具有“以不变应万变”的特性。

再例如前述中的“志尚四线理论”，在一轮沿5线上涨后，当收市时阴线收在5线之下，就是止涨的信号，接下来将面临三种可能：立即反转、横向修整、修整后再上涨或下跌。这个收破沿线就是“以不变应万变”，此时暂抛开原有的看涨预判分析，也不要听他人讲怎么看涨，而只管看什么时候收阴线在5线之下。记住，不管在哪个市场做交易，必定是只做成功率最高的条件信号。

下面笔者摘录一篇源自网络的文章，希望对各位能有所启发。

少就是多，慢就是快。

慢下来，我们才会有时间去思考。

静下来，我们才能看到自己的内心，感受到生活的欢乐与真谛。

在纷繁忙碌的生活中，我们的心渐渐遗失了对美好事物的想象。但事实上，美好的事物一直都存在于我们的生活当中。

一位学僧问禅师：师父，以我的资质多久可以开悟？

禅师说：十年。

学僧又问：要十年吗？师父，如果我加倍苦修，又需要多久可以开悟呢？

禅师说：得要二十年。

学僧很是疑惑，于是又问：如果我夜以继日，不休不眠，只为禅修，又需要多久开悟呢？

禅师说：那样你永无开悟之日。

学僧惊讶道：为什么？

禅师说：你只在意禅修的结果，又怎么有时间来关注自己呢？

这说明什么呢？太过注重结果的时候，行走的步调会紊乱，匆忙赶路时，双脚触及地面的力度就会减轻，如此生活就会有失踏实，进而降低生活的质量。为此，禅师才劝诫学僧，凡事切不可急躁冒进，戒除急躁，静下心来，看清自己的内心，看清自己真正想追求的是什么。

世间美好的东西实在多得数不过来，我们总是希望尽可能拥有更多的东西，于是心浮气躁、汲汲营营地追求。求得了这个，丢失了那个，心中满是愤懑，求不得、舍不得，懊恼不堪，生命就这样在拥有和失去之间流走。

其实，生活中诸多的压力，都是自己给自己找的坎；生命中诸多的痛苦，都是自己和自己过不去。

当你放下心中不必要的攀比与欲望，让自己的身心都慢下来，细细地品味生活时，你会发现，原来自己还是以前的那个自己，快乐，又不缺乏梦想。

《道德经》有云："少则得、多则惑"，"大器曼（慢）成"。

不论游戏，还是人生，少就是多，慢就是快。

据说曾国藩少年时乘夜读书，恰有一小偷在梁上，想等着曾国藩睡着后偷窃。想不到，曾国藩一篇文章反反复复地诵读，就是背不下来。最终，小偷一怒之下跳下房梁，将这篇文章给曾国藩背了一遍，并且扬言：你这脑子，就不要读书了。

可见曾国藩资质之平庸，但正因为他自知自己非聪明人，所以读书、做事不求捷径，用最扎实的方法慢慢来。不读懂上一句，就不读下一句；不读完这本书，就不摸下一本书；不完成一天的学习任务，就绝不睡觉。

他自知没有智力优势，因此比别人更努力；他从小接受挫折教育，因此抗打击能力更强；他做事不懂取巧，遇到问题只知硬钻，因此不留死角。

所以曾国藩考了七次秀才考上，但是一旦开窍了，后面的路就越来越顺。中了秀才的第二年，他就中了举人；过了四年，高中进士。

相反，那些有小聪明的人往往不愿意下苦功夫，做事总想找捷径，遇到困难绕着走，基础不打好，结果平庸一生。有些方法看起来慢，其实却是最快的，因为它扎扎实实、不留遗弊。“慢”是一种“境界”。

所有的成长都不是一天两天就能成功的，三年树一品，十年磨一剑，成为一棵大树首要的条件是时间的积累。

慢了，才能保持生机。

《道德经》中说：不知常，妄作凶。人不能妄动妄作。世上许多人钻营忙碌了一辈子，究竟为谁辛苦为谁忙？到头来自己都搞不清楚。

《道德经》又言：孰能安以久动之而徐生？真正的动，是明明白白而又充满意义的“动之徐生”，心平气和，生生不息，是建立在“心静”基础上的外在运动。在静到极点后，要能起动。动以后，则是生生不息，永远长生。

“徐生”的含义，也可说是生生不息的长生妙用，它表示慢慢地用，这个观念很重要。像能源一样，慢慢地用，俭省地用，若是不加节制，乱用一通，那只是自我糟蹋而已。

“动之徐生”，也是我们做人做事的法则。道家要人们做一切事不暴不躁，不乱不浊，一切要悠然徐生，慢慢地来。

态度从容，怡然自得，千万不要气急败坏，自乱阵脚。社会上，很多人分秒必争，忙忙碌碌，事事穷紧张，不知是为了什么，在拼命玩命。这与“动之徐生”的精神是背道而驰的。

为人态度从容，可以怡然自得，和谐处众，以智化怨；做事不急不躁，可以不乱不浊，冷静就难，淡定受喜。这对于普通人而言，尤其是这个时代的人，尤为需要。

缓而图之，则为大利。急而成之，则为大害。

孔子讲：“无欲速，无见小利。欲速则不达，见小利则大事不成。”说话做事，该慢下来的事情，就必须慢下来，扎扎实实地做好。而“养心”与“求知”，恰恰是一辈子的修行，是最急不得的事情。心若随着权与利跳来跳去，也就是徒然心烦而已。

孔子一日曾与几位侍坐的弟子闲谈，让他们谈谈志向。子路性子急，孔子话音未落，他就洋洋洒洒地讲了一大堆。可子路万万没想到，他这一通情感流露，却让孔子转身就赏了他一声冷笑。

孔子事后也解释了冷笑的原因——“为国以礼，其言不让，是故哂之”。不是说你讲得不好，而是你这沉不住气的劲儿，太不像样。

孔子一直强调“敏于行而慎于言”，遇事须机敏麻利，雷厉风行。可讲话最忌“抢”，一定要思虑清楚，等时机恰当，再慢条斯理地说出来。

急着发话，本就易失之慎重。即便话本身没什么毛病，若说话的时机不成熟，好话也多半成了坏话。试想，即便子路说破大天，师尊话音未落就抢话，任谁见了，不会先皱皱眉头，怪他失礼？

北宋王安石变法为什么会以失败告终？

其中一个重要原因就是王安石太过于激进，就连王安石自己都承认改革激进，“缓而图之，则为大利。急而成之，则为大害”。他只认定一个目标，却忽略了在实现这一目标过程中必然会连带产生一系列问题。在短短数年间王安石将十几项改革全面铺开，全面得罪了各个阶层支持者，于是改革陷入了进退维谷的窘境，加速了北宋的灭亡。

宋代神童方仲永年少时业艺惊人，家家羡慕，可他父亲偏偏图他早赚名利，不让他静心学习，终日带他出席各种名流聚会，博取名声。就这样，方仲永的学养日退五尺，最终没能避免“泯然众人”的命运。

涵养的积淀，远非一朝一夕的事情，无论是心智的历练，还是知识的学习，都不能急功近利，揠苗助长。唯心神宁定，厚积薄发，才是收获大涵养、大格局的正途。

在墨西哥，有一个有趣的寓言：一群人急匆匆地赶路，突然，一个人停了下来。旁边的人很奇怪：为什么不走了？停下的人一笑：“走得太快，灵魂落在了后面，我要等等它。”

是啊，我们都走得太快了。如果走得太远，会不会忘了当初为什么出发？不如，让我们试着从当下开始，慢下来。慢不等于懒惰，慢不等于停滞不前，慢是对生活中风景的驻足，是凡事包容，是不挣扎、不狰狞、不恐慌。稳而思进、慢而有为，才是慢生活的真谛。

因此，在这个快节奏的时代，我们应该让自己慢下来、静下来，让灵魂跟上。

附录

附录一　条件预警公式

条件预警是指通过程序编写预警程序公式，并设不同时间周期、不同合约品种进行条件预警，在交易时段中只要有符合条件的品种，就会第一时间弹出预警窗口，电脑也会发出预警声音，如图附录-1。

已触发云端预警列表

公式预警　趋势线预警

合约名	周期	条件	行号	预警方式	文华码	触发时间
郑油2109	15分钟	MACD正反点水	10	触发一次	2389	09:00:02
豆油2109	15分钟	MACD正反点水	10	触发一次	1289	09:00:02
焦煤2109	5分钟	多空缩量K线	7	触发一次	8389	09:10:02
螺纹2110	1小时	MACD正反点水	10	触发一次	6890	09:24:02
沪银2112	15分钟	多空缩量K线	7	触发一次	2182	09:30:01
豆油2109	15分钟	多空缩量K线	8	触发一次	1289	09:30:03
铁矿2109	5分钟	多空缩量K线	8	触发一次	1929	09:35:01
焦炭2109	5分钟	多空缩量K线	8	触发一次	8369	09:35:01
棕榈2109	5分钟	多空缩量K线	8	触发一次	1129	09:35:01
焦炭2109	15分钟	多空缩量K线	8	触发一次	8369	09:45:02
硅铁2109	1小时	MACD正反点水	10	触发一次	8549	09:56:25
IF2106	15分钟	多空缩量K线	7	触发一次	8606	10:00:00
IC2106	15分钟	多空缩量K线	7	触发一次	8686	10:00:00
苹果2110	15分钟	多空缩量K线	7	触发一次	9070	10:00:00
纸浆2107	15分钟	MACD正反点水	10	触发一次	6227	10:08:26
EG2109	5分钟	多空缩量K线	7	触发一次	3629	10:30:01
硅铁2109	5分钟	多空缩量K线	8	触发一次	8549	10:55:00
IH2106	5分钟	多空缩量K线	8	触发一次	8626	11:00:03
螺纹2110	5分钟	多空缩量K线	7	触发一次	6890	11:10:01

K线图　下单　导出　删除　清列表

图附录-1　条件预警公式

笔者为了让读者在实操中更便捷，特意将常用且成功率较高的做单条件，编写为程序预警公式。现有的条件预警公式有：MACD在0轴之上正点水、0轴之下反点水，MACD在0轴之上再金叉、0轴之下再死叉，MACD上穿0轴、下穿0轴，爆量和缩量预警等，如图附录-2所示。

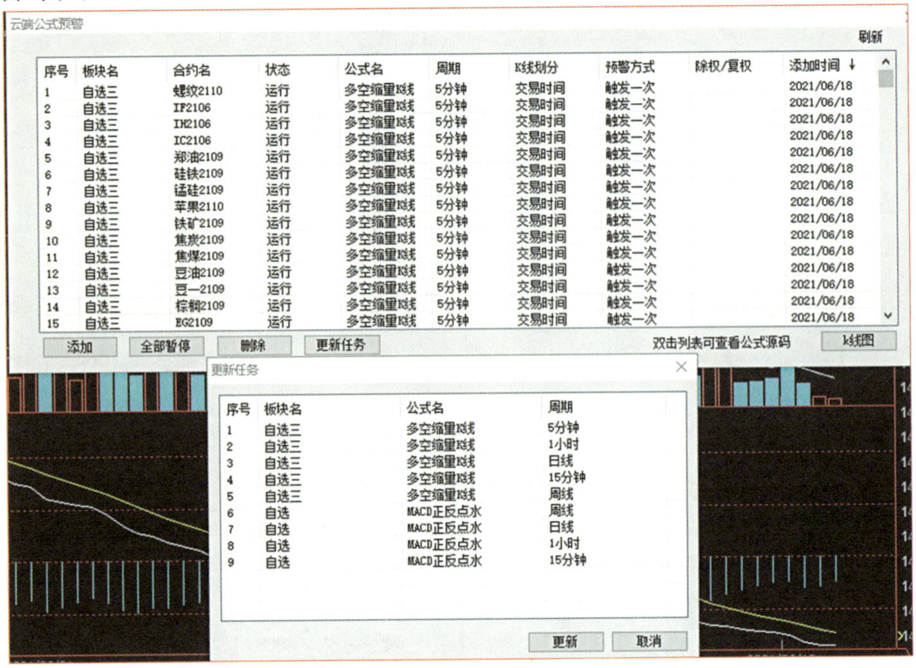

图附录-2　常用条件预警公式

添加预警公式方式：先在文华wh7软件添加需要预警的合约品种加入自选，再点开“云端公式预警”窗口，后添加自选品种和预警条件与需要预警的时间周期。

打印已触发云端预警列表，就能看到所弹出的提示，如图附录-3为沪锌15分钟“MACD在0轴下的反点水”条件预警。

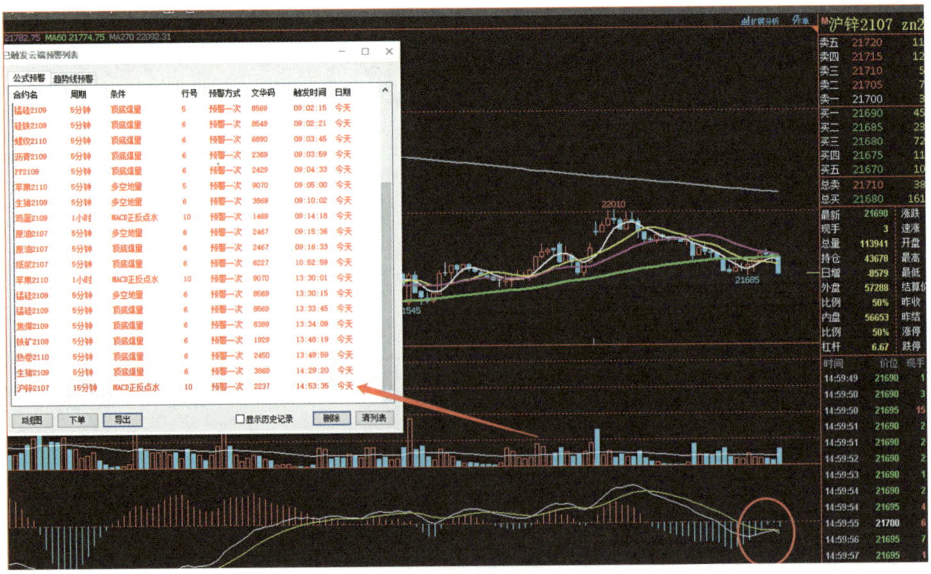

图附录-3　沪锌15分钟“MACD在0轴之下的反点水”条件预警

图附录-4为苹果2110合约在9：33弹出15分钟的点水预警，随后9：52弹出日线点水预警。大小两个周期形成共振，这能帮助我们在实操中快速搜索目标，及时发现所需交易的条件对象。

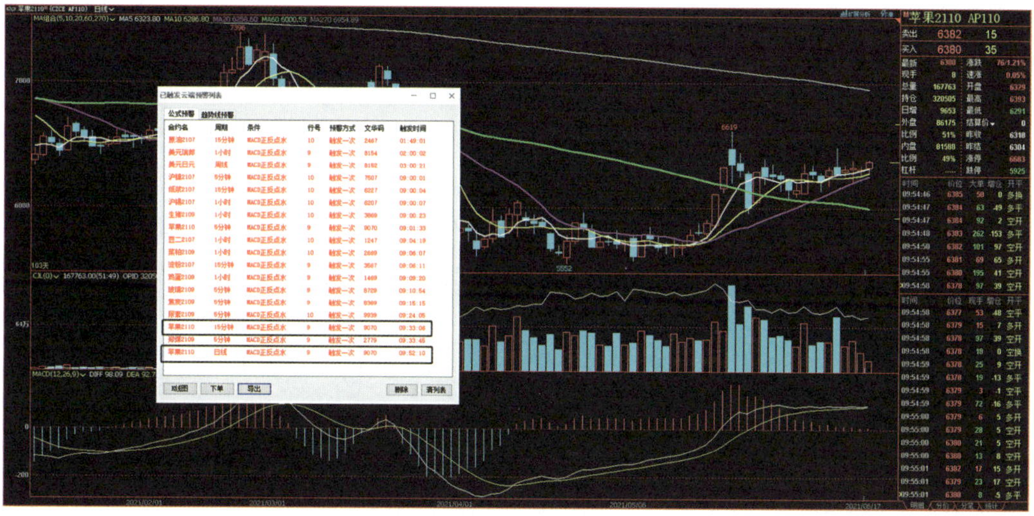

图附录-4　苹果2110合约15分钟、日线点水预警

图附录-5为焦炭5分钟周期空头排列中的缩量阳条件预警。实际操作时若不便在一台电脑或一个显示屏上观察多品种和多周期图形的短期变化，那就建议采用条件预警工具来实现，在使用中也可自行调整公式中的参数。

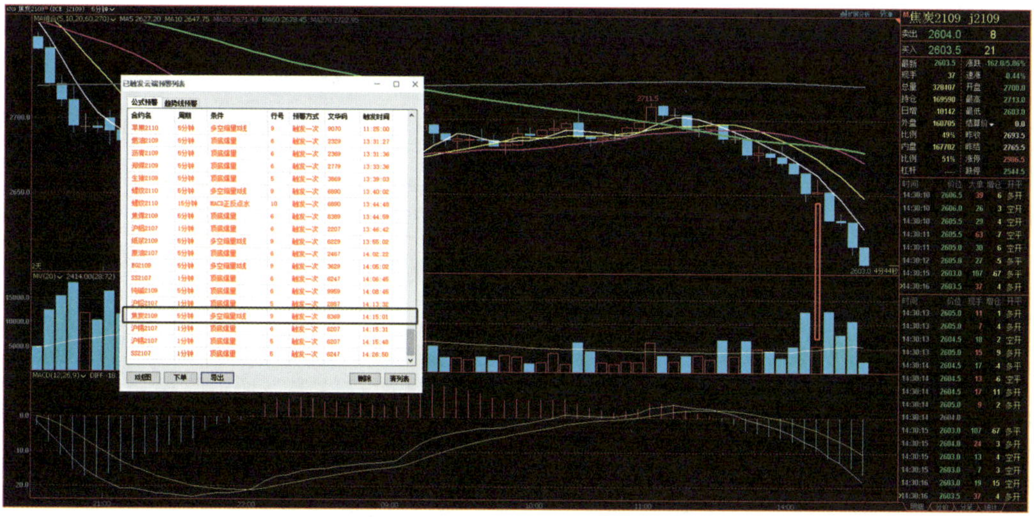

图附录-5　焦炭5分钟周期空头排列缩量阳条件预警

附录二　多空通道指标

多空通道指标可用于股票、期货、黄金、外汇、原油等，凡是有K线图的市场都通用。其主要用于分析趋势、波段交易参考或实现量化交易条件，如图附录-6所示。

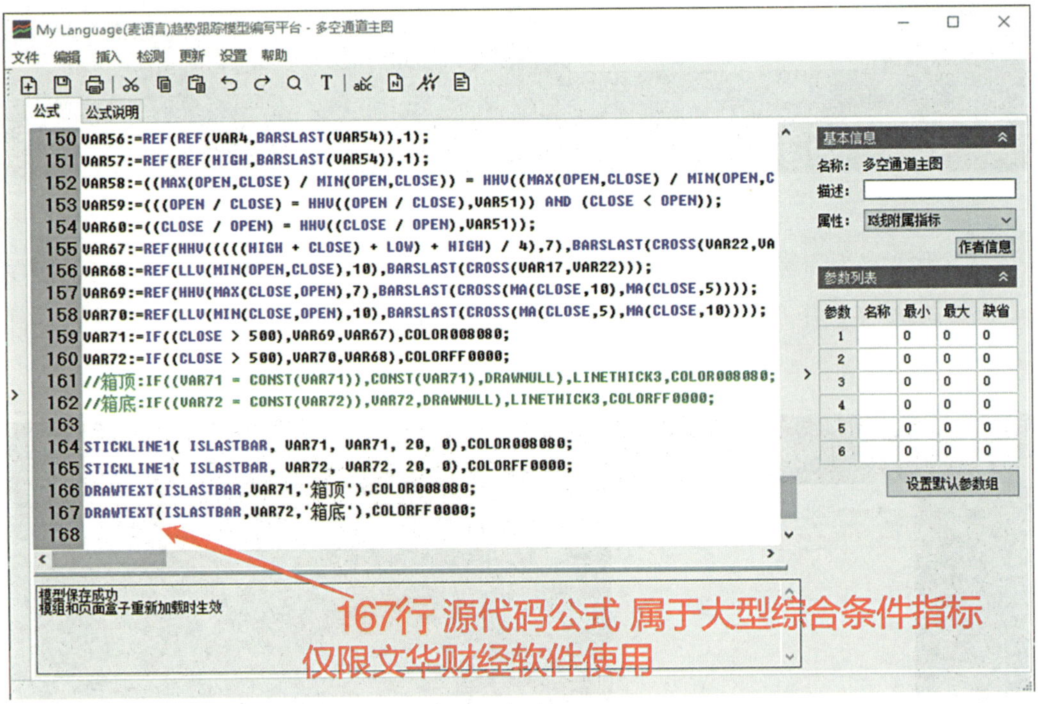

图附录-6　多空通道指标

一般普通的指标公式，也就几行或十多行，而笔者这款多空通道指标有超过160行公式代码，属于大型综合条件指标，在市面上比较罕见，如图附录-7所示。

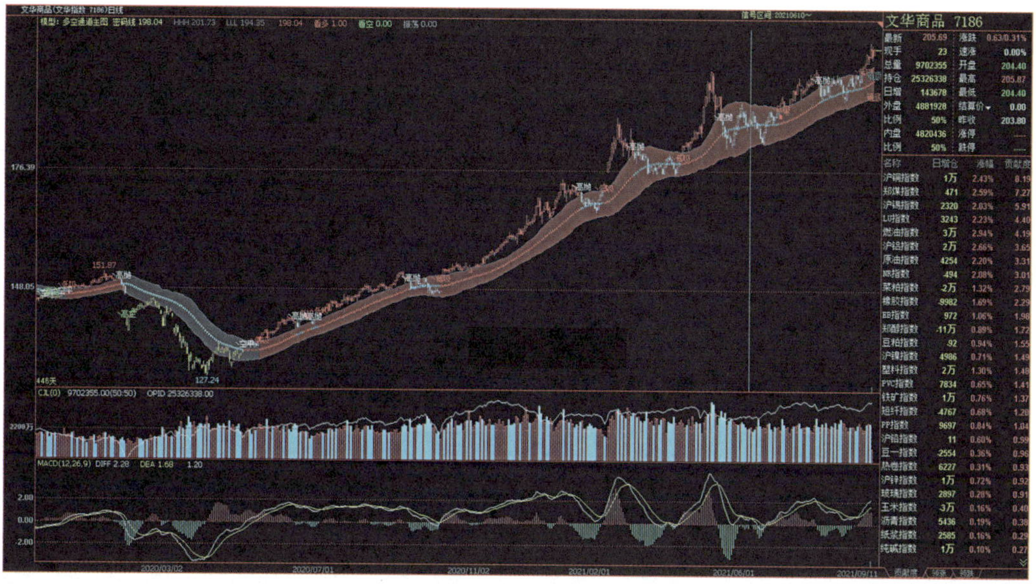

图附录–7　期货大盘指数

多空通道指标可以一目了然识别波段趋势，红色区域代表上涨趋势，绿色区域代表下跌趋势，即使是中途回抽修整，只要区域颜色不变，就仍然保持原有趋势，如图附录–8所示。

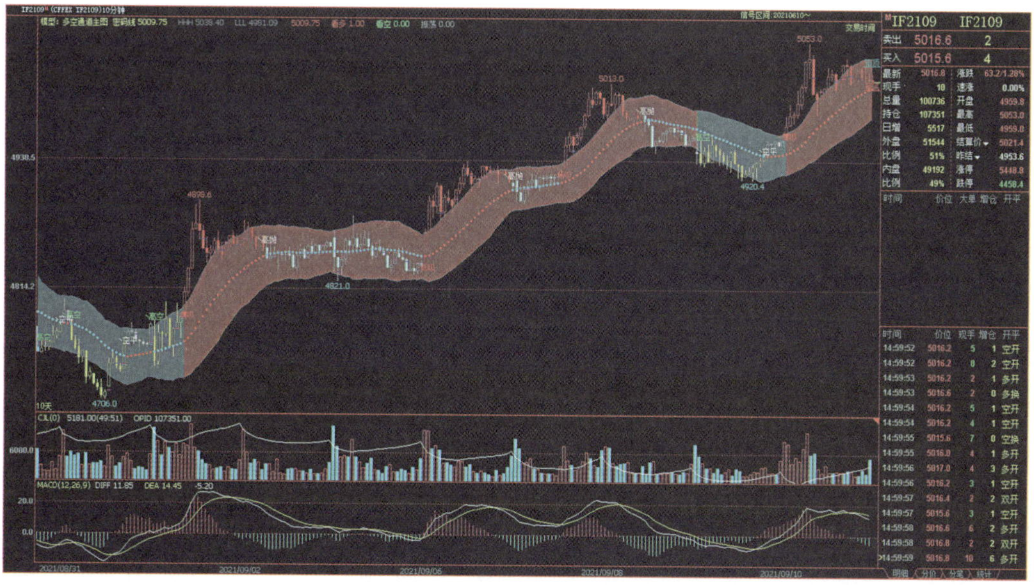

图附录–8　股指期货走势图

多空通道指标综合了均价轨道与成交量等重要关系编制而成，当在不同周期图中使用时，可对大小趋势分析起到极大的参考帮助（图附录–9）。由于较小周期行情震荡频繁，对波段交易实属不利，所以建议在15分钟以上的周期使用该指标，可过滤一些震荡行情。

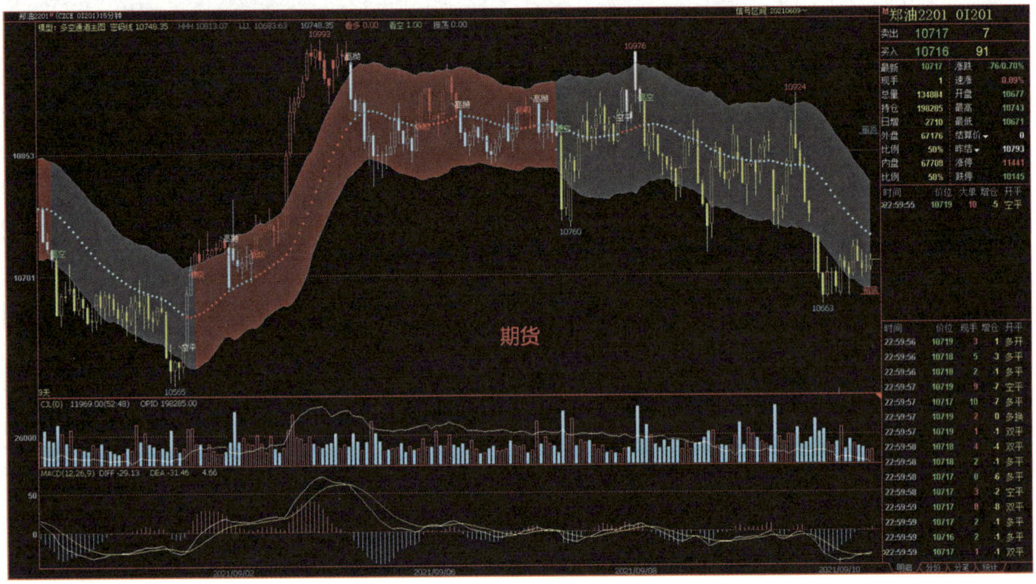

图附录-9 郑油2201走势图

多空通道指标的细节构成如下：

（1）多空用不同颜色显示：红色区域代表上涨趋势，绿色区域代表下跌趋势。

（2）上轨和下轨：例如回抽中轴后再突破上轨和下轨、价格远离上轨和下轨，这都是可参考的交易依据。

（3）中轴虚线：当行情处于代表上涨的红色区域，在15分钟周期的虚线由红变蓝，代表1分钟或5分钟周期在回调。相反，当行情处于代表下跌的绿色区域，虚线会由蓝变红。

（4）灰色K线：当方向即将转变或者有可能会转变时，就会出现灰色的K线，以作警示。

（5）文字标识：指标还带有“低吸和高抛”“高空和空平”等参考信号字样，这也有助于量化交易。

图附录-10是上证指数走势图，代表多空通道指标在股票市场中也一样实用。该指标不滞后、没有未来函数，各信号以收线为准。

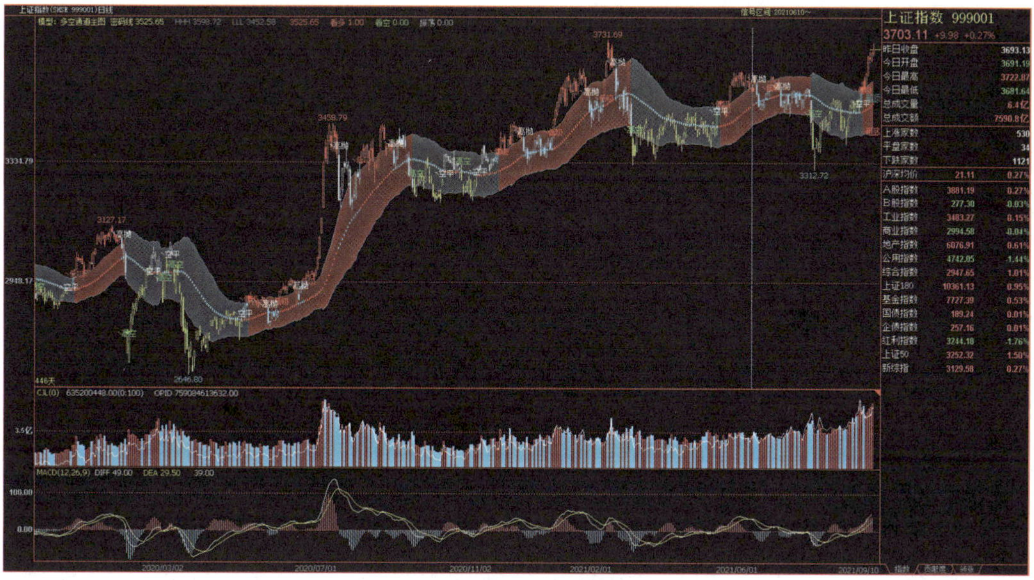

图附录-10　上证指数走势图

图附录-11是个股走势图，对于不会判断个股趋势的股民朋友很有帮助。当然，笔者一向认为，所有指标都仅起到参考辅助作用，而不是万能的。所以，各位在使用任何指标时，都不能过于依赖指标，需要多条件共振组合分析，才更周全。

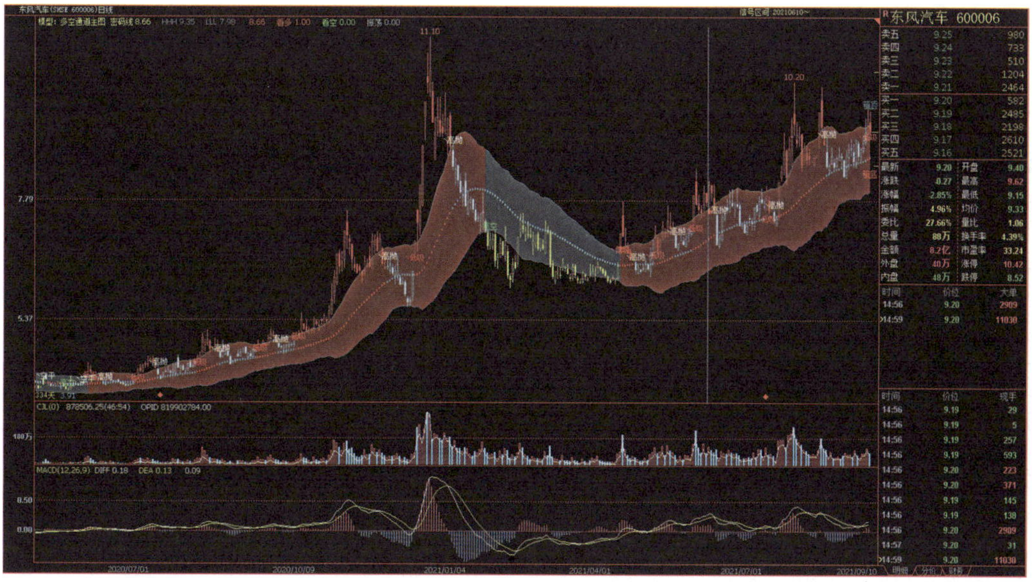

图附录-11　个股走势图

图附录–12是美元指数日线走势图，多空通道指标对于做外汇现货或外汇期货的投资者有极大帮助（同为T+0市场）。而且外汇是全球最主流的交易品种，成交量也是极大的。

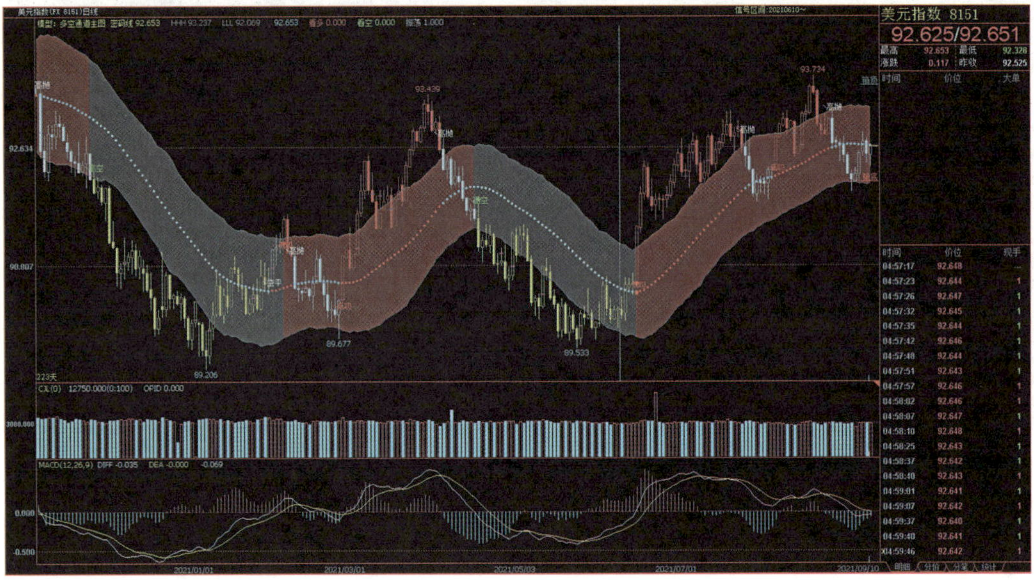

图附录–12　美元指标日线走势图

图附录–13是现货黄金4小时图，由于黄金价格的影响因素较多，中小周期的走势也较复杂多变，有了这个多空通道指标后，可将复杂化为简洁。

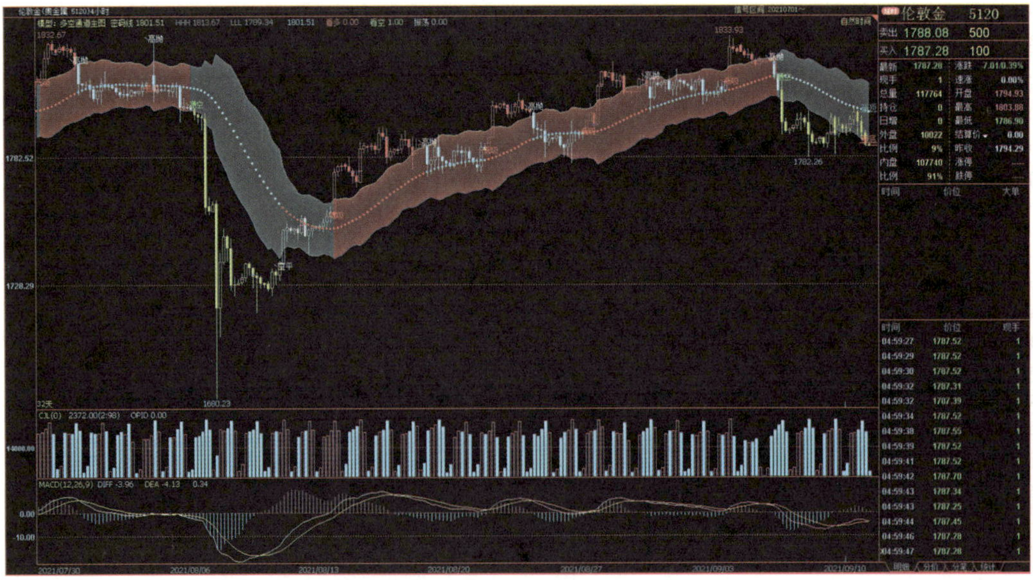

图附录–13　现货黄金4小时图

图附录–14是美原油期货主连日K线图，原油中大周期一向都是走趋向性行情，结合多空通道指标的分析后，对日常期货和能源化工类的品种交易就更便利了。

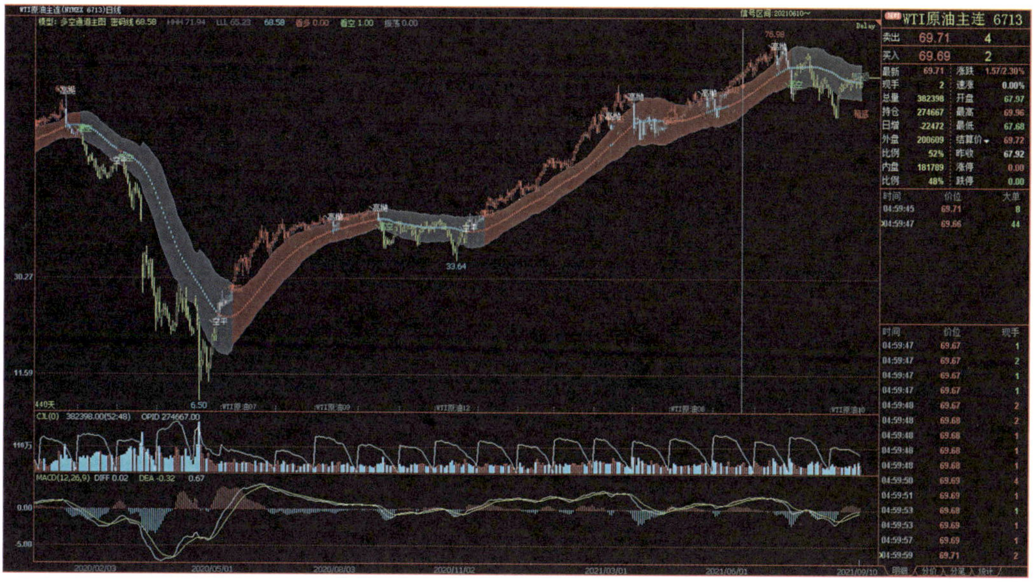

图附录–14　美原油期货主连日K线图

术有专攻，学无止境，不断完善，不断进取。

曾有投资者在使用笔者的多空通道指标后深有感受，发现与众不同，并在交易螺纹钢和热卷期货测试后效果极佳。

所以，一个指标、一个公式、一个软件关键要看什么人在用。有基础的、有经验的、有用过别的作对比，才会发现价值所在，并能用好它。如果啥都不懂也不会，又没用过别的，就不知如何对比，拿到手上也没价值，更不能体现出好东西的价值所在。

附录三　量化交易

在国外市场中，量化交易早已成为趋势，在T+0市场的应用更为普遍。

量化交易是指以先进的数学模型替代人为的主观判断，利用计算机技术从庞大的历史数据中选择能带来超额收益的多种大概率事件以制定交易策略的一种交易方法，极大地减少了投资者受情绪波动的影响，避免在市场极度狂热或悲观的情况下做出非理性的投资决策。

全球排名前几位的资管机构，都会依靠计算机技术来开展投资决策，量化交易更容易提高资金规模。简单来说，资金量越大就越应该采用量化交易，实现多市场或多品种的量化，收益才会更稳定。

对于国内投资者而言，量化交易的规模在逐渐扩大。很多人都听说过，也非常好奇，并认可量化交易的可行性。但市场的规律不会轻易改变，仍然是盈利的人少、亏损的人多。同样的道理，比较稳定成熟的量化策略也只是为少数人所有，不会随意被公开。

就目前国内期货量化交易而言，一般都是通过付费的文华wh8量化软件运行，将编写好的程序运行在量化模组或量化盒子里面。一个软件最多只能挂10个期货交易账户，一旦有交易信号就能多账户同步开平仓。以下内容为笔者对量化的一些见解。

笔者认为，量化策略交易的好处在于：

（1）能重复执行成功率最高的交易条件或者某品种最适合的交易条件（有效的方法重复做）。

（2）全自动量化交易可完全排除人为的主观判断和情绪的干扰，因为量化策略中带有买卖信号和止损、止盈信号与相应点数、参数，只要符合条件就会自动开平仓，交易者只需留意是否断网或断电。

（3）半自动量化可根据策略执行开仓后，再由交易者自行寻找好点位去平仓。

笔者自2016年就开始接触期货量化相关知识，不断深入强化研究，如今已经能独立完成量化模型的构建与程序公式的编写。现已实盘运行“顺势而为策略”“上下轨策略”“多空拐点策略”“震荡策略”和“MACD的波段策略”五种策略。

若要谈心得，笔者可以跟各位读者交流两天两夜，在量化模型成熟之前笔者也有过极其痛苦的过程。每种策略在研发期间需要解决的大小问题至少有30个，包括想到的问题和想不到的问题。如果自身技术功底浅薄，过程会更痛苦，甚至最终会放弃。

构建量化模型的主要问题在于，量化策略的构思与模型构建的可行性及各种弊端，在编写程序时如何实现多周期和多条件，如何完善程序。接着就是运用多品种多周期和在短期与长期的历史行情数据进行反复测试，再通过模拟交易不断优化，最后在投入使用时还要与自己的内心抗衡，同时还要在实盘使用中及时发现问题并及时优化修正。

学习程序中的公式代码与函数，就好比学英语单词，懂得单词的含义后还要知道如何组合造句。所以，不建议普通交易者学习此项内容，除非有技术爱好、技术功底，有时间和精力并善于研究，但研究一旦成功，将会是你一生的赚钱利器，甚至只要通过云主机挂上量化策略，自己都不用每天开电脑关注行情。

其实，只要不将月化或年化收益设得过高，只追求稳定而持久，这比经营一般的实业生意赚钱轻松容易多了。

市场上会编写程序的人不少，但成功的很少。往往我们听到谁有多么厉害，或者某人说自己的策略有多实用。当你听到这些时，不要过于当真，也不要太在乎过往的运作业绩，市场是变化的，要关注参与后的未来业绩。很多人的策略只适用于当前的行情走势，但过一段时间，行情规律发生了转变，也许就会大幅回撤，能否稳定盈利就要看能否及时发现问题并调整策略。

值得一提的是，最好不要将现金投向某人或某公司平台的量化产品，笔者也曾见过多起这样的事件，投资者最终连本金都难以拿回。除非是有可靠的人、可行的策略，自己也能实时看到账户的变化，才可考虑将自己的交易账户挂过去，如此才安全又可控。

有的量化策略只适用于震荡行情，一遇到单边行情就会踏空；有的量化策略适用于单边行情，一遇到震荡行情就易亏损。所以，只采用一个量化策略会太单调，需要多种策略、多个品种、多个周期进行互补或对冲，最终获取均衡的收益。

短线量化策略还需考虑到手续费，最好选择手续费较低的品种交易。笔者建议只做全自动量化，这样可以完全不用人工干预，因为一旦有了人工干预，就会影响量化的整体效益。

量化交易需要看中长期的效益，而不是只看短期的盈亏。不同品种和不同周期的商品走势规律都有不同，哪种策略适合哪个品种和该品种的哪个周期，也很有讲究，必须多次测试后才能落定。

总之，不管是量化交易策略，还是自己的人工交易体系，只有多注重顺势而为，才能适应各市场和各品种，以不变应万变。例如笔者的“顺势而为量化策略”，在横盘时就没有信号，一旦单边行情来临时，就会连续发出交易信号，直到信号停止。如此，就不会错失任何一轮单边行情。

如果你接触过量化交易或有这方面爱好，可以与笔者交流。笔者的量化策略不便公开，也不售卖，望请理解。

总之，在期货市场，量化交易必然是未来的大趋势，笔者后续也将推出《做精期货量化一本通》，教大家如何构思、编程、采集技术技巧、解决问题，还将提供10~20种策略与程序供读者套用。

附录四　期货交易常识

2016年因培训所需，笔者特意整理以下内容，现分享给各位参考。

一、基本常识

（1）资金和身体都是属于自己的，要为自己负责，任何人的意见仅供参考；

（2）市场行情不能控制，但可以控制自己的双手和仓位资金管理；

（3）永远只在自己的能力和风险接受范围内交易，不要超出浮亏负荷；

（4）K线分析技巧是死板的，关键要有健全的交易策略，并灵活运用；

（5）市场环境是会变化的，行情也有非理性的时候，不能常按惯性思维去执行；

（6）连续失手两三单、心情不好时要调整状态，更不要借钱入市。

二、思想常识

（1）每个人都是市场中的一名学生，学无止境，唯先有知才会有行；

（2）理念是基础，技术是工具，策略是战术，心态是行为，坚持是成长；

（3）期货市场是海洋，交易者只是一条小船，要敬畏市场、顺应市场；

（4）投资是人生中的持久战，有规则的人才能坚持到最后；

（5）交易只是生活的一部分，要用积极、平常的心面对交易；

（6）树立长期以少积多的稳定复利思想，绝不赌博式重仓。

三、交易常识

（1）新手入门时，只看一个既活跃又平稳的品种，只交易一个品种；

（2）在离止损位较近的位置开仓，切莫在风险大于机会时开仓；

（3）只在盈利时顺势适当加仓，在亏损与逆势时不要加仓；

（4）首仓不要超过本金的30%，加仓后总仓不要超过40%；

（5）坚持按本金比例开仓，不要因一时盈利而扩大开仓比例；

（6）无论是短线、波段、中线投资都要以固定的交易模型去执行；

（7）挂单设损，分批止盈，使利润最大化，慎用锁仓；

（8）可以顺势追涨杀跌，但不能猜顶抄底；

（9）做短线看1分钟、5分钟、15分钟图，波段看15分钟、60分钟图，中线看日、周线图；

（10）主选活跃品种，周期分析由大到小、量价在先、指标为辅。

四、大道常识

（1）少数的成功者都在重复正确的方法，失败者都在重复着各种错误方法或找借口；

（2）若想顺势而为就要放弃自己的幻想，这样才能顺势交易；

（3）对纪律、原则执行得越苛刻，成功的可能性就越高；

（4）不可急于挣钱、急于求成、急于开仓，欲速则不达；

（5）不是用感觉和情绪交易，而是用智慧去交易；

（6）一年中大机会也就几次，日内大单边行情不到60分钟，不要频繁交易；

（7）成功者把全部精力专注于某个目标，用一种交易手法，并培养出行为习惯；

（8）稳一点、再稳一点，慢一点、再慢一点；

（9）市场大趋势来自基本面，市场神经波动来自消息面，技术面是交易轨道；

（10）胆大心细、有勇有谋，持续盈利时可转出部分利润，并懂得居安思危。

愿各位在期货交易中，一帆风顺，满载而归。

注：以上常识仅供参考，不作为最终交易依据。市场变化多端，应时刻警惕风险。

后　记

有人说，期货交易是做不精的。那是因为他们把市场看得太复杂，如果看得简单一些，理解与实践也就更简单了。

本书中的内容都是笔者的经验和心得体会，在此毫无保留地分享给大家，希望对读者朋友们有所帮助和启发。

建议各位摘录部分自己最容易读懂的内容，再结合自己的见解，转换为自己独特的战法招式，这样才能学以致用与活学活用。无论你采用哪种战法招式，笔者都强调做精，例如做精一种技巧，做精一个品种，做精一种风格（短线/波段/中线）。

对于初学者或者还没丰厚盈利的人，笔者建议降低收益目标，例如先完成每天能赚几百元的目标，并坚持半年。因为期望的收益越高，所承担的风险就越大。我们要巧用杠杆原理，用小钱赚取快钱。待你能适应期货市场节奏后，有了足够的经验和见解，思维方式与操作手法都成熟时再去考虑做波段到中线的交易。

与国际相关的品种最为活跃与稳定，不会轻易被炒作，除非出现政治变故，例如油脂类和能源类，可作为长期去做精的交易对象。对于没有可替代的商品和国内定价权的商品，最容易受到市场控制与炒作，例如煤炭与钢铁等。而油脂可替代的种类较多，被市场控制与炒作的可能性较小。

某品种暴涨或暴跌，在高位涨停或连续涨停，在低位跌停或连续跌停，出现这些现象后一般都会出现反转，这个阶段是高收益高风险阶段，建议回避。期货与现货价格和股票估值类似，大幅偏离后必会回归，并且从国家层面来讲，也不允许恶性炒作商品物价。一旦有疯狂炒作，必会受到政策压制。

对长期投资者来讲，最可怕、最令人担忧的就是“黑天鹅”事件发生，这种情况几乎每年都会出现一两次，就看是发生在哪个市场或哪个交易品种上面。“黑天鹅”事件往往是突发性的，甚至是无法预测的系统风险，例如政治变故、重大政策、恐怖事件、战争、重大自然灾害等。一旦发生，就会对市场造成巨大影响，甚至导致开盘即停板。所以风险随时在身边，时刻都需警惕风险。

若要长期在市场中生存，就必须做好资金规划与仓位管理。例如满仓多单一个跌停就会爆仓/穿仓，导致账户资金清零甚至还倒欠期货公司的钱，半仓多单两个跌停也是一样的。特别是对于开盘即跌停的情况，止损也成交不了，甚至难以翻身。所以，长期固定在3成仓位以内为宜，超短线、不持仓到收盘后，仓位可根据自己的水平而适当上调。参与投资时不要将所有资金一次投入，更不要借钱入市。

笔者建议不要过于频繁交易，一般日内交易三五单比较适宜，这样才有更多时间去冷静思考，适当休息也是为了下一个机会做准备。

即使将技术学到极致，如果心态与情绪控制不好，也难以做到知行合一，更等于白学无用。唯一的克服方法，就是将仓位控制在最低。

切记上述几项要点，才能在市场中长期生存。只有在市场中生存下去，才会有更多的经验累积、更多的投资机会与更多的财富累积。

学习受益后，也请读者切莫忘记将本书分享出去，如果是网购还请再回到平台上给予真实的追评，就当是对笔者的一份默默支持。

有关笔者更多的作品，读者朋友们可在百度网、当当网、京东网、淘宝网等网站搜索“李志尚”查看相关信息。也请关注“志尚投教公众号”，点中间栏的“志尚投教”进入在线课程学习平台，里面有近千节课程，各个交易市场的课程一应俱全。

本书的出版，要感谢广东经济出版社编辑罗振文和周伊凌的协助。万书列中，能翻阅到笔者的书籍，认识笔者也是一种缘分，希望这缘分能开花结果，如有未尽之处，还请包涵。若读者朋友在阅读过程中有疑问需要解答，请按以下方式与笔者进行互动交流。在此，笔者祝福广大读者朋友们投资顺利、稳定盈利。

以书结缘　互动方式：

邮箱：winnertradingbook@gmail.com

凡是购书者，可联系我们，免费领取与此书相关的视频课程（目前仍在不断更新）。

志尚投教◆公众号

志尚投教◆在线学习平台

李志尚

2022年夏